财政部“十二五”职业教育规划教材
新世纪高职高专精品教材·会计类主干课

财务管理

（第三版）

主　审　王化成
主　编　刘春华　刘静中
副主编　王满亭　徐　欣
参　编　孙　颖　邓　蕾

大连出版社

内容简介

本书共分8章，以企业价值最大化为财务管理目标，以企业筹资、投资和利润分配等财务活动为主线，以财务决策为重点，具体包括总论、财务分析、资金筹集、营运资金、项目投资、证券投资、利润分配、财务预算与控制等内容。

图书在版编目(CIP)数据

财务管理/刘春华，刘静中主编. —3版. —大连：大连出版社，2013.11(2015.1重印)
财政部"十二五"职业教育规划教材 新世纪高职高专精品教材.会计类主干课
ISBN 978-7-5505-0594-0

Ⅰ.①财… Ⅱ.①刘… ②刘… Ⅲ.①财务管理—高等职业教育—教材 Ⅳ.①F275

中国版本图书馆CIP数据核字(2013)第228110号

出 版 人：刘明辉
策划编辑：毕华书 侯娟娟
责任编辑：姚 兰
责任校对：刘丽君
封面设计：林 洋
版式设计：金东秀
责任印制：阎 骋

出版发行者：大连出版社
地址：大连市西岗区长白街12号
邮编：116011
电话：(0411)83620416/83621075
传真：(0411)83610391
网址：http://www.dlmpm.com
电子信箱：hjj@dlmpm.com
印 刷 者：大连日升印刷厂
经 销 者：各地新华书店

幅面尺寸：170mm×240mm
印 张：17.25
字 数：385千字

出版时间：2007年5月第1版
2013年11月第3版
印刷时间：2015年1月第10次印刷
书 号：ISBN 978-7-5505-0594-0
定 价：32.00元

如有印装质量问题，请与我社营销部联系
购书热线电话：(0411)83620416/83621075

新世纪高职高专精品教材·会计类主干课

编审委员会

出版说明

高等职业教育既是我国高等教育体系的重要组成部分，也是我国职业教育体系的重要组成部分。近年来，我国高等职业教育蓬勃发展，为现代化建设培养了大量高素质技能型专门人才，展现了其独有的优势。

高等职业教育教材建设是高等职业院校三大基本建设之一，高质量的教材是培养高质量优秀人才的保证。为了编写和出版具有高等职业教育特色的教材，满足教学需求，服务高等职业教育事业，我社依据《国家中长期教育改革和发展规划纲要》基本指导思想，以及教育部全国职业教育与成人教育工作会议精神，本着“将教材内容与职业相衔接，注重工学结合”的原则，投入大量资源，经过精心策划和多方联络，隆重推出“新世纪高职高专精品教材”系列。

本系列教材立足于财经类及相关专业，包括财经类专业核心课，会计类主干课、旅游类、工商管理类、财政金融类、经济贸易类、市场营销类、电子商务专业、秘书专业、人力资源管理专业、物流专业等子系列。为了使本系列教材既科学、先进，又合理、可行，我们在编写过程中充分吸收了教学改革的最新成果，突出体现了以下几个特点：

1. 在教材品种涉及、内容取舍和讲述方式方面，均注重培养学生的实践能力，突出工学结合特点，同时注重培养学生的职业认知、职业道德。

2. “教学”、“训练”与“考核”环环相扣，“案例”与“实训”的“训练”比例适度加大，超越单纯针对“职业知识”的传统考核。

3. 为保证教材与职业内容相衔接，作者均从专业队伍中严格遴选，既具有较高的学术水平，又具有丰富的教学和教材编写经验，以及深入实践的职业经历。

4. 打造网络教学资源包——章后习题答案，每章自测题，模拟试卷及答案，教学课件，多媒体光盘等。

高等职业教育正在快速成长，教学实践日新月异，要使教材建设满足和促进职业教育的发展，需要教育主管部门、教学单位、任课教师和专业教材出版机构的共同努力。我们真诚希望，这套系列教材能满足最新教学改革的需要，为高等职业教育人才培养工作提供教学资源支持，为高等职业教育作出应有的贡献。

大连出版社

前　言

为了适应当前我国职业教育改革的需要，突出职业教育特色，我们本着“理论以够用为度，突出能力培养”的要求，在内容选取上以实用性、针对性为原则，结合我国财务管理实际，进行本书基本框架体系的构建及编写。

本书共分8章，以企业价值最大化为财务管理目标，以企业筹资、投资和利润分配等财务活动为主线，以财务决策为重点。第1章总论，主要内容包括财务管理的概念、财务管理的目标和组织、财务管理的环境以及财务管理的价值观念；第2章财务分析，主要内容包括企业财务分析的概念、内容和基本方法；第3章为筹资活动的管理，主要内容包括企业筹集资金的方式、资金成本和资本结构；第4章、第5章、第6章为投资活动的管理，主要内容包括营运资金的投放与管理、项目投资、证券投资；第7章为利润分配的管理，主要内容是利润分配决策；第8章财务预算与控制，主要内容包括财务预算的概念及其编制方法，财务控制的概念与作用，责任中心的概念、特征、类型与评价指标，责任预算与责任报告的编制。

本书具有以下特色：

1. 注重基础，简化理论叙述。充分把握“理论必需、够用”的原则，既保证知识的系统性、完整性，又力求内容精练、准确、通俗易懂。

2. 突出能力培养。围绕高职高专教育培养应用型人才的目标，侧重实务介绍，突出应用性，配以习题与实训，培养学生分析问题和解决问题的能力。

3. 突出高职高专教育对学生实行“双认证”教育的要求，在内容的编排和专业术语的表述上尽可能与全国会计师资格统一考试科目财务管理相一致。

4. 讲究实效性，关注相关法律、法规的颁布与修订，内容力求贴近实际岗位的变化和新的要求。

参加本书编写的人员有：辽宁金融职业学院刘春华（第1章、第3章），商丘职业技术学院刘静中（第5章、第6章），东北财经大学职业技术学院王满亭（第8章），辽宁金融职业学院徐欣（第4章），辽宁公安司法管理干部学院孙颖（第2章），辽宁金融职业学院邓蕾（第7章）。本书由王化成任主审，刘春华、刘静中任主编，王满亭、徐欣任副主编。

本书在编写过程中，参阅了许多学者的著作，在此一并表示感谢。

由于编写人员水平有限，书中疏漏甚至错误恐难避免，恳请读者批评指正。

编者

2013年8月

目 录

第1章 总 论

学习目标

知识目标：掌握财务管理的概念；掌握财务活动与财务关系；掌握财务管理的目标；熟悉财务管理的环节；理解财务管理价值观念的含义，并掌握资金的时间价值和投资的风险价值的衡量方法；了解财务管理的环境。

能力目标：能正确计算各种资金的时间价值；能根据企业情况正确判断其风险与报酬。

素养目标：能结合企业实际组织财务活动，进行财务管理，并能把握企业财务管理各环节的要点，培养运用资金时间价值观念和投资风险价值观念分析和解决问题的能力。

【案例导入】

被誉为民营企业常青树的万向集团的前身是一个资产仅有 4 000 元的铁匠铺，经过 40 多年的发展，万向集团现已成为国务院 120 家试点企业集团、国家 520 户重点企业中唯一的汽车零部件企业、中国第二大民营企业。2006 年，万向集团实现营业收入逾 300 亿元，名列福布斯中国顶尖企业百强榜，创造了连续 150 个季度无亏损的纪录。

在创业阶段，万向集团的主要管理人员都是创业家族成员，采用的是家族式的财务管理模式。这种模式在降低经营成本、提高企业价值方面的成效有目共睹，但随着企业规模的扩大，这种集权化的财务管理模式引发了内部操纵、财务透明度太弱等问题。1992 年年底，万向集团开始进行以放权为中心的企业改组，采用分层管理模式，使财权在股东大会、董事会、经理、财务经理、监事会之间进行纵向静态分配，进而使财务管理模式完整、完善。在这种模式下，公司管理中的每一个层级都拥有三种权力——执行权、决策权和监督权，并扮演三种角色——上一层级的执行者、本层级的决策者和下一层级的监督者。具体而言，万向集团总部负责集团整体发展战略、财务政策及重大战略性财务决策事宜；各下属子公司的管理者拥有总部授予本层级的财务决策权；基层管理人员负责决策具体的财务事宜；普通员工负责决策并做好自己的岗位工作。这种适当分权的财务管理模式，有效地提高了万向集团的财务管理效率，也使母公司的财务目标能贯彻到子公司，实现企业创建近四十年来盈利能力的节节攀升，“奋斗十年添个零”——日创利从 20 世纪 70 年代的 1 万元，20 世纪 80 年代的 10 万元，20 世纪 90 年代的 100 万元，到

2009 年的 1 000 万元。员工最高年收入同样实现“奋斗十年添个零”——从 20 世纪 80 年代的 1 万元,20 世纪 90 年代的 10 万元,到 2009 年的 100 万元。

这一案例表明:建立与企业发展阶段相匹配的财务管理模式、建立保证财务管理模式顺利运行的内部环境、明确企业的发展方向及财务管理目标,是企业发展壮大和担负企业责任与社会责任的必要保证和条件。

通过学习本章的内容,你将了解与不同企业类型相适应的财务管理组织形式有哪些,企业的财务管理目标是什么,企业所处的财务管理环境是如何影响财务管理目标实现的。

1.1 财务管理概述

财务管理是基于企业在经营中客观存在的财务活动和财务关系而产生的,财务管理是企业管理的一个重要组成部分。随着经济的发展,财务管理在企业管理中的地位和作用越来越重要,甚至成为企业生存和发展的关键。要了解什么是财务管理,必须首先分析企业的财务活动和财务关系。

1.1.1 财务活动

企业的财务活动,又称资金运动。随着企业再生产过程的不断进行,企业资金处于不断的运动之中。在企业的生产过程中,企业资金从货币资金形态开始,依次经过供应、生产和销售三个阶段,分别表现为固定资金、生产储备资金、未完工产品资金(生产资金)、成品资金等各种不同形态,然后又回到货币资金形态。这种从货币资金开始,经过若干阶段,又回到货币资金的运动过程叫作资金的循环。企业资金周而复始、不断重复的循环,叫作资金的周转。资金的循环、周转体现着资金运动中资金形态的变化。

所谓财务活动,是指资金的筹集、投放、使用、收回及分配等一系列行为。从整体上讲,财务活动包括以下四个方面:

1)筹资活动

筹资是指企业为了满足投资和运营的需要,筹措和集中所需资金的过程。企业组织商品生产,必须以占有或能够支配一定数额的资金为前提。企业从各种渠道以各种形式筹集资金,是资金运动的起点。企业通过筹资可以形成两种不同性质的资金——权益资金和债务资金。企业筹集资金,表现为企业资金的流入;企业偿还借款,支付利息、股利以及各种筹资费用等,则表现为企业资金的流出。这种因企业资金筹集而产生的资金的流入与流出,便是由筹资而引起的财务活动。

在筹资过程中,企业一方面要确定筹资的总规模,以保证投资所需要的资金;另一方面要通过筹资渠道、筹资方式或筹资工具的选择,合理确定筹资结构,以降低筹资成本和风险,提高企业价值。

2)投资活动

企业取得资金后,必须将资金投入使用,以谋求最大的经济效益;否则,筹资就未实现目的,失去了效用。企业投资可以分为广义的投资和狭义的投资两种。广义的投资是指企业将筹集的资金投入使用的过程,包括企业内部使用资金(如购置流动资产、固定资产、无形资产等)的过程和对外投放资金(如投资购买其他企业的股票、债券或与其他企业联营等)的过程;狭义的投资仅指对外投资。无论企业对内投资,还是对外投资,都会有资金的流出;而当企业收回投资时,则会产生资金的流入。这种因企业投资而产生的资金的流入与流出,便是由投资而引起的财务活动。

企业在投资过程中,必须考虑投资规模,即为确保获取最佳投资效益,企业应投入资金数额的多少;企业还必须通过投资方向和投资方式的选择,来确定合理的投资结构,以提高投资效益,降低投资风险。

3)资金运营活动

企业在日常生产经营过程中,会发生一系列的资金收付。首先,企业要采购材料或商品,以便从事生产和销售活动,同时,还要支付工资和其他营业费用;其次,当企业把产品或商品售出后,便可取得收入,收回资金;最后,如果企业现有资金不能满足企业经营的需要,还要以短期借款的方式来筹集所需资金。上述各方面都会产生企业资金的收付,这种因企业日常生产经营而引起的财务活动,也称为资金运营活动。

企业的营运资金,主要是为满足企业日常生产经营活动的需要而垫支的资金。营运资金的周转与生产经营周期具有一致性。在一定时期内,资金周转越快,资金的利用效率就越高,就可能生产出更多的产品,取得更多的收入,获得更多的报酬。因此,如何加速资金周转,提高资金利用效果,也是财务管理的主要内容。

4)分配活动

从广义上说,分配是指对企业各种收入进行分割和分派的过程;而狭义的分配仅指对企业净利润的分配。企业通过投资或资金运营活动可以取得相应的收入,并实现资金的增值。企业取得的收入首先要用以弥补生产经营耗费,缴纳流转税,其余部分和投资收益成为企业的营业利润;营业利润和营业外收支净额等构成企业的利润总额。利润总额首先要按国家规定缴纳所得税,净利润要提取公积金,其余利润作为投资者的收益分配给投资者或暂时留存企业或作为投资者的追加投资。随着分配活动的进行,资金或者退出或者留存企业,必然会影响企业的资金运动。企业必须在国家分配政策的指导下,依据一定的法律原则,合理确定分配的规模和分配的方式,以使企业获得最大的长期利益。

以上四个方面相互联系、相互依存,构成了企业的财务活动,它伴随着企业生产经营活动过程反复不断地进行,从而构成了企业财务管理的主要内容。

1.1.2 财务关系

财务关系是指企业在组织财务活动过程中与有关各方所发生的经济利益关系。企业在资金的筹集、运用、耗费、收回和分配等财务活动中必然要与有关各方发生广泛的经济联系,从而产生与有关各方的经济利益关系,主要有以下几个方面:

1)企业与投资者之间的财务关系

这主要是指企业的投资者向企业投入资金,企业向其投资者支付投资报酬所形成的经济关系。现行制度明确规定,投资者凭借其出资,有权参与企业的经营管理,分享企业的利润并承担企业的风险;被投资企业必须依法保全资本,并有效运用资本实现盈利。企业与投资者的财务关系体现了所有权性质的投资与受资关系。

2)企业与债权人之间的财务关系

这主要是指企业向债权人借入资金,并按借款合同的规定按时支付利息和归还本金所形成的经济关系。企业除利用资本进行经营活动外,还要借入一定数量的资金,以便降低企业资金成本,扩大企业经营规模。企业利用债权人的资金,要按约定的利息率,及时向债权人支付利息;债务到期时,要合理调度资金,按时向债权人归还本金。企业同其债权人的财务关系在性质上属于债务与债权关系。

3)企业与受资者之间的财务关系

这主要是指企业以购买股票或直接投资的形式向其他企业投资所形成的经济关系。随着市场经济的不断发展,企业经营规模和经营范围的不断扩大,这种关系将会越来越广泛。企业向其他单位投资,应按约定履行出资义务,并依据其出资份额参与受资者的经营管理和利润分配。企业与受资者的财务关系也体现了所有权性质的投资与受资关系。

4)企业与债务人之间的财务关系

这主要是指企业将其资金以购买债券、提供借款或商业信用等形式出借给其他单位所形成的经济关系。企业将资金借出后,有权要求其债务人按约定的条件支付利息和归还本金。企业同其债务人的关系体现的是债权与债务关系。

5)企业与政府之间的财务关系

中央政府和地方政府作为社会管理者,担负着维持社会正常秩序、保卫国家安全、组织和管理社会活动等任务。政府依据这一身份,无偿参与企业利润的分配。企业必须按照税法规定向中央和地方政府缴纳各种税款,包括所得税、流转税、资源税、财产税和行为税等。这种关系体现的是一种强制和无偿的分配关系。

6)企业内部各单位之间的财务关系

这主要是指企业内部各单位之间在生产经营各环节中相互提供产品或劳务所形成的经济关系。企业在实行厂内经济核算制和企业内部经营责任制的条件下,企业供、产、销各个部门以及各个生产单位之间,相互提供的劳务和产品也要计价结算。这种在企业内部形成的资金结算关系,体现了企业内部各单位之间的经济利益关系。

7)企业与职工之间的财务关系

这主要是指企业向职工支付劳动报酬过程中所形成的经济关系。职工是企业的劳动者,他们以自身提供的劳动作为参加企业分配的依据。企业根据职工的劳动情况,用其收入向职工支付工资、津贴和奖金,并按规定提取公益金等,体现着职工个人和集体在劳动成果上的分配关系。

综上所述,财务管理是企业组织财务活动、处理财务关系的一项综合性管理工作,是企业管理的重要组成部分。

1.1.3 财务管理的特点

企业管理有多方面内容,如生产管理、技术管理、人力资源管理、设备管理、销售管理、财务管理等。财务管理作为企业管理的一个重要组成部分，它有别于其他管理，具有自身的特点。

1）财务管理是价值管理

财务管理主要是对财务活动进行管理，财务活动反映企业价值的形成、实现和分配的内容；财务管理使用资金、成本、收入、利润等价值指标，运用财务预测、财务决策、财务预算、财务控制、财务分析等手段处理价值运动中的经济关系。通过价值形式把企业的物质条件、经营过程和经营成果合理地规划和控制起来，达到提高经济效益、增加企业财富的目的。“价值管理”这一特点是财务管理最基本的特点。

2）财务管理具有广泛性

企业在生产经营中，每一项活动都要涉及资金的收支，每一个部门都要通过资金的使用与财务部门发生关系，每一个部门都要在合理使用资金、节约资金等方面受到财务制度的约束，接受财务部门的指导，同时也需要财务部门与这些部门密切配合。财务管理涉及筹资管理，金融市场作为筹资的场所，使财务活动融入金融市场体系，也使财务活动由企业内部扩展到企业外部。企业管理的任何内容都要在资金运动和价值变化上反映出来。这些都决定了财务管理具有广泛性。

3）财务管理具有综合性

企业财务管理是围绕资金运动展开的，而企业生产经营活动各方面的质量和效果，多数可以通过资金运动的过程和结果反映出来，资金运动具有综合性，这就决定了财务管理具有综合性。财务管理所使用的指标是以价值形式综合反映企业经营能力、成果、状态。及时组织资金供应、合理使用资金、严格控制生产费用、增加收入、合理分配收益，会对企业产生综合影响。

1.2 财务管理的目标和组织

1.2.1 财务管理目标的含义

财务管理目标是在特定的理财环境中，通过组织财务活动，处理财务关系所要达到的目的。

从根本上说，财务管理目标取决于企业生存目的或企业目标，取决于特定的社会经济模式。企业财务管理目标具有体制性特征，整个社会经济体制、经济模式和企业所采用的组织制度，在很大程度上决定了企业财务管理目标的取向。根据现代企业财务管理理论和实践，最具有代表性的财务管理目标主要有以下几种：

1）利润最大化

利润最大化目标即假定在企业的投资预期收益确定的情况下，财务管理行为将朝着有利于企业利润最大化的方向发展。在社会主义市场经济条件下，企业作为自主经营的主体，所创利润是企业在一定期间全部收入和全部费用的差额，是按照收入与费用配比原则加以计算的。它不仅可以直接反映企业创造剩余产品的多少，而且从一定程度上反映出企业经济效益的高低和对社会贡献的大小。同时，利润是企业补充资本、扩大经营规模的源泉。因此,以利润最大化为财务管理目标是有一定道理的。

利润最大化目标在实践中存在以下难以解决的问题:(1)这里的利润是指企业一定时期实现的利润总额,它没有考虑资金时间价值;(2)没有反映创造的利润与投入的资本之间的关系,因而不利于不同资本规模的企业或同一企业不同期间之间的比较;(3)没有考虑风险因素,高额利润往往要承担过大的风险;(4)片面追求利润最大化可能导致企业的短期行为。

2)资本利润率最大化或每股利润最大化

资本利润率是利润额与资本额的比率。每股利润是利润额与普通股股数的比值。这里的利润额是净利润。所有者作为企业的投资者,其投资目标是取得资本收益,具体表现为净利润与出资额或股份数(普通股股数)的对比关系。这个目标的优点是把企业实现的利润额同投入的资本或股份数进行对比,能够说明企业的盈利水平,可以在不同资本规模的企业或同一企业不同期间之间进行比较,揭示其盈利水平的差异。但该指标仍然没有考虑资金时间价值和风险因素,也不能避免企业的短期行为。

3)企业价值最大化或股东财富最大化

企业价值是指企业全部财产的市场价值,是其出售的价格。它反映了企业潜在的或预期的获利能力。投资者建立企业的主要目的,在于创造尽可能多的财富,这种财富首先表现为企业的价值。投资者是企业的所有者,企业价值最大化就是股东财富最大化。投资者在评价企业价值时,是以投资者预期投资时间为起点的,并将未来收入按预期投资时间的同一口径进行折现,未来收入的多少按实现的概率进行计算。可见,这种计算办法考虑了资金的时间价值和风险问题。企业所得的收益越多,实现收益的时间越近,应得的报酬越确定,则企业价值或股东财富越大。以企业价值最大化作为财务管理的目标,其优点主要表现在:(1)该目标考虑了资金时间价值和投资风险价值,有利于统筹安排长短期规划、合理选择投资方案、有效筹措资金、合理制定股利政策等。(2)该目标反映了对企业资产保值增值的要求。从某种意义上说,股东财富越多,企业市场价值就越大,追求股东财富最大化可促使企业资产保值或增值。(3)该目标有利于克服管理上的片面性和短期行为。(4)该目标有利于社会资源合理配置。社会资源通常流向企业价值最大化或股东财富最大化的企业或行业,这有利于实现社会效益最大化。

以企业价值最大化作为财务管理的目标存在以下问题:(1)对于股票上市企业,虽可通过股票价格的变动揭示企业的价值,但股价是受多种因素影响的,特别是即期市场上的股价不一定能够直接揭示企业的获利能力,只有长期趋势才能做到这一点。(2)为了控股或稳定购销关系,现代企业不少采用环形持股的方式,相互持股。法人股东对股票市价的敏感程度远不及个人股东,对股价最大化没有足够的兴趣。(3)对于非股票上市企业,只有对企业进行专门的评估才能真正确定其价值。而在评估企业的资产时,由于受评估标准和评估方式的影响,这种估价不易做到客观和准确,导致企业价值确定困难。

现代财务管理主流理论将企业价值最大化或股东财富最大化作为财务管理的最优目标。

1.2.2 财务管理目标的协调

现代企业财务管理目标是企业价值最大化,根据这一目标,财务活动所涉及的不同利益主体如何进行协调是财务管理必须解决的问题。

1)所有者与经营者的矛盾与协调

企业价值最大化直接反映了企业所有者的利益,与企业经营者没有直接的利益关系。对所有者来讲,他所放弃的利益也就是经营者所得的利益。在西方,这种被放弃的利益也称为所有者支付给经营者的享受成本。但问题的关键不是享受成本的多少,而是在增加享受成本的同时,是否更多地提高了企业价值。因而,经营者和所有者的主要矛盾就是经营者希望在提高企业价值和获得更多财富的同时,能更多地增加享受成本;而所有者和股东则希望以较小的享受成本支出带来更高的企业价值和更多的财富。为了解决这一矛盾,应采取让经营者的报酬与绩效相联系的办法,并辅之以一定的监督措施。

(1)解聘

这是一种通过所有者约束经营者的办法。所有者对经营者予以监督,如果经营者未能使企业价值达到最大,就解聘经营者。为此,经营者会因为害怕被解聘而努力实现财务管理目标。

(2)接收

这是一种通过市场约束经营者的办法。如果经营者经营决策失误、经营不力、未能采取一切有效措施使企业价值提高,该公司就可能被其他公司强行接收或吞并,经营者也会被解聘。因此,经营者为了避免这种情形,必须采取一切措施提高股票市价。

(3)激励

激励是指将经营者的报酬与其绩效挂钩,以使经营者自觉采取实现企业价值最大化目标的措施。激励有两种基本方式:①"股票选择权"方式。它是指允许经营者以固定的价格购买一定数量的公司股票,股票的价格越高于固定价格,经营者所得的报酬就越多。经营者为了获取更大的股票涨价益处,就必然主动采取能够提高股价的行动。②"绩效股"方式。它是指公司运用每股利润、资产收益率等指标来评价经营者的业绩,视其业绩大小给予数量不等的股票作为报酬。如果公司的经营业绩未能达到规定的目标,经营者也将部分丧失原先持有的"绩效股"。这种方式使经营者为了多得"绩效股"而不断采取措施提高公司的经营业绩,为了使每股市价最大化而采取各种措施使股票市价稳定上升。

2)所有者与债权人的矛盾与协调

所有者的财务管理目标可能与债权人期望实现的目标发生矛盾。首先,所有者可能要求经营者改变举债资金的原定用途,将其用于风险更高的项目,这会增大偿债的风险。高风险的项目一旦成功,额外的利润就会被所有者独享;但若失败,债权人却要与所有者共同负担由此而造成的损失。这对债权人来说,风险与收益是不对称的。其次,所有者或股东可能未征得现有债权人的同意,而要求经营者发行新债券或举借新债,致使旧债券或老债的价值降低。

为了协调所有者与债权人的上述矛盾,通常可采用以下方式:①在合同中加入限制性条款。例如,规定借款的用途、借款的担保条款和借款的信用条件等。②收回借款或停止借款。当债权人发现公司有侵蚀其债权价值的意图时,采取收回债权和不给公司放款的方式来保护自身的权益。

【小思考 1-1】

如果你是所有者,你如何协调与经营者的矛盾?如果你是债权人,你会采取哪些措施防止自己的利益遭受损害?

1.2.3 财务管理的组织

搞好企业财务管理,顺利实现财务管理目标,必须合理有效地组织财务管理工作,包括确定财务管理主体,设立财务管理机构,确定财务管理环节等。

1)财务管理主体

企业组织形式不同,其财务管理主体也不同。企业组织形式主要有独资企业、合伙企业和公司三种。当企业采取独资企业形式时,其所有权主体和经营权主体是合二为一的。当企业采取合伙企业形式时,其所有者不再是单一的个人,而是合伙人群体,其经营主要由身为合伙人之一的个人组织,其重要经营决策则由合伙人共同作出。因此,合伙企业的所有权主体和经营权主体基本上也是合二为一的。在独资企业和合伙企业中,由于所有权主体和经营权主体的合二为一,内含于经营权中的财务管理的主体也是不可分的,即独资企业和合伙企业的财务管理主体既是所有权主体,又是经营权主体;既是所有者,又是经营者。

在以公司为组织形式的现代企业里,所有权与经营权是高度分离的。相应地,其所有权主体和经营权主体也是分离的,因而公司的财务管理权也相应分离。企业的财务管理主体被分为所有者和经营者两个方面,由此形成了企业财务管理主体的双重化。企业所有者基于保护其权益不受损害和追求资本增值的需要,一般要参与和作出有关所有者权益或资本权益变动的财务决策,但不参与企业日常的生产经营活动和财务管理活动。企业经营者基于履行管理职责和追求企业价值最大化或股东财富最大化的需要,应当对企业日常的财务活动进行组织、指挥、监督和协调,正确处理企业同各方面的财务关系。

2)财务管理机构

财务管理机构是企业组织财务活动的重要条件。设置财务管理机构,既要考虑国家的经济发展水平和经济管理体制,又要与企业经营规模大小相适应。

(1)以会计为轴心的财务管理机构

这种机构的特点是将会计与财务合二为一,具备会计核算和财务管理两种职能。在该机构内部,以会计核算职能为轴心来划分内部职责,如在内部设立存货、长期资产、结算、出纳、承包、报表等分部门,有的也单设财务部门。这种财务管理机构一般适合中小企业。

(2)与会计机构并行的财务管理机构

这种机构的特点是实行会计核算职能与财务管理职能的分离。财务管理职能由独立于会计核算职能的财务管理机构履行,该机构专司筹资、投资和分配或者组织资金运动之职。在该机构内部,以财务管理职能或财务活动为轴心来划分内部职责,典型形式是设立规划部、经营部和信贷部,分别负责预测和计划、筹集和运用资金及进行信用调查等。这种财务管理机构主要适用于大型企业。

(3)公司型财务管理机构

这种机构的特点是它本身是一个独立的公司法人,独立对外从事各种财务活动,而且在公司内部除了设立从事财务活动的业务部门外,还设立作为一般公司所需的行政部门。这种财务管理机构通常称为财务公司,一般设立于集团公司或跨国公司内部,其主要职责是负责集团公司或跨国公司的整体财务管理和各成员企业之间的财务协调,各成员企业各自进行自身的日常财务管理。

3)财务管理的基本环节

财务管理环节是指财务管理的工作步骤和一般程序,包括财务预测、财务决策、财务预算、财务控制、财务分析五个基本环节。这些环节相互配合,紧密联系,形成周而复始的财务管理循环过程,构成完整的财务管理工作体系。

(1)财务预测

财务预测是根据财务活动的历史资料,考虑现实的要求和条件,对企业未来的财务活动和财务成果作出科学的预计和测算。本环节的主要任务在于:测算各项生产经营方案的经济效益,为决策提供可靠的依据;预计财务收支的发展变化情况,以确定经营目标;测定各项定额和标准,为编制计划、分解计划指标服务。财务预测环节主要包括明确预测目标、搜集相关资料、建立预测模型、确定财务预测结果等步骤。

(2)财务决策

财务决策是指财务人员按照财务目标的总体要求,利用专门方法对各种备选方案进行比较分析,并从中选出最佳方案的过程。在市场经济条件下,财务管理的核心是财务决策。财务预测是为财务决策服务的,财务决策成功与否直接关系到企业的兴衰成败。财务决策环节主要包括确定决策目标、提出备选方案、选择最优方案等步骤。

(3)财务预算

财务预算是指运用科学的技术手段和数量方法,对未来财务活动的内容及指标所进行的具体规划。财务预算是以财务决策确立的方案和财务预测提供的信息为基础编制的,是财务预测和财务决策的具体化,是控制财务活动的依据。财务预算的编制一般包括以下几个步骤:分析财务环境,确定预算指标;协调财务能力,组织综合平衡;选择预算方法,编制财务预算。

(4)财务控制

财务控制是在财务管理的过程中,利用有关信息和特定手段,对企业财务活动所施加的影响或进行的调节。实行财务控制是落实预算任务、保证预算实现的有效措施。财务控制一般要经过以下步骤:制定控制标准,分解落实责任;实施追踪控制,及时调整误差;分析执行情况,搞好考核奖惩。

(5)财务分析

财务分析是根据核算资料,运用特定方法,对企业财务活动过程及其结果进行分析和评价的一项工作。通过财务分析,可以掌握各项财务计划的完成情况,评价财务状况,研究和掌握企业财务活动的规律性,改善财务预测、决策、预算和控制,改善企业管理水平,提高企业经济效益。财务分析包括以下步骤:占有资料,掌握信息;对比指标,揭露矛盾;分析原因,明确责任;提出措施,改进工作。

1.3 财务管理的环境

企业的财务管理环境又称理财环境,是对企业的财务活动和财务管理产生影响作用的企业内外各种条件的统称。按其存在的空间,可分为内部理财环境和外部理财环境。企业内部理财环境存在于企业内部,是企业可以通过采取一定的措施加以控制和改变的因素,主要包括企业资本实力、生产技术条件、经营管理水平和员工素质等;企业外部理财环境由于存在于企业外部,企业财务决策难以改变它们,更多的是适应其要求和变化。企业外部理财环境涉及的范围很广,其中最重要的是经济环境、法律环境和金融环境。本节主要讨论企业外部理财环境。

1.3.1 经济环境

1)经济周期

市场经济的运行有其内在的规律。不论一个国家的经济管理水平有多高,也不论人们采取什么样的控制手段,经济不可避免地会呈现出繁荣、衰退、萧条、复苏再到繁荣的周期性特征。我国的经济发展与运行呈现出特有的特征,经历过若干次投资膨胀、生产高涨到控制投资、紧缩银根后进行正常发展的过程。经济的周期性波动对财务管理有着非常重要的影响。经济周期的不同阶段,对财务管理提出了不同的要求。例如,在萧条阶段,由于整个宏观经济不景气,企业很可能处于紧缩状态,产量和销量下降,投资锐减;在繁荣阶段,市场需求旺盛,销售量大幅度上升,企业为了增加生产能力,可能要增添机器设备、存货和劳动力,需要财务管理人员为企业发展筹集资金。

财务管理人员必须认识经济周期对公司财务管理的影响,预测经济的变化情况,研究处于经济周期不同阶段的公司财务管理策略,掌握在经济发展波动中进行财务管理的本领。

2)经济政策

经济政策是指国家或政府为了增进社会经济福利而制定的解决经济问题的指导原则和措施,它是政府为了达到一定的目的在经济事务中有意识的活动,包括财政、税收、金融、价格和物资流通等各个方面的政策。经济政策对企业的财务管理活动会产生重要的影响。例如,国家为防止通货膨胀,采取紧缩性的货币政策,贴现率上升,法定准备金率提高,在金融市场发行政府债券以回笼货币。这些措施会使市场的资金供应减少,企业筹资困难,筹资成本上升。

企业财务管理人员应研究不同的经济政策对企业财务管理活动可能造成的影响,按照政策导向行事,趋利除弊,使经济政策更好地为企业财务管理服务。

3)经济发展水平

经济发展水平对财务管理有重大影响,经济发展水平越高,财务管理水平就越高;经济发展水平越低,财务管理水平就越低。近几年,我国经济保持持续快速的增长态势,企业扩大生产规模,调整生产方向,拓展更广阔的市场空间,这给企业拓展财务活动的领域带来了机遇。同时,由于经济高速发展,资金紧张将长期存在,这给企业财务管理带来了严峻的挑战。随着我国国际经济交往日益增多,财务管理水平也在不断提高。因此,企业财务管理工作者必须积极探索与经济发展水平相适应的企业财务管理模式。

【小思考1-2】

经济走出低谷时,为什么企业需要大量的资金?

1.3.2 法律环境

市场经济的重要特征就在于它是以法律规范和市场规则为特征的经济制度。法律为企业经营活动规定了活动的空间,也为企业在相应空间内自由经营提供了法律上的保护。影响财务管理的主要法律法规有企业组织法规、税法、财务法规和其他法规。

1)企业组织法规

企业组织必须依法设立,组建不同企业,要依照不同的法律规范。企业设立以及设立后开展的各项活动,包括财务活动,都必须依法进行,企业的自主权不能超越法律的限制。

本书所探讨的财务管理,主要是指公司的财务管理。《中华人民共和国公司法》(简称《公司法》)所称公司是指有限责任公司和股份有限公司。公司这一组织形式是西方大企业普遍采用的企业组织形式,也是我国建立现代企业制度过程中选择的企业组织形式。

《公司法》对公司企业的设立条件、设立程序、组织机构、组织变更和终止的条件与程序等都作了规定,包括股东人数、法定资本的最低限额、资本的筹集方式等。《公司法》对公司的生产经营的主要方面也作出了规定,包括股票的发行和交易、债券的发行和转让、利润的分配等。公司的财务管理人员,必须熟悉相关的企业组织法规,按照相关法规的要求开展公司财务管理活动。

2)税法

税法是国家制定的用以调整国家与纳税人之间征纳活动中的权利与义务关系的法律规范的总称。它是国家依法征税、纳税人依法纳税的行为准则。

按照征收对象不同,税可分为流转税、所得税、资源税、财产税、行为目的税。

(1)流转税法

流转税法是对货物的流转额和劳务收入额征税的法律规范,主要包括增值税、消费税、营业税和关税等的税法。其特点是与商品生产、流通、消费有着密切的联系,不受成本费用和利润多少的影响,易于发挥对经济的宏观调控作用。流转税为世界各国,尤其是发展中国家所重视和运用。

(2)所得税法

所得税法是对纳税人的各种所得征税的法律规范,主要包括企业所得税、个人所得税等的税法。其特点是可以直接调节纳税人的收入水平,发挥其公平税负和调整分配关系的作用。所得税为世界各国所普遍运用,在市场经济发达和经济管理水平较高的国家更受重视。

(3)资源税法

资源税法是对纳税人开发利用各种应税资源征税的法律规范,主要包括资源税、耕地占用税、城镇土地使用税等的税法。其特点是调节因自然资源或客观原因所形成的级差收入,将非经主观努力而形成的级差收入征为国家所有,避免资源浪费,保护和合理使用国家自然资源。

(4)财产税法

财产税法是对纳税人的财产的价值征税的法律规范,主要包括房产税、契税、遗产税等的税法。其特点是避免利用财产投机和财产的闲置浪费,促进财产的节约和合理使用。

(5)行为目的税法

行为目的税法是对纳税人的某些特定行为以及为实现国家特定政策目的征税的法律规范,主要包括印花税、屠宰税、筵席税、固定资产投资方向调节税、城市维护建设税、车辆购置税等的税法。其特点是可选择面较大,设置和废止相对灵活,可以因地制宜地制定具体征管办法,有利于国家对某些特定行为的引导。

任何企业都有纳税的法定义务。纳税会增加企业的现金流出,对企业财务管理有重要影响。企业无不希望在不违反税法的前提下减少税务负担。税负的减少,不能通过偷税漏税等违法行为来实现,只能靠进行投资、筹资和利润分配等财务决策时的精心安排和筹划。因此,对财务管理人员来说,精通税法有着重要意义。

3)财务法规

财务法规是规范企业财务活动,协调企业财务关系的行为准则,主要包括企业财务通则和行业财务制度。

(1)企业财务通则

企业财务通则是各类企业进行财务活动,实施财务管理的基本规范。我国现行的《企业财务通则》是由国家财政部制定的,它对建立资本金制度、固定资产的折旧、成本的开支范围、利润的分配等内容都作出了明确的规定。

(2)行业财务制度

行业财务制度是根据企业财务通则的规定,为适应不同行业的特点和管理要求,由财政部制定的行业规范,具体包括工业、运输、商品流通、邮电通信、金融保险、旅游和饮食服务、农业、对外经济合作、施工和房地产开发、电影电视和新闻出版10大行业财务制度。行业财务制度分别根据各行业的业务特点,对各行业企业财务管理从资金筹集到企业清算的全过程作出了具体规定,是企业进行财务活动必须遵循的具体制度。

4)其他法规

除上述法规外,与企业财务管理有关的其他法规有证券法、结算法、合同法等。

企业财务管理人员应该熟悉这些法规,在守法的前提下进行财务活动,处理财务关系,以实现企业财务管理目标。

1.3.3 金融环境

企业总是需要资金从事投资和经营活动,而资金,除了自有资金外,主要从金融机构和金融市场取得。金融政策的变化必然影响企业的筹资、投资和资金运营活动,所以金融环境是企业财务管理最为主要的环境因素。金融环境因素主要有金融机构、金融市场、金融工具和利率等。

1)金融机构

社会资金从资金供应者手中转移到资金需求者手中,大多要通过金融机构。金融机构包括银行业金融机构和其他金融机构。

(1)银行业金融机构

银行业金融机构是指经营存款、放款、汇兑、储蓄等金融业务,充当信用中介的金融机构。银行的主要职能是充当信用中介、充当企业之间的支付中介、提供信用工具、成为投资手段和国民经济的宏观调控手段。我国银行主要包括各种商业银行和政策性银行。商业银行包括国有商业银行(如中国工商银行、中国农业银行、中国银行、中国建设银行)和其他商业银行(如交通银行、广发银行、招商银行、光大银行等);政策性银行主要包括中国进出口银行、国家开发银行和中国农业发展银行等。

(2)其他金融机构

其他金融机构包括金融资产管理公司、保险公司、证券公司、信托投资公司、财务公司和金融租赁公司等。

2)金融市场

金融市场是指资金供应者和资金需求者双方通过金融工具进行交易的场所。金融市场可以是有形的市场,如银行、证券交易所等,也可以是无形的市场,如利用电脑、电传、电话等设施通过经纪人进行资金融通活动。

金融市场按组织方式的不同可划分为两种:一是有组织的、集中的场内交易市场,即证券交易所,它是证券市场的主体和核心;二是非组织化的、分散的场外交易市场,它是证券交易所的必要补充。本书主要对第一种市场的分类作一下介绍。

(1)按期限划分为短期金融市场和长期金融市场

短期金融市场,又称货币市场,是指以期限在1年以内的金融工具为媒介,进行短期资金融通的市场。其主要特点有:交易期限短;交易的目的是满足短期资金周转的需要;所交易的金融工具有较强的货币性。

长期金融市场,又称货币市场,是指以期限在1年以上的金融工具为媒介,进行长期性资金交易活动的市场。其主要特点有:交易的主要目的是满足长期投资性资金的供求需要;收益较高而流动性较差;资金借贷量大;价格变动幅度大。

(2)按证券交易的方式和次数分为初级市场和次级市场

初级市场,也称一级市场或发行市场,是指新发行证券的市场,这类市场使预先存在的资产交易成为可能。初级市场我们可以理解为“新货市场”。

次级市场,也称二级市场或流通市场,是指现有金融资产的交易场所。次级市场我们可以理解为“旧货市场”。

从企业财务管理角度来看,金融市场作为资金融通的场所,是企业向社会筹集资金必不可少的条件。财务管理人员必须熟悉金融市场的各种类型和管理规则,有效地利用金融市场来组织资金的筹集和进行资本投资等活动。

3)金融工具

金融工具是在信用活动中产生的、能够证明债权债务关系并据以进行货币资金交易的合法凭证,它对于债权债务双方所应承担的义务与享有的权利均具有法律效力。金融工具一般具有期限性、流动性、风险性和收益性四个基本特征。

金融工具按期限不同可分为货币市场工具和资本市场工具。前者主要有商业票据、国库券(国债)、可转让大额定期存单、回购协议等;后者主要是股票和债券。

4)利率

利率,也称利息率,是利息占本金的百分比指标。从资金的借贷关系看,利率是一定时期运用资金资源的交易价格。利率在资金分配及企业财务决策中起着重要作用。

(1)利率的类型

利率可按照不同的标准进行分类:

①按照利率之间的变动关系,分为基准利率和套算利率。

基准利率,又称基本利率,是指在多种利率并存的条件下起决定作用的利率,即这种利率变动,其他利率也相应变动。因此,了解基准利率的变化趋势,就可了解全部利率的变化趋势。基准利率在西方通常是中央银行的再贴现率,在我国是中国人民银行对商业银行贷款的利率。

套算利率是指在基准利率确定后,各金融机构根据基准利率和借贷款项的特点而换算出的利率。例如,某金融机构规定,贷款企业信用等级为AAA级、AA级、A级企业的利率,应分别在基准利率基础上加0.5%、1%、1.5%,加总计算所得的利率便是套算利率。

②按利率与市场资金供求情况的关系,分为固定利率和浮动利率。

固定利率是指在借贷期内固定不变的利率。受通货膨胀的影响,实行固定利率会使债权人利益受到损害。

浮动利率是指在借贷期内可以调整的利率。在通货膨胀条件下采用浮动利率,可使债权人减少损失。

③按利率形成机制不同,分为市场利率和法定利率。

市场利率是指根据资金市场上的供求关系,随着市场而自由变动的利率。

法定利率是指由政府金融管理部门或中央银行确定的利率。

(2)利率的一般计算公式

正如任何商品的价格均由供给和需求两方面来决定一样,资金这种特殊商品的价格——利率,也主要是由供给与需求来决定的。但除这两个因素外,经济周期、通货膨胀、国家货币政策和财政政策、国际经济政治关系、国家利率管制程度等,对利率的变动均有不同程度的影响。因此,资金的利率通常由三部分组成:①纯利率;②通货膨胀补偿率(或称通货膨胀贴水);③风险收益率。利率的一般计算公式可表示如下:

利率 = 纯利率 + 通货膨胀补偿率 + 风险收益率

纯利率是指没有风险和通货膨胀情况下的均衡点利率;通货膨胀补偿率是指由于持续的通货膨胀会不断降低货币的实际购买力,为补偿其购买力损失而要求提高的利率;风险收益率是指投资人承担一定的风险进行投资,为对其风险补偿而要求提高的利率,包括违约风险收益率、流动性风险收益率和期限风险收益率。

【知识链接1-1】

CFO的岗位职责与成长之路

CFO一词是舶来品。国内有些岗位类似于国外的CFO,从岗位职责角度来看,其中有些是真正类似于国外的CFO,有些与国外的CFO有较大的区别。

一、CFO的角色定位

(一)国外公司对CFO的角色定位

CFO是现代公司制企业中极为重要和有价值的高层管理职位之一,是仅次于CEO的二把手。在很多公司,CFO甚至是比肩CEO及董事长的重要职位,既是领导财务部门的高管,又是CEO的战略伙伴;既是公司发展战略和董事会决策的执行者,又是战略和决策制定的参与者和支持者;既是公司财务活动的决策者,又是财务执行活动的领导者和监督者。

正如CEO在企业中扮演的角色是独一无二的一样,CFO在企业中所承担的角色也是独一无二的。CFO的角色可定位为"公司的价值管理者"。根据这一定位,CFO的工作目标应确定为价值增值与价值创造。因此,CFO应树立价值创造新理念,将价值增值与财务管理融为一体;引领财会工作,以历史成本信息为基础,提供价值预测报告;全过程参与公司价值创造战略的制定,全方位参与公司价值管理能力的培育。

(二)国内CFO是指哪几种职位

——财务总监:在企业中行使财务管理监控职能,既是董事会成员,又是经营班子成员的公司高级管理人员。

——首席财务官:分管财务工作的企业高管取这一职位名称,其定位基本上类似于国外的CFO。

——分管财务工作的副总经理:由财务部门负责人提拔的或由注册会计师、财务会计学教授等资深专业人士转任的分管财务工作的副总经理,类似于国外的CFO。

——总会计师:总会计师的英文名称由官方通过非常正式的形式定为CFO,并且在国家法律法规的三个层次(《会计法》、《总会计师条例》、《中央企业总会计师工作职责管理暂行办法》)上都作出了明确的强制性的定位规定。根据上述法律法规对总会计师岗位的表述,可以肯定地说,总会计师类似于国外的CFO。

二、CFO的岗位职责

(一)CFO传统的岗位职责

——主要负责领导财务部门的日常运作,分管公司的会计核算和财务管理等工作,负责财务会计报告的信息质量。

——负责公司与财政、税务部门和银行、证券等机构的联系协调工作。

CFO传统的岗位职责主要局限在财务会计方面,正如总会计师以前的英译General Accountant,翻译成中文又可叫总会计一样,好像是"总账会计"的代名词,给人以"财务数字计算专家"的印象。

(二)CFO变化中的岗位职责

CFO正在使企业财务管理的传统地位发生革命性的变化,职责范围不断扩大;CFO正在参与企业经营的全过程,包括制定企业的发展战略和推动相应的战略管理,领导企业自身变革和流程重组,并以一种真正的战略伙伴关系与CEO一起进行决策,发挥着非同寻常的作用。CFO也越来越以一种新的姿态,积极承担起以下三项工作责任:

——传统职能:提供透明的财务报告和精确的盈利预测,是CFO的天职;

——发展职能:参与制定以价值增值和价值创造为核心的公司发展战略,是现代CFO的发展职能;

——扩展职能:通过领导财务变革引领管理变革,是现代CFO的扩展职能。

财务变革有三种趋势:一是以支持决策为导向更新系统;二是面向经营,提供服务,控制风险;三是优化财务组织,降低成本,实现价值增值。

(三)CFO的日常工作

在公司总体战略指导下对公司的财务工作进行领导和管理,以价值管理统领各项财务管理工作。主要内容有财务战略管理、资本运作管理、绩效系统管理、会计系统管理、成本系统管理以及税费系统管理。

财务战略管理:评估各项计划的价值创造能力,在重大问题上为总经理提供决策支持;进行商业谈判并实施所有重大财务交易,包括借贷、股票发行和股权重构;实施与集团战略相配套的资源管理策略[如ERP(企业资源计划)和平衡计分卡等];实施财务风险管理。

资本运作管理:资本运作是提升公司价值的重要手段。积极研究包括企业兼并、重组、收购与上市在内的资本运作,加强购并流程控制,在资本运作管理中注意考虑资本运作的成本与风险问题。

绩效系统管理:参与制定合适的绩效评估体系;分析研究经营者报酬计划,采用递延支付、长期报酬方案解决经营者短期行为。

会计系统管理:确定公司会计管理体制,进行会计人力资源管理,进行财务报告、会计政策选择和盈余安排的管理,推行全面预算管理,设计、推行内部会计控制制度,切实防范风险。

成本系统管理:建立准确的成本信息库,为公司战略决策提供支持;采用包括战略成本管理(以战略的眼光从成本的源头识别成本驱动因素,对价值链进行成本管理,即运用成本数据和信息,为战略管理的每一个关键步骤提供战略性成本信息,以利于集团竞争优势的形成和核心竞争力的创造,其范围一般包括价值链分析、战略定位、成本动因分析)、目标成本管理在内的成本管理技术,提高公司成本管理绩效。

税费系统管理:对集团税费进行合理的筹划。

(四)技术与方法

围绕上述岗位和工作任务,在公司董事会和总经理的领导下,带领所属团队,发挥专业特长,开展财务预测、财务计划、财务决策、财务控制、财务分析与财务研究工作。

财务预测：主要就资金的需求量、利润、风险进行预测，为公司的财务活动决策提供依据。

财务计划：对公司的现金收支、资金、利润与资本、负债进行中长期计划或规划，使公司的财务活动能在有计划、有准备的情况下顺利进行。

财务决策：利用财务杠杆，比较各种筹资方式的优劣作出合理的筹资安排，使公司资本结构达到最优，财务风险降到最低；利用现金流量提出好的投资决策建议；做好利润分配议案，给投资者以合理的回报。

财务控制：建立责任会计体系，推行全面预算管理，选择几个关键的财务控制领域进行控制。

财务分析：建立公司财务状况分析制度，通过对公司的整体财务状况、偿债能力、盈利能力等方面的分析，为公司决策提供参考。

财务研究：提倡并身体力行地进行财务研究。对于高层管理者来说，学习与研究是一致的。作为一名 CFO，应认真研究公司的财务环境、利率与通货膨胀率、新观念与财务管理工作的融合等。

(五)CFO 需要深层次思考的主要问题

CFO 代表一种新型的会计师形象，必须由传统意义上的兢兢业业的死算数字、填制报表，转变为现代的高级决策支持专家。在许多大型企业中，CFO 凭借其深厚的专业知识以及对企业经营环境的准确理解，更多地参与制定企业的经营决策，成为企业价值创造的主导者。他思考以下的深层次问题：

1. 怎样建立一流的财务支持系统，以适应企业的发展战略，提高企业的管理水平？

2. 怎样从战略的角度，制定具有风险防范能力的财务规划？

3. 怎样将被动的财务监控转变为积极的预测和过程的干预与渗透？

4. 怎样成为有影响力的人，在制定公司发展战略和公司的经营活动中发挥重要作用，并且使这一作用通过投资管理和预算控制得到不断加强？

5. 怎样寻找更有利的企业扩张机会？

三、CFO 的素质要求

(一)CFO 的综合素质

孙子曰："将者，智、信、仁、勇、严也。"

只有五德具备，才能成为大将，成为一名成功的 CFO。

智：具有全面的专业知识体系，能从杂乱无章的事务中整理出一个逻辑框架。

信：诚信为本，言必信，行必果，说到做到。

仁：仁者爱人，尊重、关心、爱护、体贴部属，"师克在和"，以仁爱为基础。

勇：勇敢果断，勇于创新，具有冒险精神。

严：严肃认真，严谨完善。严的前提是制定完善的规章制度，凡事做到有人负责，有章可循，有据可查，有人控制。

(二)CFO 的基本素质

作风正派：不论做人还是做事都必须实事求是、光明正大，在财务管理工作中遵纪守法，廉洁奉公，严格按规章制度办事，坚持原则；

敬业忠诚：热爱本职工作，勤勉扎实，视企业利益高于自身利益，严守企业秘密，自觉维护企业形象，并为企业的发展积极出谋划策；

情绪稳定：通常喜怒不形于色，不在人前抱怨、发牢骚，遇到困难总是坚韧不拔地突破难关；

富有理想：具有干事创业的胸怀，乐于挑战，把工作视为一种需要和自我价值的实现，即热爱工作并享受工作；

身体健康：身体是革命的本钱，繁重的工作需要强健的身体做后盾。

（三）CFO 的能力素质

学习能力：持续不断地学习充电，提升技能；

专业能力：组织财务活动，处理好各种财务关系；

决策能力：具有较高的抽象能力和判断能力、明晰的逻辑思维能力、系统的综合分析能力，从而进行准确的正反效应评估，迅速作出相应决策；

组织能力：主要表现在用人授权和指挥控制两个方面，对被管理者实行有效的管理和控制；

协调能力：妥善处理与上级、同级和下级的人际关系，协调好相关的外部关系；

表达能力：包括口头表达和书面表达能力，较强的表达能力是 CFO 推广自己的观点、发挥作用的重要技能。

（四）关于 CFO 素质的公式和关键词

美国学者凯瑟琳·斯腾泽尔和乔·斯腾泽尔在《财务总监生存指南——通往财务领导的必由之路》一书中给出了关于 CFO 素质的两个公式和几组关键词：

CFO 的地位 + CFO 的姿态 = CFO 的形象

CFO 的态度 + CFO 的看法 = CFO 的影响力

综合素质：前瞻性、责任感、挑战现状、自信、风险承担者、乐观、执行力、激发信任、具有凝聚力、员工的拥戴、镇定自若、善始善终、企业精神、激情中的冷静；

技能素质：团队合作、在组织内部兜售思想、财务和会计的专业知识、谈判、行动上的战略性、教育背景、操作能力、行业约束、超越别人；

心理素质：适应能力、坦诚、理解别人、坚持、控制烦躁、平衡个人和家庭的价值、坚持真理的勇气；

领导素质：指导者、沟通者、乐于倾听、具有想象力、熟练、有活力。

（五）CFO 的行为准则

树立目标，坚定信念，勤学上进，锐意创新；

着装得体，为人友善，爱护部属，尊敬同侪；

诚实正直，廉洁敬业，处事果断，敢担责任；

善于管理，精于协调，辅助上司，达成目标。

四、CFO 的成长之路

学习考试，内外兼修，内增知识，外添本领；

精通业务,轮岗操作,会计审计,优选审计;

勤于思考,善于总结,发表观点,思想闪光;

参与并购,参与招聘,抓住机遇,达成目标。

CFO是现代公司制企业中堪与CEO比肩的高管职位。随着新一代CFO的不断成长,CFO的岗位职能将得以充分发挥,企业的整体管理素质将迅速提高,企业的核心竞争力将得以大大增强。

资料来源:张泓,2009. CFO的岗位职责与成长之路[J]. 会计之友(29).

1.4 财务管理的价值观念

为了有效地组织财务管理工作,实现财务管理的目标,企业财务管理人员必须树立一些基本的财务管理观念。资金时间价值和投资风险价值是现代财务管理的两个基础观念。不论是资金筹集、资金投放,还是收益分配,都必须考虑资金时间价值和投资风险价值问题。

1.4.1 资金时间价值

1)资金时间价值的概念

资金时间价值,又称货币时间价值,是资金在周转使用中由于时间因素而形成的差额价值。在现实经济生活中,等量资金在不同时期具有不同的价值。年初的1万元,运用以后,到年终其价值要高于1万元。这是因为资金使用者把资金投入生产经营以后,劳动者借以生产新的产品,创造新的价值,会带来利润,实现增值。资金周转使用的时间越长,所获得的利润越多,实现的增值额就越大。资金时间价值的实质,是资金周转使用后的增值额。

通常情况下,资金时间价值被认为是没有风险和没有通货膨胀条件下的社会平均资金利润率,这是利润平均化规律作用的结果。由于资金时间价值的计算方法与利息的计算方法相同,因而人们常常将资金时间价值与利息混为一谈。实际上,利息不仅包括时间价值,而且包括风险价值和通货膨胀的因素。只有购买国库券或政府债券几乎没有风险,如果通货膨胀率很低的话,政府债券利息可视同资金时间价值。

2)资金时间价值的计算

在企业财务管理中,要正确进行筹资决策、投资决策和短期经营决策,就必须弄清楚在不同时点上收到或付出的资金价值之间的数量关系,掌握各种终值和现值的计算方法。由于资金随时间的增值过程与利息增值过程在数学上相似,因此计算时广泛使用利息计算的各种方法。

(1)一次性收付款项终值和现值的计算

一次性收付款项是指在某一特定时点上一次性支付(或收取),经过一段时间后再相应地一次性收取(或支付)的款项。例如,年初存入银行一年期定期存款1 000元,年利率为10%,一年后取出1 100元,就属于一次性收付款项。

终值又称将来值，是现在一定量现金在未来某一时点上的价值，俗称本利和。如上例中一年后本利和 1 100 元即为终值。

现值又称本金，是未来某一时点上的一定量现金折合到现在的价值。如上例中一年后的 1 100 元折合到现在的价值是 1 000 元，这 1 000 元即为现值。

①单利终值和现值的计算

在单利计算方式下，本金能带来利息，利息必须在提出以后再以本金形式投入才能生利，否则不能生利。单利终值的一般计算公式为：

$$F = P + P \cdot i \cdot n = P \cdot (1 + i \cdot n)$$

式中：P 为现值，即第零年(第一年年初)的价值；F 为终值，即第 n 年年末的价值；i 为利率；n 为计息期数。

单利现值的计算同单利终值的计算是互逆的。由终值求现值，叫作折现。单利现值的一般计算公式为：

$$P = \frac{F}{(1 + i \cdot n)}$$

②复利终值和现值的计算

在复利计算方式下，本金生利息，利息在下期则转列为本金，与原来的本金一起计息。

复利终值是一定量的本金按复利计算若干期后的本利和。复利终值的一般计算公式为：

$$F = P \cdot (1 + i)^n$$

式中：P 为现值，即第零年(第一年年初)的价值；F 为终值，即第 n 年年末的价值；i 为利率；n 为计息期数。

复利现值是复利终值的逆运算，它是指今后某一特定时点收到或付出的一笔款项，按折现率 i 所计算的现在时点价值。其计算公式为：

$$P = F \cdot (1 + i)^{-n}$$

上列公式中的$(1+i)^n$和$(1+i)^{-n}$分别为复利终值系数和复利现值系数，可分别用符号(F/P,i,n)和(P/F,i,n)表示。在实际工作中，其数值可以查阅按不同利率和期限编成的复利终值系数表和复利现值系数表(见本书附表)。

【例 1-1】 王先生在银行存入 5 年期定期存款 2 000 元，年利率为 7%，5 年后的本利和为：

$$2\,000 \times (1 + 7\%)^5 = 2\,000 \times 1.4026 = 2\,805.2(\text{元})$$

【例 1-2】 某项投资 4 年后可得收益 400 000 元，按年利率 6% 计算，其现值应为：

$$400\,000 \times (1 + 6\%)^{-4} = 400\,000 \times 0.7921 = 316\,840(\text{元})$$

上式中的 1.4026 和 0.7921，分别查自复利终值系数表和复利现值系数表。

(2)年金终值和现值的计算

年金是指一定时期内每次等额收付的系列款项，通常记作 A。年金的形式多种多样，如折旧、租金、利息、保险金、养老金、等额分期收款、等额分期付款、零存整取或整存零取储蓄等通常都采取年金的形式。

年金按其每次收付发生的时点不同,可分为普通年金、即付年金、递延年金、永续年金等几种。以下主要介绍各种年金终值和现值的计算方法。

①普通年金终值和现值的计算

普通年金是指一定时期每期期末等额的系列收付款项,又称后付年金。普通年金终值犹如零存整取的本利和,它是一定时期内每期期末收付款项的复利终值之和。其计算方法如图 1-1 所示。

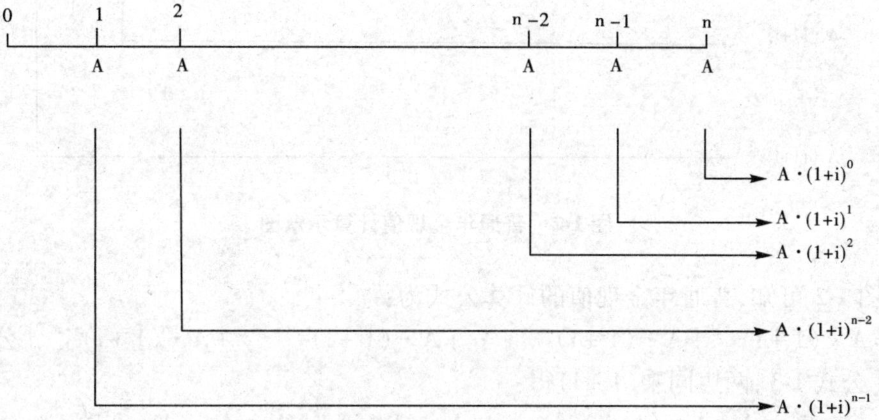

图 1-1 普通年金终值计算示意图

由图 1-1 可知,普通年金终值的计算公式为:

$$F=A\cdot(1+i)^0+A\cdot(1+i)^1+A\cdot(1+i)^2+\cdots+A\cdot(1+i)^{n-2}+A\cdot(1+i)^{n-1}$$

[公式 1-1]

将[公式 1-1]两边同时乘上(1+i)得:

$$F\cdot(1+i)=A\cdot(1+i)^1+A\cdot(1+i)^2+A\cdot(1+i)^3+\cdots+A\cdot(1+i)^{n-1}+A\cdot(1+i)^n$$

[公式 1-2]

将[公式 1-2]减去[公式 1-1]得:

$$F\cdot i=A\cdot(1+i)^n-A=A\cdot[(1+i)^n-1]$$

$$F=A\cdot\left[\frac{(1+i)^n-1}{i}\right]=A\cdot(F/A,i,n)$$

式中:F 为普通年金终值;A 为年金;i 为利率;n 为计息期数;方括号中的数值通常称为年金终值系数,记作(F/A,i,n),可直接查阅年金终值系数表(见本书附表)。

【例 1-3】 张先生每年年末存入银行 1 000 元,连存 5 年,年利率为 10%,则 5 年期满后,张先生可得本利和为:

$$1\,000\times\frac{(1+10\%)^5-1}{10\%}=1\,000\times6.1051=6\,105.1(元)$$

普通年金现值是一定时期内每期期末收付款项的复利现值之和。其计算方法如图 1-2 所示。

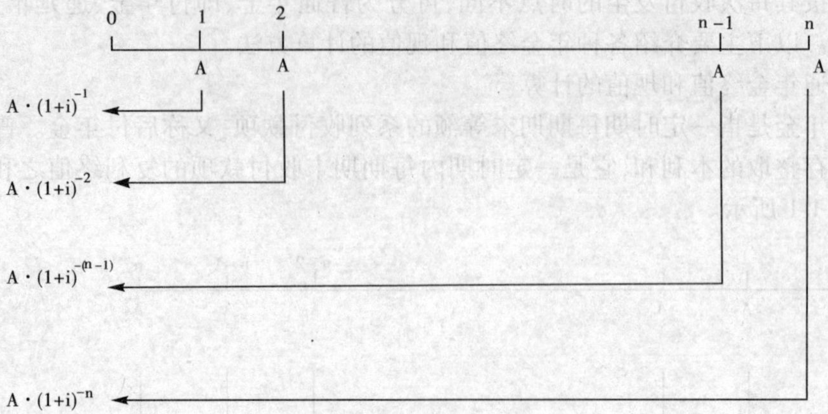

图 1-2 普通年金现值计算示意图

由图 1-2 可知,普通年金现值的计算公式为:

$$P = A \cdot (1+i)^{-1} + A \cdot (1+i)^{-2} + \cdots + A \cdot (1+i)^{-(n-1)} + A \cdot (1+i)^{-n}$$ [公式 1-3]

将[公式 1-3]两边同乘(1+i)得:

$$P \cdot (1+i) = A + A \cdot (1+i)^{-1} + \cdots + A \cdot (1+i)^{-(n-2)} + A \cdot (1+i)^{-(n-1)}$$ [公式 1-4]

将[公式 1-4]减去[公式 1-3]得:

$$P \cdot i = A - A \cdot (1+i)^{-n} = A \cdot [1-(1+i)^{-n}]$$

$$P = A \cdot \left[\frac{1-(1+i)^{-n}}{i}\right] = A \cdot (P/A,i,n)$$

式中:P 为普通年金现值;A 为年金;i 为折现率;n 为计息期数;方括号中的数值通常称为年金现值系数,记作(P/A,i,n),可直接查阅年金现值系数表(见本书附表)。

【例 1-4】 王先生每年年末收到租金 1 000 元,为期 5 年,若按年利率 10% 计算,王先生所收租金的现值为:

$$1\,000 \times \left[\frac{1-(1+10\%)^{-5}}{10\%}\right] = 1\,000 \times 3.7908 = 3\,790.8(\text{元})$$

【例 1-5】 某项目 2013 年年初投资动工,假设当年投产,从投产之日起每年可得收益 40 000 元。按年利率 6% 计算,则预期 10 年收益的现值为:

$$40\,000 \times \left[\frac{1-(1+6\%)^{-10}}{6\%}\right] = 40\,000 \times 7.3601 = 294\,404(\text{元})$$

②即付年金终值和现值的计算

每期期初收款、付款的年金,称为即付年金或预付年金。即付年金终值是其最后一期期末时的本利和,是各期期初收付款项的复利终值之和。即付年金终值的计算公式为:

$$F = A \cdot (1+i)^1 + A \cdot (1+i)^2 + \cdots + A \cdot (1+i)^n$$

式中各项为等比数列,首项为 A·(1+i),公比为(1+i),根据等比数列的求和公式可知：

$$F=\frac{A(1+i)\cdot[1-(1+i)^{n}]}{1-(1+i)}=A\cdot\left[\frac{(1+i)^{n+1}-1}{i}-1\right]$$

式中$\left[\frac{(1+i)^{n+1}-1}{i}-1\right]$是即付年金终值系数，它是在普通年金终值系数的基础上，期数加1、系数减1得到的，通常记作$[(F/A,i,n+1)-1]$。通过查阅年金终值系数表可得$(n+1)$期的值，然后减去1，便可得到对应的即付年金终值系数的值。

【例1-6】 如果某人于每年年初存入银行3 000元钱，银行存款利率为5%，则此人在第6年年末能一次取出的本利和为多少？

$F=A\cdot[(F/A,i,n+1)-1]=3\ 000\times[(F/A,5\%,7)-1]=3\ 000\times(8.1420-1)=21\ 426$(元)

即付年金现值是各期期初收付款项的复利现值之和。其计算公式为：

$$P=A+A\cdot(1+i)^{-1}+A\cdot(1+i)^{-2}+\cdots+A\cdot(1+i)^{-(n-1)}$$

式中各项为等比数列，首项为A，公比为$(1+i)^{-1}$，根据等比数列求和公式可知：

$$P=\frac{A\cdot[1-(1+i)^{-n}]}{1-(1+i)^{-1}}=A\cdot\left[\frac{1-(1+i)^{-(n-1)}}{i}+1\right]$$

式中$\left[\frac{1-(1+i)^{-(n-1)}}{i}+1\right]$是即付年金现值系数，它是在普通年金现值系数的基础上，期数减1、系数加1得到的，通常记作$[(P/A,i,n-1)+1]$。通过查阅年金现值系数表可得$(n-1)$期的值，然后加上1，便可得到对应的即付年金现值系数的值。

【例1-7】 某公司分期付款购买一幢厂房，在7年中于每年年初支付400 000元即可付清全部款项，国债的年利率为6%，购买该厂房相当于现在一次支付多少钱？

$$P=A\cdot[(P/A,i,n-1)+1]=400\ 000\times[(P/A,6\%,6)+1]$$
$$=400\ 000\times(4.9173+1)=2\ 366\ 920\text{(元)}$$

③递延年金终值和现值的计算

递延年金是指第一次收付款发生的时间不在第一期期末，而是间隔若干期后才发生的系列等额收付款项，是普通年金的特殊形式。假设年金为100元，递延年金的支付形式如图1-3所示。

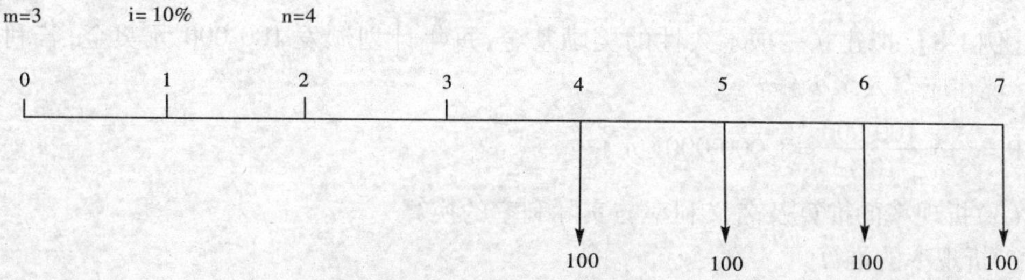

图1-3 递延年金的支付

一般用m表示递延期数，图1-3中m=3。从图1-3中可以看出，前3期没有发生支付，第一次支付在第四期期末，连续支付4次，即 $n=4$。

递延年金终值的计算方法与普通年金终值的计算方法相似，即：

$F=A\cdot(F/A,i,n)=100\times(F/A,10\%,4)=100\times4.6410=464.1$（元）

递延年金现值的计算方法有两种：

第一种方法，计算公式为：

$$P=A\cdot\left[\frac{1-(1+i)^{-(m+n)}}{i}-\frac{1-(1+i)^{-m}}{i}\right]=A\cdot[(P/A,i,m+n)-(P/A,i,m)]$$

上式先计算出 $m+n$ 期的普通年金现值，然后减去前 m 期的普通年金现值，即得递延年金的现值。

根据图1-3，按第一种方法计算的递延年金现值为：

$P=100\times[(P/A,10\%,3+4)-(P/A,10\%,3)]=100\times(4.8684-2.4869)=238.15$（元）

第二种方法，计算公式为：

$$P=A\cdot\left[\frac{1-(1+i)^{-n}}{i}\right]\cdot(1+i)^{-m}=A\cdot(P/A,i,n)\cdot(P/F,i,m)$$

上式是先将递延年金视为 n 期普通年金，求出在第 $m+1$ 期期初的现值，然后再折算到第一期期初，即得递延年金的现值。

根据图1-3，按第二种方法计算的递延年金现值为：

$P=100\times(P/A,10\%,4)\times(P/F,10\%,3)=100\times3.1699\times0.7513=238.15$（元）

④永续年金现值的计算

永续年金是指无限期等额收付的特种年金，即期限趋于无穷的普通年金。由于永续年金持续期无限，没有终止的时间，因而没有终值，只有现值。永续年金的现值可通过普通年金的现值推导出：

$$P=A\cdot\left[\frac{1-(1+i)^{-n}}{i}\right]$$

当 $n\to\infty$ 时，$(1+i)^{-n}$ 的极限为零，故上式可写为：

$$P=\frac{A}{i}$$

【例1-8】 拟建立一项永久性的奖励基金，每年计划颁发100 000元奖金，若利率为10%，现在应存入多少钱？

$$P=\frac{A}{i}=\frac{100\ 000}{10\%}=1\ 000\ 000\text{（元）}$$

（3）折现率的推算及名义利率与实际利率的换算

①折现率的推算

对于一次性收付款项，根据其复利终值（或现值）的计算公式可得折现率的计算公式为：

$$i=(F/P)^{\frac{1}{n}}-1$$

因此,若已知 F、P、n,不用查表便可直接计算出一次性收付款项的折现率。

永续年金折现率的计算也很方便。若 P、A 已知,则根据公式 $P = A/i$,变形即得 i 的计算公式为:

$$i = \frac{A}{P}$$

普通年金折现率的推算比较复杂,无法直接套用公式,而必须利用有关的系数表,有时还会运用到插值法(也称内插法)。下面着重对此加以介绍。

根据普通年金终值 F 和普通年金现值 P 的计算公式可推算出年金终值系数(F/A,i,n)和年金现值系数(P/A,i,n)的计算公式:

$$(F/A,i,n) = F/A$$

$$(P/A,i,n) = P/A$$

根据已知的 F、A 和 n,可求出 F/A 的值;通过查年金终值系数表,在表中找到等于 F/A 的系数值,只要读出该系数所在列的 i 值,即为所求的 i。同理,根据已知的 P、A 和 n,可求出 P/A 的值;通过查年金现值系数表,可求出 i。若找不到完全对应的 i,则可运用插值法求得。

下面利用年金现值系数表说明计算 i 的基本步骤。

第一步,计算出 P/A 的值,设 $P/A = \alpha$。

第二步,查普通年金现值系数表。沿着已知 n 所在的行横向查找,若恰好能找到某一系数值等于 α,则该系数值所在的列对应的利率便为所求的 i。

第三步,若无法找到恰好等于 α 的系数值,就应在表中 n 行上找与 α 最接近的两个临界系数值,设为 β_1、β_2($\beta_1 > \alpha > \beta_2$ 或 $\beta_1 < \alpha < \beta_2$),读出 β_1、β_2 所对应的临界利率 i_1、i_2,然后进一步运用插值法。

第四步,在插值法下,假定利率 i 同相关的系数在较小范围内线性相关,因而可根据临界系数 β_1、β_2 和临界利率 i_1、i_2 计算出 i,其公式为:

$$i = i_1 + \frac{\beta_1 - \alpha}{\beta_1 - \beta_2} \cdot (i_2 - i_1)$$

【例 1-9】某公司于第一年年初借款 20 000 元,每年年末还本付息额均为 4 000 元,连续 8 年还清。借款利率是多少?

根据题意,已知 $P = 20\,000$,$A = 4\,000$,$n = 8$,则:

$$(P/A,i,8) = P/A = 20\,000/4\,000 = 5$$

查 $n = 8$ 的普通年金现值系数表。在 $n = 8$ 一行上无法找到恰好为 $\alpha(\alpha = 5)$ 的系数值,于是在该行上找大于和小于 5 的临界系数值,分别为 $\beta_1 = 5.1461 > 5$,$\beta_2 = 4.9676 < 5$,同时读出临界利率为 $i_1 = 11\%$,$i_2 = 12\%$。则:

$$i = 11\% + \frac{5.1461 - 5}{5.1461 - 4.9676} \times (12\% - 11\%) \approx 11.82\%$$

②名义利率与实际利率的换算

上面讨论的有关计算均假定利率为年利率,每年复利一次。但实际上,复利的计息期不一定是一年,有可能是季度、月份或日。比如某些债券半年计息一次,有的抵押贷款每月计息一次,银行之间拆借资金每天计息一次。当年复利次数超过一次时,这样的年利率叫作名义利率,而每年只复利一次的利率才是实际利率。

对于一年内多次复利的情况,可采取两种方法计算时间价值。

第一种方法是按如下公式将名义利率调整为实际利率,然后按实际利率计算时间价值:

$$i=(1+r/m)^m-1$$

式中:i 为实际利率;r 为名义利率;m 为每年复利次数。

【例 1-10】 某企业于年初将 10 万元存入银行,在年利率为 8%、每季复利一次的情况下,到第五年年末,该企业能够得到多少本利和?

依题意,P=10,r=8%,m=4,n=5。则:

$$i=(1+r/m)^m-1=(1+8\%\div4)^4-1=8.24\%$$

$$F=P\cdot(1+i)^n=10\times(1+8.24\%)^5=14.86(\text{万元})$$

因此,该企业第五年年末可得本利和 14.86 万元。

这种方法的缺点是调整后的实际利率往往带有小数点,不利于查表。

第二种方法是不计算实际利率,而是相应调整有关指标,即利率变为 r/m,期数相应变为 m · n。其计算公式为:

$$F=P\cdot(1+r/m)^{m\cdot n}$$

【例 1-11】 利用【例 1-10】的有关数据,用第二种方法计算本利和。

$$F=P\cdot(1+r/m)^{m\cdot n}=10\times(1+8\%\div4)^{4\times5}=14.86(\text{万元})$$

1.4.2 投资风险价值

1)风险和投资风险价值的概念

风险是现代企业财务管理环境的一个重要特征,在企业财务管理的每一个环节都不可避免地要面对风险。从财务管理的角度看,风险就是企业在各项财务活动过程中,由于各种难以预料或无法控制的因素作用,使企业的实际收益与预计收益发生背离,从而蒙受经济损失的可能性。

投资风险价值是指投资者由于冒着风险进行投资而获得的超过资金时间价值的额外收益,又称投资风险收益、投资风险报酬。在实际工作中,通常以风险收益率进行计量。

在不考虑通货膨胀的情况下,投资收益率(投资收益额对投资额的比率)包括两部分:一部分是无风险投资收益率,即资金时间价值;另一部分是风险投资收益率(风险收益额对投资额的比率),即风险价值。

2)投资风险价值的计算

风险客观存在,广泛影响着企业的财务和经营活动,因此,正视风险并将风险程度予以量化,进行较为准确的衡量,便成为企业财务管理中的一项重要工作。风险与概率直接相关,并由此与期望值、离散程度等相联系,对风险进行衡量时应着重考虑以下几个方面的因素:

(1)概率

在现实生活中,某一事件在完全相同的条件下可能发生也可能不发生,既可能出现这种结果也可能出现那种结果,我们称这类事件为随机事件。概率就是用百分数或小数来表示随机事件发生可能性及出现某种结果可能性大小的数值。用 X 表示随机事件,X_i 表示随机事件的第 i 种结果,P_i 为出现这种结果的相应概率。若 X_i 出现,则 $P_i=1$;若 X_i 不出现,则 $P_i=0$。同时,所有可能结果出现的概率之和必定为 1。因此,概率必须符合下列两个要求:

① $0 \leqslant P_i \leqslant 1$

② $\sum_{i=1}^{n} P_i = 1$

将随机事件各种可能的结果按一定的规则进行排列,同时列出各结果出现的相应概率,这一完整的描述称为概率分布。概率分布有两种类型:一种是离散型分布,也称不连续的概率分布,其特点是概率分布在各个特定的点(指 X 值)上;另一种是连续型分布,其特点是概率分布在连续图像的两点之间的区间上。两者的区别在于,离散型分布中的概率是可数的,而连续型分布中的概率是不可数的。

(2)期望值

期望值是一个概率分布中的所有可能结果,以各自相应的概率为权数计算的加权平均值,是加权平均的中心值,通常用符号 $\overline{E}$ 表示,其计算公式如下:

$$\overline{E} = \sum_{i=1}^{n} X_i P_i$$

期望收益反映预计收益的平均值,在各种不确定性因素(【例 1-12】中假定只有市场情况因素影响产品收益)影响下,它代表着投资者的合理预期。

【例 1-12】 某企业有 A、B 两个投资项目,两个投资项目的收益率及其概率分布情况如表 1-1 所示,试计算两个项目的期望投资收益率。

表 1-1 A 项目和 B 项目投资收益率的概率分布

项目实施情况	这种情况出现的概率	投资收益率	
		A 项目	B 项目
好	0.2	40%	70%
一般	0.6	20%	20%
差	0.2	0	-30%

根据公式计算 A 项目和 B 项目的期望投资收益率分别为:

$$\overline{E}_A = 40\% \times 0.2 + 20\% \times 0.6 + 0 \times 0.2 = 20\%$$

$$\overline{E}_B = 70\% \times 0.2 + 20\% \times 0.6 + (-30\%) \times 0.2 = 20\%$$

从计算结果可以看出,两个项目的期望投资收益率都是 20%。但是否可以就此认为两个项目是等同的呢?我们还需要了解概率分布的离散情况,即计算标准离差和标准离差率。

(3)离散程度

离散程度是用以衡量风险大小的统计指标。一般来说,离散程度越大,风险越大;离散程度越小,风险越小。这里主要介绍反映随机变量离散程度的方差、标准离差和标准离差率三项指标。

①方差

方差是用来表示随机变量与期望值之间的离散程度的一个数值。其计算公式为:

$$\delta^2 = \sum_{i=1}^{n}(X_i - \overline{E})^2 \cdot P_i$$

②标准离差

标准离差也叫均方差,是方差的平方根。其计算公式为:

$$\delta = \sqrt{\sum_{i=1}^{n}(X_i - \overline{E})^2 \cdot P_i}$$

标准离差以绝对数衡量决策方案的风险,在期望值相同的情况下,标准离差越大,风险越大;反之,标准离差越小,风险越小。

【例 1-13】 以【例 1-12】中的数据为依据,分别计算 A、B 两个项目投资收益率的方差和标准离差。

$$\delta_A^2 = \sum_{i=1}^{n}(X_i - \overline{E})^2 \cdot P_i = (40\% - 20\%)^2 \times 0.2 + (20\% - 20\%)^2 \times 0.6 + (0 - 20\%)^2 \times 0.2 = 0.016$$

$$\delta_A = \sqrt{\sum_{i=1}^{n}(X_i - \overline{E})^2 \cdot P_i} = \sqrt{0.016} \approx 0.1265$$

$$\delta_B^2 = \sum_{i=1}^{n}(X_i - \overline{E})^2 \cdot P_i = (70\% - 20\%)^2 \times 0.2 + (20\% - 20\%)^2 \times 0.6 + (-30\% - 20\%)^2 \times 0.2 = 0.1$$

$$\delta_B = \sqrt{\sum_{i=1}^{n}(X_i - \overline{E})^2 \cdot P_i} = \sqrt{0.1} \approx 0.3162$$

以上计算结果表明 B 项目的风险要高于 A 项目的风险。

③标准离差率

标准离差率是标准离差同期望值之比,通常用符号 V 表示。其计算公式为:

$$V = \frac{\delta}{E} \times 100\%$$

标准离差率是一个相对指标,它以相对数反映决策方案的风险程度。方差和标准离差作为绝对数,只适用于期望值相同的决策方案风险程度的比较;对于期望值不同的决策方案,评价和比较其各自的风险程度只能借助于标准离差率这一相对数值。在期望值不同的情况下,标准离差率越大,风险越大;反之,标准离差率越小,风险越小。

【例 1-14】 仍以【例 1-12】中的有关数据为依据,分别计算 A 项目和 B 项目的标准离差率。

$$V_A = \frac{\delta_A}{E} \times 100\% = \frac{0.1265}{0.2} \times 100\% = 63.25\%$$

$$V_B = \frac{\delta_B}{E} \times 100\% = \frac{0.3162}{0.2} \times 100\% = 158.1\%$$

当然，在此例中A项目和B项目的期望投资收益率是相等的，可以直接根据标准离差来比较两个项目的风险水平。但如果比较项目的期望投资收益率不同，则一定要计算标准离差率才能进行比较。

通过上述方法将决策方案的风险加以量化后，决策者便可据此作出决策。对于单个方案，决策者可根据其标准离差(率)的大小，并将其同设定的可接受的此项指标最高限值对比，看前者是否低于后者，然后作出取舍。对于多个方案，决策者的行动准则应是选择低风险高收益的方案，即选择标准离差最低、期望收益最高的方案。然而高收益往往伴有高风险，低收益方案的风险程度往往也较低，究竟选择何种方案，就要权衡期望收益与风险，而且还要视决策者对风险的态度而定。对风险比较反感的人可能会选择期望收益较低同时风险也较低的方案，喜欢冒风险的人则可能选择风险虽高但同时收益也高的方案。

(4)风险收益率

为了简化决策分析工作，在短期财务决策中一般不考虑风险因素。而在长期财务决策中，则不得不考虑风险因素，需要计量风险程度。任何投资者都愿意要确定的某一收益率，而不愿意要不确定的同一收益率，这种现象称为风险反感。在风险反感普遍存在的情况下，诱使投资者进行风险投资的因素是风险收益。标准离差率虽然能正确评价投资风险程度的大小，但还无法将风险与收益结合起来进行分析。假设我们面临的决策不是评价与比较两个投资项目的风险水平，而是要决定是否对某一投资项目进行投资，此时我们就需要计算出该项目的风险收益率。

①计算应得的风险收益率

要将对风险的评价指标标准离差率转化为收益率指标，需要借助一个参数，这便是风险价值系数。风险收益率、风险价值系数和标准离差率之间的关系可用公式表示如下：

$$R_R = b \cdot V$$

式中：R_R 为风险收益率；b 为风险价值系数；V 为标准离差率。

在实际工作中，确定单项投资的风险价值系数，可采用以下三种方法：

第一，对相关投资项目的总投资收益率和标准离差率以及同期的无风险收益率的历史资料进行分析。

第二，由企业主管投资的人员会同有关专家定性评定。

第三，由专业咨询公司按不同行业定期发布，供投资者参考使用。

在不考虑通货膨胀因素的情况下，投资的总收益率(R)为：

$$R = R_F + R_R = R_F + b \cdot V$$

式中：R 为投资收益率；R_F 为无风险收益率。

【例1-15】 以【例1-12】的数据为依据，并假设无风险收益率为10%，风险价值系数为10%，请分别计算A、B两个项目应得的风险收益率和投资收益率。

A 项目的风险收益率 $R_{R(A)}=10\%\times63.25\%\approx6.33\%$

A 项目的投资收益率 $R_A=10\%+10\%\times63.25\%\approx16.33\%$

B 项目的风险收益率 $R_{R(B)}=10\%\times158.1\%=15.81\%$

B 项目的投资收益率 $R_B=10\%+10\%\times158.1\%=25.81\%$

从计算结果可以看出，B 项目的投资收益率（25.81%）要高于 A 项目的投资收益率（16.33%），B 项目是一个更好的选择。而从我们前面的分析来看，两个项目的期望投资收益率是相等的，但 B 项目的风险要高于 A 项目，故应选择 A 项目。

②计算预期风险收益率，权衡方案是否可取

按照上述程序计算出来的风险收益率，是在现有风险程度下要求的风险收益率。为了确定某一方案是否可取，可以计算预期风险收益率，并与应得的风险收益率比较。当预期风险收益率大于应得的风险收益率时，说明该方案预期风险收益高，所冒风险相对较小，该方案可取；反之，该方案不可取。

$$预期投资收益率=\frac{预期收益额}{投资额}\times100\%$$

预期风险收益率 = 预期投资收益率 − 无风险收益率

根据【例 1-12】和【例 1-15】的数据，A 项目的期望投资收益率为 20%，无风险收益率为 10%，则 A 项目的预测风险收益率为 10%（20% − 10%）。

上面已计算出 A 项目应得的风险收益率为 6.33%，而预期风险收益率为 10%，因为预期风险收益率大于应得的风险收益率，所以 A 项目可取。

应当指出，风险价值计算的结果具有一定的假定性，并不十分精确。研究投资风险价值原理，主要是在进行投资决策时，树立风险价值观念，认真权衡风险与收益的关系，选择有可能避免风险、分散风险，并获得较多收益的投资方案。

【知识链接 1-2】

企业孵化器与风险投资

1. 什么是企业孵化器

企业孵化器是一种新型的社会经济组织，它通过提供研发、生产、经营的场地，通信网络与办公等方面的共享设施，系统的培训和咨询，政策、融资、法律和市场推广等方面的支持，降低创业企业的创业风险和创业成本，提高企业的成活率和成功率。

联合国开发计划署在《企业孵化器在发展中国家的初步评价》一文中对孵化器作了如下定义："孵化器是一种受控制的工作环境，这种环境是专为培育新生企业而设计的。在这个环境中试图创造一些条件来训练、支持和发展一些成功的小企业家和盈利的企业。"

一个成功的孵化器离不开五大要素：共享空间、共享服务、在孵企业、孵化器管理人员、扶植企业的优惠政策。企业孵化器为创业者提供良好的创业环境和条件，帮助创业者把发明和成果尽快形成商品投入市场，提供综合服务，帮助新兴的小企业迅速长大形成规模，为社会培养成功的企业和企业家。

企业孵化器在 20 世纪 50 年代发源于美国，是伴随着新技术产业革命的兴起而发展起来的。企业孵化器在推动高新技术产业的发展，孵化和培育中小科技型企业以及振兴区域经济，培养新的经济增长点等方面发挥了巨大作用，引起了世界各地政府的高度重视，也因此在全世界范围内得到了较快的发展。

2. 我国企业孵化器的社会任务和功能定位

(1)企业孵化器是由于社会专业化分工而产生的旨在促进和实现高新技术产业化的社会经济组织。其主要作用是向打算创业的科技人员和处于创业初期的科技型中小企业提供必要的资源和服务，降低创业成本，提高创业成功率，促进科技成果转化，培育科技型企业和企业家。它对推动高新技术产业发展、完善国家和区域创新体系、繁荣经济发挥着重要的作用，具有重大的社会经济意义。

(2)企业孵化器应努力建设完善以下功能：市场定位功能，帮助在孵企业把握市场，并形成一定的市场竞争力；成果转化功能，在研究开发与产业之间起"接力"作用，以促进科技成果的转化和应用；产业培育功能，使中小科技企业加速成长，尽快产业化、规模化；要素集成功能，将资金、技术、人才、信息、管理、市场等各种资源加以整合和集成，形成资源的优化配置；更新价值观功能，努力形成创新创业文化氛围，促使人们的创业与就业观念、市场观念、风险意识、合作协作精神转变和形成，并建立适应社会主义市场经济的价值观。

3. 我国企业孵化器的现状与规模

目前中国已跻身世界企业孵化器大国行列，其科技企业孵化器数量，目前仅次于美国，居世界第二位，居发展中国家之首。

1987 年 6 月，中国第一家企业孵化器武汉东湖新技术创业中心宣告成立。自 1999 年全国创业中心工作会议和 2000 年世界企业孵化与创新大会后，我国创业中心的数量显著增多。2003 年，中国创业中心达到 489 家，在孵企业达 1 385 家。2003 年，中国创业中心共拥有孵化资金 33.3 亿元；在 7 000 余名创业中心管理人员中，具有硕士学位以上学历人员的比例是 14.7%；各类创业中心内企业共获得国家级科技计划项目 719 项，获得资助金额 8.5 亿元。目前，在孵企业申请专利万余项，其中发明专利 3 589 项。作为创业中心的最终"产品"，2003 年，全国创业中心累计"毕业"企业 9 565 家，比 1999 年增长了 4 倍；创业中心"毕业企业"和在孵企业的营业总收入分别为 851.7 亿元和 892.8 亿元。

此外，经过十多年的发展，各种不同类型的企业孵化器在全国各地形成，如综合技术创业中心、专业技术创业中心、大学科技园、海外留学人员创业园、国际企业孵化器、行业孵化器、软件孵化器等。

4. 企业孵化器是风险投资的沃野

风险投资的过程有着多种风险，除了技术和市场风险以外，风险投资家最为关注的是企业的管理风险，特别是企业家的优劣往往决定着风险投资的命运。在我国现阶段市场发育尚不完善，企业的体制和运行机制尚不稳定，还没有形成职业企业家队伍的情况下，风险投资在管理上的风险尤为突出。企业孵化器恰恰可以帮助风险投资家降低在企业管理上的风险。这主要由于科技企业进入孵化器之前，孵化器就对其进行了多方面的考核。企业在进入孵化器以后，孵化器通过对企业的服务能够较长时间、比较深入地了解企业的发展情况及企业家的素质和能力，特别是那些接受了孵化器创业资金和担保资金支持的企业，孵化器对它们的考核和了解与风险投资的前期考核极为相近，完全是风险投资家所希望了解的内容。另外，通过企业孵化器进行风险投资可以在一定程度上将"远程投资"转变为"近程投资"。尤其是那些对中国国情十分了解，而又具备一定的风险投资经验（包括种子资本和担保资金的成功使用）的孵化器经理，将是创业者的良好合作伙伴和得力助手。

创业者在孵化器帮助下的创业过程主要表现在科技企业的初创期、发展期和扩张期，而风险投资的种子资本、初创资本、创业资本和发展资本的投入恰恰覆盖和支撑了创业者的创业全过程。进入扩张期后大多数科技企业将从孵化器"毕业"；而接受风险投资的企业在扩张期也正好是风险投资的"收获季节"，将以公开上市、股权转让、企业并购上市等方式退出，以获得风险投资的高额回报。当然，这种科技创业者在接受风险投资的同时就进入孵化器发展和从孵化器一"毕业"就"上市退出"只是一种理想的状态。在实际运作中，由于风险投资在各地的发展不平衡，创业者的境况不同和风险企业的千差万别，对孵化器而言的"进入"和"毕业"与对风险投资而言的"投入"和"退出"往往不是同时发生的，而是在创业过程中先后完成的。但显而易见的是，风险投资过程将覆盖孵化企业的全过程，而且在创业过程中插上"风险投资翅膀"的科技企业要远比只有"孵化翅膀"的企业成功率更高，发展得更为迅速、健康。

资料来源：http://www.chinatorch.gov.cn/dxal/.

本章小结

财务管理是一种价值管理，主要利用资金、成本、收入、利润等价值指标，运用财务预测、财务决策、财务预算、财务控制、财务分析等手段来组织企业中价值的形成、实现和分配，并处理资金运动中的经济关系，具有很强的综合性。

财务管理目标是企业进行财务活动所要达到的目的，它决定企业财务管理的发展方向。财务管理的总体目标是实现企业价值最大化或股东财富最大化。

财务管理的基本环节包括财务预测、财务决策、财务预算、财务控制和财务分析。

企业财务活动是在一定财务管理环境下进行的，财务管理外部和内部环境的变化，影响着企业的筹资成本和风险、资金占用状态、投资报酬与风险、盈利水平及现金净流量等，良好的财务管理环境有利于财务管理活动的顺利开展。

资金时间价值和投资风险价值是财务管理的基本价值观念，是财务决策的依据，是财务管理的基础。

复习思考题

1.1 财务管理在企业管理中的地位与作用是怎样的？

1.2 为什么将企业价值最大化或股东财富最大化作为企业财务管理的最优目标？

1.3 何为财务管理的环境？为什么说金融环境是企业财务管理最为主要的环境因素？

第2章 财务分析

学习目标

知识目标：理解财务分析的含义和作用；掌握偿债能力、运营能力、获利能力、发展能力分析的内容和方法；掌握综合指标分析的内容和方法。

能力目标：能运用恰当的分析方法和财务指标，对企业的偿债能力、运营能力、获利能力、发展能力作出分析与评价；能运用财务指标综合分析方法对企业的财务状况和经营业绩作出分析与评价。

素养目标：能结合公司经营规模和行业特点，对其财务状况和财务能力进行客观的分析与评价，并根据分析的结果提出合理化建议。

【案例导入】

许多企业人士喜欢膜拜"四面佛"，据说它能保佑企业财运亨通。事实上，每个企业本来就"供奉"着四张财务报表，不妨将之视为引导竞争及管理的"四面佛"。这四张财务报表分别是资产负债表、利润表、现金流量表和所有者权益（或股东权益）变动表。

资产负债表反映企业在某一特定时点，资产、负债及所有者权益（或股东权益）的关系。资产负债表是了解企业财务结构最重要的利器。

利润表反映企业在某段时间内，财富（股东权益）如何因各种经济活动的影响发生变化。利润表是衡量企业经营绩效的重要依据。

现金流量表反映企业在某特定期间内，组织的现金如何因经营活动、投资活动及筹资活动发生变化。现金流量表可以弥补利润表在衡量企业绩效时面临的盲点，从另一个角度检视企业的经营成果。现金流量表是评估企业能否持续存活及竞争的核心工具。

所有者权益（或股东权益）变动表解释企业在某一特定时期内，所有者权益（或股东权益）如何因经营的盈亏（净利或净损）、现金股利的发放等经济活动而发生变化。它提供说明管理层是否公平对待股东的重要信息。

20 世纪 70 年代和 80 年代，中国台湾著名歌手万沙浪先生以一曲《风从哪里来》风靡海内外。若将这首歌的歌词稍加改动，把"风"字改成"钱"字，就变成说明财务报表的好口诀："钱从哪里来，要到哪里去？有谁能告诉我，钱从哪里来？"前一句歌词指的是资产负债表，其目的是陈述组织资金的来源和用途；后一句歌词指的是其他三份财务报表，其目的在于解释企业财务资源或股东权益的变动情况。

资料来源:刘顺仁. 2007. 财报就像一本故事书[M]. 太原:山西人民出版社.

这一案例表明:资产负债表、利润表、现金流量表和所有者权益变动表是反映企业财务结构、经营成果及股东权益信息的财务报表,是了解和衡量企业财务状况和经营情况的重要依据。

通过学习本章的内容,你将了解财务分析在企业财务管理中的重要作用,客观分析和评价公司的财务状况和经营能力,这对改进公司管理、最大限度地实现企业财务管理目标至关重要。

2.1 财务分析概述

2.1.1 财务分析的概念及作用

1)财务分析的概念

财务分析,又称财务报表分析。财务报表是企业财务状况和经营成果的信息载体,但财务报表所列示的各类项目的金额如果孤立地看,并无多大意义,必须与其他数据相比较,才能成为有用的信息。这种按照一定方法将财务报表的各项数据与有关数据进行比较、评价的过程就是财务分析。具体地说,财务分析就是以财务报表和其他资料为依据和起点,采用专门方法,系统分析和评价企业的财务状况、经营成果和现金流量的过程。其目的是评价过去的经营业绩,衡量现在的财务状况,预测未来的发展趋势。

2)财务分析的作用

(1)财务分析是评价财务状况及经营业绩的重要依据

通过财务分析,可以了解企业偿债能力、运营能力、盈利能力和现金流量状况,合理评价经营者的经营业绩,以奖优罚劣,促进管理水平的提高。

(2)财务分析是实现财务管理目标的重要手段

企业财务管理的根本目标是实现企业价值最大化。通过财务分析,不断挖掘潜力,从各方面揭露矛盾,找出差距,充分认识未被利用的人力、物力资源,寻找利用不当的原因,促进企业经营活动按照企业价值最大化目标运行。

(3)财务分析是实施正确的投资决策的重要步骤

投资者通过财务分析,可以了解企业获利能力、偿债能力,从而进一步预测投资后的收益水平和风险程度,以作出正确的投资决策。

2.1.2 财务分析的内容

财务分析信息的需求者主要包括企业所有者、企业债权人、企业经营决策者和政府等。不同主体出于不同的利益考虑,对财务分析信息有着各自不同的要求。

企业所有者作为投资人,关心其资本的保值和增值状况,因此较为重视企业获利能力指标。

企业债权人不能参与企业剩余收益分享,首先关注的是其投资的安全性,因此更重视企业偿债能力指标。

企业经营决策者必须对企业经营理财的各个方面,包括运营能力、偿债能力、获利能力及发展能力的全部信息予以详尽的了解和掌握。

政府兼具多重身份,既是宏观经济管理者,又是国有企业的所有者和重要的市场参与者,因此政府对企业财务分析的关注点因所具身份不同而异。

总的来看,财务分析的基本内容包括偿债能力分析、运营能力分析、获利能力分析和发展能力分析,四者是相辅相成的。

2.1.3 财务分析的局限性

财务分析的局限性主要表现为资料来源的局限性、分析方法的局限性和分析指标的局限性。其中,资料来源的局限性包括数据缺乏可比性、缺乏可靠性和存在滞后性等。

2.2 财务分析方法

进行财务分析,需要运用一定的方法。财务分析的方法多种多样,常用的有趋势分析法、比率分析法和因素分析法。

2.2.1 趋势分析法

趋势分析法又称水平分析法,是通过对比两期或连续数期财务报告中的相同指标,确定其增减变动的方向、数额和幅度,来说明企业财务状况或经营成果的变动趋势的一种方法。采用这种方法,可以分析引起变化的主要原因、变动的性质,并预测企业未来的发展前景。

趋势分析法的具体运用主要有三种方式:一是重要财务指标的比较;二是会计报表的比较;三是会计报表项目构成的比较。

1)重要财务指标的比较

重要财务指标的比较,是指将不同时期财务报告中的相同指标或比率进行比较,直接观察其增减变动情况及变动幅度,考查其发展趋势,预测其发展前景。

对不同时期财务指标的比较,可以用以下两种比率:

(1)定基动态比率

定基动态比率是以某一时期的数额为固定的基期数额而计算出来的动态比率。其计算公式为:

$$定基动态比率=\frac{分析期数额}{固定基期数额}\times 100\%$$

(2)环比动态比率

环比动态比率是以每一分析期的前期数额为基期数额而计算出来的动态比率。其计算公式为:

$$环比动态比率=\frac{分析期数额}{前期数额}\times 100\%$$

2)会计报表的比较

会计报表的比较是指将连续数期的会计报表的金额并列起来,比较其相同指标的增减变动金额和幅度，据以判断企业财务状况和经营成果发展变化的一种方法。会计报表的比较，具体包括资产负债表比较、利润表比较和现金流量表比较等。比较时，既要计算出表中有关项目增减变动的绝对额，又要计算出其增减变动的百分比。

3）会计报表项目构成的比较

这是在会计报表比较的基础上发展而来的。它是以会计报表中的某个总体指标作为100%，再计算出其各组成项目占该总体指标的百分比，从而比较各个项目百分比的增减变动，以此来判断有关财务活动的变化趋势。这种方式比前述两种方式能更准确地分析企业财务活动的发展趋势。它既可用于同一企业不同时期财务状况的纵向比较，又可用于不同企业之间的横向比较。同时，这种方法能消除不同时期（不同企业）之间业务规模差异的影响，有利于分析企业的耗费水平和盈利水平。

但在采用趋势分析法时，必须注意以下问题：第一，用于进行对比的各个时期的指标，在计算口径上必须一致；第二，剔除偶发性项目的影响，使作为分析的数据能反映正常的经营状况；第三，应运用例外原则，对某项有显著变动的指标作重点分析，研究变动产生的原因，以便采取对策，趋利避害。

2.2.2 比率分析法

比率分析法是通过计算各种比率指标来确定财务活动变动程度的方法。比率是相对数，采用这种方法，能够把某些条件下的不可比指标变为可比指标，以利于进行分析。

比率指标可以有不同的类型，主要有三类：一是构成比率；二是效率比率；三是相关比率。

1）构成比率

构成比率又称结构比率，它是某项财务指标的各组成部分数值占总体数值的百分比，反映部分与总体的关系。其计算公式为：

$$构成比率=\frac{某个组成部分数值}{总体数值}\times 100\%$$

比如，企业资产中流动资产、固定资产和无形资产占资产总额的百分比（资产构成比率），企业负债中流动负债和非流动负债占负债总额的百分比（负债构成比率）等。利用构成比率，可以考查总体中某个部分的形成和安排是否合理，以便协调各项财务活动。

2）效率比率

效率比率是某项财务活动中所费与所得的比例，反映投入与产出的关系。利用效率比率指标，可以进行得失比较，考查经营成果，评价经济效益。比如，将利润项目与销售成本、销售收入、资本金等项目加以对比，可以算出成本利润率、销售利润率以及资本金利润率等利润率指标，可以从不同角度观察比较企业获利能力的高低及其增减变化情况。

3）相关比率

相关比率是以某个项目和与其有关但又不同的项目加以对比所得的比率，反映有关经济活动的相互关系。利用相关比率指标，可以考查企业相互关联的业务安排得是否合理，以保障经营活动顺畅进行。比如，将流动资产与流动负债加以对比，计算出流动比率，据以判断企业的短期偿债能力。

比率分析法的优点是计算简便，计算结果也比较容易判断，而且可以使某些指标在

不同规模的企业之间进行比较,甚至也能在一定程度上超越行业之间的差别进行比较。但采用这一方法时应注意以下几点:

(1)对比项目的相关性。计算比率的子项和母项必须具有相关性,把不相关的项目进行对比是没有意义的。在构成比率指标中,组成部分指标必须是总体指标这个大系统中的一个小系统;在效率比率指标中,投入与产出必须有因果关系;在相关比率指标中,两个对比指标也要有内在联系。这样,才能评价有关经济活动之间是否协调均衡,安排是否合理。

(2)对比口径的一致性。计算比率的子项和母项必须在计算时间、范围等方面保持口径一致。

(3)衡量标准的科学性。运用比率分析,需要选用一定的标准与之对比,以便对企业的财务状况作出评价。通常而言,科学合理的对比标准有:①预定目标,如预算指标、设计指标、定额指标、理论指标等;②历史标准,如上期实际、上年同期实际、历史先进水平以及有典型意义时期的实际水平等;③行业标准,如主管部门或行业协会颁布的技术标准、国内外同类企业的先进水平、国内外同类企业的平均水平等;④公认标准。

2.2.3 因素分析法

因素分析法是依据分析指标与其影响因素的关系,从数量上确定各因素对分析指标影响方向和影响程度的一种方法。采用这种方法的出发点在于,当有若干因素对分析指标发生影响作用时,假定其他各个因素都无变化,顺序确定每一个因素单独变化所产生的影响。

因素分析法具体有两种:一是连环替代法;二是差额分析法。

1)连环替代法

连环替代法是将分析指标分解为各个可以计量的因素,并根据各个因素之间的依存关系,顺次用各因素的比较值(通常即实际值)替代基准值(通常即标准值或计划值)据以测定各因素对分析指标的影响。

【例2-1】 明达制造公司2013年3月甲种原材料费用的实际数是21 600元,而计划数是17 920元,实际比计划增加3 680元。由于原材料费用是由产品产量、单位产品原材料消耗用量和原材料单价三个因素的乘积构成的,因此,就可以把原材料费用这一总指标分解为三个因素,然后逐个分析它们对原材料费用的影响程度。现假定这三个因素的数值如表2-1所示。

表2-1　　明达制造公司2013年3月原材料费用表

项目	单位	计划数	实际数
产品产量	件	160	180
单位产品原材料消耗量	千克	14	12
原材料单价	元	8	10
原材料费用总额	元	17 920	21 600

根据表2-1中的资料,原材料费用总额实际数较计划数增加3 680元,这是分析对象。运用连环替代法,可以计算各因素变动对原材料费用总额的影响程度如下:

计划指标:$160\times14\times8=17\ 920$(元) ①

第一次替代:$180\times14\times8=20\ 160$(元) ②

第二次替代:$180\times12\times8=17\ 280$(元) ③

第三次替代:$180\times12\times10=21\ 600$(元)(实际指标) ④

②-①$=20\ 160-17\ 920=2\ 240$(元) 产量增加的影响

③-②$=17\ 280-20\ 160=-2\ 880$(元) 原材料消耗节约的影响

④-③$=21\ 600-17\ 280=4\ 320$(元) 价格提高的影响

$2\ 240+(-2\ 880)+4\ 320=3\ 680$(元) 全部因素的影响

2)差额分析法

差额分析法是连环替代法的一种简化形式,它是利用各个因素的比较值与基准值之间的差额来计算各因素对分析指标的影响。

【例2-2】 仍以表2-1所列数据为例,可采用差额分析法计算确定各因素变动对原材料费用的影响。

①产量增加对原材料费用的影响为:

$(180-160)\times14\times8=2\ 240$(元)

②原材料消耗节约对原材料费用的影响为:

$180\times(12-14)\times8=-2\ 880$(元)

③价格提高对原材料费用的影响为:

$180\times12\times(10-8)=4\ 320$(元)

因素分析法既可以全面分析各因素对某一经济指标的影响,又可以单独分析某个因素对某一经济指标的影响,在财务分析中应用颇为广泛。但在应用这一方法时必须注意以下几个问题:

(1)因素分解的关联性。确定构成经济指标的因素,必须在客观上存在着因果关系,要能够反映形成该项指标差异的内在构成原因,否则就失去了其存在的价值。

(2)因素替代的顺序性。因素替代时,必须按照各因素的依存关系,排列成一定的顺序并依次替代,不可随意加以颠倒,否则就会得出不同的计算结果。一般而言,确定正确排列因素替代顺序的原则是,按分析对象的性质,从诸因素相互依存关系出发,使分析结果有助于分清责任。

(3)顺序替代的连环性。因素分析法在计算每一个因素变动的影响时,都是在前一次计算的基础上进行的,并采用连环比较的方法确定因素变化影响结果。因为只有保持计算顺序上的连环性,才能使各因素影响之和等于分析指标变动的差异,以全面说明分析指标变动的原因。

(4)计算结果的假定性。由于因素分析法计算的各因素变动的影响数,会因替代计算顺序的不同而有差别,因而计算结果不免带有假定性,即它不可能使每个因素计算的结果都达到绝对准确。它只是在某种假定前提下的影响结果,离开了这种假定前提条件,也就不会是这种影响结果。为此,分析时应力求使这种假定是合乎逻辑的,是具有实际经济意义的。这样,计算结果的假定性才不至于妨碍分析的有效性。

2.3 财务指标分析

总结和评价企业财务状况与经营成果的分析指标包括偿债能力指标、运营能力指标、获利能力指标和发展能力指标。

现将后面举例时需要用到的 ABC 公司的资产负债表(表 2-2)和利润表(表 2-3)列举如下:

表 2-2　　资产负债表

编制单位:ABC 公司　　2012 年 12 月 31 日　　单位:万元

资产	期末余额	年初余额	负债及所有者权益	期末余额	年初余额
流动资产:			流动负债:		
货币资金	900	800	短期借款	2 300	2 000
交易性金融资产	500	1 000	应付账款	1 200	1 000
应收账款	1 300	1 200	预收账款	400	300
预付账款	70	40	其他应付款	100	100
存货	5 200	4 000	流动负债合计	4 000	3 400
其他流动资产	80	60	非流动负债:		
流动资产合计	8 050	7 100	长期借款	2 500	2 000
非流动资产:			非流动负债合计	2 500	2 000
持有至到期投资	400	400	负债合计	6 500	5 400
固定资产	14 000	12 000	所有者权益:		
无形资产	550	500	实收资本(或股本)	12 000	12 000
非流动资产合计	14 950	12 900	盈余公积	1 600	1 600
			未分配利润	2 900	1 000
			所有者权益合计	16 500	14 600
资产总计	23 000	20 000	负债及所有者权益总计	23 000	20 000

表 2-3　　利润表

编制单位:ABC 公司　　2012 年度　　单位:万元

项目	本期金额	上期金额
一、营业收入	21 200	18 800
减:营业成本	12 400	10 900
营业税金及附加	1 200	1 080
销售费用	1 900	1 620
管理费用	1 000	800
财务费用	300	200
加:投资收益	300	300
二、营业利润	4 700	4 500
加:营业外收入	150	100

续表

项目	本期金额	上期金额
减:营业外支出	650	600
三、利润总额	4 200	4 000
减:所得税费用	1 050	1 000
四、净利润	3 150	3 000

注:资产负债表和利润表均为简化格式,仅用于示例。

2.3.1 偿债能力指标

偿债能力是指企业偿还到期债务(包括本息)的能力。偿债能力指标包括短期偿债能力指标和长期偿债能力指标。

1)短期偿债能力指标

短期偿债能力是指企业流动资产对流动负债及时足额偿还的保证程度,是衡量企业当前财务能力,特别是流动资产变现能力的重要标志。

企业短期偿债能力的衡量指标主要有流动比率、速动比率和现金流动负债比率三项。

(1)流动比率

流动比率是流动资产与流动负债的比率,它表明企业每一元流动负债有多少流动资产作为偿还保证,反映企业用可在短期内转变为现金的流动资产偿还到期流动负债的能力。其计算公式为:

$$流动比率=\frac{流动资产}{流动负债}\times 100\%$$

一般情况下,流动比率越高,反映企业短期偿债能力越强,债权人的权益越有保证。国际上通常认为,流动比率的下限为100%;而流动比率等于200%较为适当,它表明企业财务状况稳定可靠,除了满足日常生产经营的流动资金需要外,还有足够的财力偿付到期短期债务。如果流动比率过低,则表示企业可能捉襟见肘,难以如期偿还债务。但是,流动比率也不可以过高,过高则表明企业流动资产占用较多,会影响资金的使用效率和企业的筹资成本,进而影响获利能力。究竟应保持多高水平的流动比率,主要视企业对待风险与收益的态度予以确定。

运用流动比率时,必须注意以下几个问题:

①虽然流动比率越高,企业偿还短期债务的流动资产保证程度越强,但这并不等于说企业已有足够的现金或存款用来偿债。流动比率高也可能是存货积压、应收账款增多且收账期延长,以及待摊费用和待处理财产损失增加所致,而真正可用来偿债的现金和存款却严重短缺。所以,企业应在分析流动比率的基础上,进一步对现金流量加以考查。

②从短期债权的角度看,流动比率自然是越高越好。但从企业经营角度看,过高的流动比率通常意味着企业闲置现金的持有量过多,必然造成企业机会成本的增加和获利能力的降低。因此,企业应尽可能将流动比率维持在不使货币资金闲置的水平。

③流动比率是否合理，不同的企业以及同一企业不同时期的评价标准是不同的，因此，不应用统一的标准来评价各企业流动比率合理与否。

④在分析流动比率时应当剔除一些虚假因素的影响。

【例 2-3】 根据表 2-2 的资料，该公司 2012 年的流动比率如下（计算结果保留小数点后两位，下同）：

$$年初流动比率=\frac{7\ 100}{3\ 400}\times 100\%=208.82\%$$

$$年末流动比率=\frac{8\ 050}{4\ 000}\times 100\%=201.25\%$$

该公司 2012 年年初和年末的流动比率均超过一般公认标准，反映该公司具有较强的短期偿债能力。

(2) 速动比率

速动比率是企业速动资产与流动负债的比率。所谓速动资产，是指流动资产减去变现能力较差且不稳定的存货、预付账款、一年内到期的非流动资产和其他流动资产等之后的余额。由于剔除了存货等变现能力较差且不稳定的资产，因此，速动比率较流动比率能更加准确、可靠地评价企业资产的流动性及偿还流动负债的能力。其计算公式为：

$$速动比率=\frac{速动资产}{流动负债}\times 100\%$$

其中：速动资产 = 货币资金 + 交易性金融资产 + 应收账款 + 应收票据
= 流动资产 − 存货 − 预付账款 − 一年内到期的非流动资产 − 其他流动资产

说明：财务报表中如有应收利息、应收股利和其他应收款项目，可视情况归入速动资产项目。

一般情况下，速动比率越高，表明企业偿还流动负债的能力越强。国际上通常认为，速动比率等于 100% 较为适当。如果速动比率小于 100%，必使企业面临很大的偿债风险；如果速动比率大于 100%，尽管债务偿还的安全性很高，但却会因企业现金及应收账款资金占用过多而大大增加企业的机会成本。

【例 2-4】 根据表 2-2 的资料，同时假设该公司 2011 年度和 2012 年度的其他流动资产均为待摊费用，则该公司 2012 年的速动比率如下：

$$年初速动比率=\frac{800+1\ 000+1\ 200}{3\ 400}\times 100\%=88.24\%$$

$$年末速动比率=\frac{900+500+1\ 300}{4\ 000}\times 100\%=67.5\%$$

分析表明，该公司 2012 年年末的速动比率比年初有所降低；虽然该公司流动比率超过一般公认标准，但由于流动资产中存货所占比重过大，导致该公司速动比率未达到一般公认标准，该公司的实际短期偿债能力并不理想，需采取措施加以扭转。

在分析时需注意：尽管速动比率较流动比率更能反映出流动负债偿还的安全性和稳定性，但并不能认为速动比率较低的企业的流动负债到期绝对不能偿还。实际上，如果企业存货流转顺畅，变现能力较强，即使速动比率较低，只要流动比率高，企业仍然有望偿还到期的债务本息。

(3)现金流动负债比率

现金流动负债比率是企业一定时期的经营现金净流量同流动负债的比率，它可以从现金流量角度来反映企业当期偿付短期负债的能力。其计算公式为：

$$现金流动负债比率 = \frac{年经营现金净流量}{年末流动负债} \times 100\%$$

其中，年经营现金净流量指一定时期内，企业经营活动所产生的现金及现金等价物流入量与流出量的差额。

现金流动负债比率从现金流入和流出的动态角度对企业的实际偿债能力进行考查。由于有利润的年份不一定有足够的现金(含现金等价物)来偿还债务，所以利用以收付实现制为基础计量的现金流动负债比率指标，能充分体现企业经营活动所产生的现金净流量可以在多大程度上保证当期流动负债的偿还，直观地反映出企业偿还流动负债的实际能力。用该指标评价企业偿债能力更加谨慎。该指标越大，表明企业经营活动产生的现金净流量越多，越能保障企业按期偿还到期债务，但也并不是越大越好，该指标过大则表明企业流动资金利用不充分，获利能力不强。

【例 2-5】 根据表 2-2 的资料，同时假设该公司 2011 年度和 2012 年度的经营现金净流量分别为 3 000 万元和 5 000 万元(经营现金净流量的数据可以从公司的现金流量表中获得)，则该公司 2011 年度和 2012 年度的现金流动负债比率分别为：

$$2011\ 年度的现金流动负债比率 = \frac{3\ 000}{3\ 400} \times 100\% = 88.24\%$$

$$2012\ 年度的现金流动负债比率 = \frac{5\ 000}{4\ 000} \times 100\% = 125\%$$

该公司 2012 年度的现金流动负债比率比 2011 年度有明显的提高，表明该公司的短期偿债能力增强。

2)长期偿债能力指标

长期偿债能力是指企业偿还非流动负债的能力。企业长期偿债能力的衡量指标主要有资产负债率、产权比率、或有负债比率和已获利息倍数。

(1)资产负债率

资产负债率又称负债比率，指企业负债总额与资产总额的比率。它表明企业资产总额中，债权人提供资金所占的比重，以及企业资产对债权人权益的保障程度。其计算公式为：

$$资产负债率 = \frac{负债总额}{资产总额} \times 100\%$$

一般情况下，资产负债率越小，表明企业长期偿债能力越强。但是，也并非说该指标对谁都是越小越好。对债权人来说，该指标越小越好，这样企业偿债就有保证。对企业所有者来说，如果该指标大，说明利用较少的自有资本投资形成了较多的生产经营用资产，不仅扩大了生产经营规模，而且在经营状况良好的情况下，还可以利用财务杠杆的原理，得到较多的投资利润；如果该指标过小，则表明企业对财务杠杆利用不够。但资产负债率过大，则表明企业的债务负担重，企业资金实力不强，不仅对债权人不利，而且企业有濒临倒闭的危险。此外，企业的长期偿债能力与获利能力密切相关，因此企业的经营决策者应当将企业的偿债能力指标（风险）与获利能力指标（收益）结合起来分析，予以平衡考虑。保守的观点认为资产负债率不应高于 50%，而国际上通常认为资产负债率等于 60% 较为适当。

【例 2-6】 根据表 2-2 的资料，该公司 2012 年的资产负债率如下：

$$年初资产负债率 = \frac{5\ 400}{20\ 000} \times 100\% = 27\%$$

$$年末资产负债率 = \frac{6\ 500}{23\ 000} \times 100\% = 28.26\%$$

该公司 2012 年年初和年末的资产负债率均不高，说明该公司长期偿债能力较强，这样有助于增强债权人向公司出借资金的信心。

（2）产权比率

产权比率是指负债总额与所有者权益的比率，是企业财务结构稳健与否的重要标志，也称资本负债率。它反映企业所有者权益对债权人权益的保障程度。其计算公式为：

$$产权比率 = \frac{负债总额}{所有者权益总额} \times 100\%$$

一般情况下，产权比率越低，表明企业的长期偿债能力越强，债权人权益的保障程度越高，承担的风险越小，但企业不能充分地发挥负债的财务杠杆效应。所以，企业在评论产权比率适度与否时，应从提高获利能力和增强偿债能力两个方面综合进行，即在保障债务偿还安全的前提下，应尽可能提高产权比率。

【例 2-7】 根据表 2-2 的资料，该公司 2012 年的产权比率如下：

$$年初产权比率 = \frac{5\ 400}{14\ 600} \times 100\% = 36.99\%$$

$$年末产权比率 = \frac{6\ 500}{16\ 500} \times 100\% = 39.39\%$$

该公司 2012 年年初和年末的产权比率都不高，同资产负债率的计算结果可相互印证，表明该公司的长期偿债能力较强，债权人权益的保障程度较高。

产权比率与资产负债率对评价偿债能力的作用基本相同，两者的主要区别是：资产负债率侧重于分析债务偿付安全性的物质保障程度，产权比率则侧重于揭示财务的稳健程度以及自有资金对偿债风险的承受能力。

（3）或有负债比率

或有负债比率是指企业或有负债总额与所有者权益总额的比率，反映企业所有者应对可能发生的或有负债的保障程度。其计算公式如下：

$$或有负债比率 = \frac{或有负债余额}{所有者权益总额} \times 100\%$$

或有负债余额 = 已贴现商业承兑汇票余额 + 对外担保金额 + 未决诉讼、未决仲裁(除贴现与担保引起的诉讼或仲裁)金额 + 其他或有负债金额

一般情况下,或有负债比率越低,表明企业长期偿债能力越强,所有者权益应对或有负债的保障程度越高;或有负债比率越高,表明企业承担的相关的风险越大。

【例 2-8】 根据表 2-2 的资料,同时假设该公司 2012 年年初和年末的或有事项只有对外提供债务担保,担保金额分别为 200 万元和 150 万元(或有负债的有关信息可以从财务报表附注中获得),该公司 2012 年的或有负债比率如下:

$$年初或有负债比率 = \frac{200}{14\ 600} \times 100\% = 1.37\%$$

$$年末或有负债比率 = \frac{150}{16\ 500} \times 100\% = 0.91\%$$

该公司 2012 年年末的或有负债比率比年初有所降低,表明该公司应对或有负债可能引起的连带偿还等风险的能力增强。

(4)已获利息倍数

已获利息倍数是指企业一定时期息税前利润总额与利息支出的比值,反映了获利能力对债务偿付的保证程度。其中,息税前利润总额指利润总额与利息支出的合计数,利息支出指实际支出的借款利息、债券利息等。其计算公式为:

$$已获利息倍数 = \frac{息税前利润总额}{利息支出}$$

其中:息税前利润总额 = 利润总额 + 利息支出

= 净利润 + 所得税 + 利息支出

已获利息倍数不仅反映了企业获利大小,而且反映了获利能力对偿还到期债务的保证制度,它既是企业举债经营的前提依据,也是衡量企业长期偿债能力大小的重要标志。一般情况下,已获利息倍数越高,表明企业长期偿债能力越强。国际上通常认为,该指标为 3 较为适当。从长期来看,若要维持正常偿债能力,已获利息倍数至少应当大于 1。如果已获利息倍数过小,企业将面临亏损以及偿债安全性与稳定性下降的风险。究竟企业已获利息倍数应是多少,才算偿付能力强?这要根据往年经验结合行业特点来判断。

【例 2-9】 根据表 2-3 的资料,同时假定表中财务费用全部为利息支出,该公司 2011 年度和 2012 年度的已获利息倍数分别为:

$$2011\ 年度的已获利息倍数 = \frac{4\ 000 + 200}{200} = 21$$

$$2012\ 年度的已获利息倍数 = \frac{4\ 200 + 300}{300} = 15$$

从以上的计算结果看,该公司 2011 年度和 2012 年度的已获利息倍数都比较高,有较强的偿付负债利息的能力。还需进一步结合该公司往年的情况和行业的特点进行判断。

2.3.2 运营能力指标

运营能力是指基于外部市场环境的约束,通过内部人力资源和生产资料的配置组合而对财务目标实现所产生作用的大小。运营能力指标包括人力资源运营能力指标和生

产资料运营能力指标。

1)人力资源运营能力指标

人,作为生产力的主体和企业财富的原始创造者,其素质的高低对企业运营能力的形成状况具有决定性作用。而分析和评价人力资源运营能力的着眼点在于如何调动劳动者的积极性、能动性,从而提高经营效率。人力资源运营能力通常采用劳动效率指标来分析。

劳动效率是指企业营业收入或净产值与平均职工人数(可以视不同情况具体确定)的比值。其计算公式为:

$$劳动效率=\frac{营业收入或净产值}{平均职工人数}$$

对企业劳动效率进行考核评价主要采用比较的方法。比如,将实际劳动效率与本企业计划水平、历史先进水平等指标进行对比,进而确定其差异程度,分析造成差异的原因,以择取适宜对策,进一步发掘提高人力资源劳动效率的潜能。

2)生产资料运营能力指标

企业拥有或控制的生产资料表现为各项资产占用。因此,生产资料的运营能力实际上就是企业的总资产及其各个组成要素的运营能力。资产运营能力的强弱取决于资产周转速度、资产运行状况、资产管理水平等多种因素。比如说资产周转速度,一般来说,周转速度越快,资产的使用效率越高,则资产运营能力越强;反之,资产运营能力越弱。资产周转速度通常用周转率和周转期表示。所谓周转率,即企业在一定时期内资产的周转额与平均余额的比率,它反映企业资产在一定时期的周转次数。周转次数越多,表明周转速度越快,资产运营能力越强。这一指标的反指标是周转期,它是周转次数的倒数与计算期天数的乘积,反映资产周转一次所需要的天数。周转的天数越少,表明周转速度越快,资产运营能力越强。两者的计算公式如下:

$$周转率(周转次数)=\frac{周转额}{资产平均余额}$$

$$周转期(周转天数)=\frac{计算期天数}{周转次数}=资产平均余额\times\frac{计算期天数}{周转额}$$

具体地说,生产资料运营能力分析可以从以下几个方面进行:流动资产周转情况分析、固定资产周转情况分析以及总资产周转情况分析等。

(1)流动资产周转情况

反映流动资产周转情况的指标主要有应收账款周转率、存货周转率和流动资产周转率。

①应收账款周转率。它是企业一定时期内的营业收入(或销售收入,本章下同)与平均应收账款余额的比值,是反映应收账款周转速度的指标。其计算公式为:

$$应收账款周转率(周转次数)=\frac{营业收入}{平均应收账款余额}$$

$$其中:平均应收账款余额=\frac{应收账款余额年初数+应收账款余额年末数}{2}$$

$$应收账款周转期(周转天数)=\frac{平均应收账款余额\times 360}{营业收入}$$

应收账款周转率反映了企业应收账款变现速度的快慢及管理效率的高低。应收账款周转率高表明：收账迅速，账龄较短；资产流动性强，短期偿债能力强；可以减少收账费用和坏账损失，从而相对增加企业流动资产的投资收益。借助应收账款周转期与企业信用期限的比较，可以评价购买单位的信用程度，以及企业的信用条件是否适当。

利用上述公式计算应收账款周转率时，需要注意以下几个问题：

第一，公式中的应收账款包括会计核算中的应收账款和应收票据等全部赊销账款在内；

第二，如果应收账款余额的波动性较大，应尽可能使用更详尽的计算资料，如按每月的应收账款余额来计算其平均占用额；

第三，分子、分母的数据应注意时间上的对应性。

【例 2-10】 根据表 2-2 和表 2-3 的资料，同时假定该公司 2010 年年末的应收账款余额为 1 100 万元，该公司 2011 年度和 2012 年度应收账款周转率的计算如表 2-4 所示。

表 2-4　应收账款周转率计算表　金额单位：万元

项目	2010 年	2011 年	2012 年
营业收入		18 800	21 200
应收账款年末余额	1 100	1 200	1 300
平均应收账款余额		1 150	1 250
应收账款周转率(次)		16.35	16.96
应收账款周转期(天)		22.02	21.23

以上计算结果表明，该公司 2012 年度的应收账款周转率比 2011 年度略有改善，周转次数由 16.35 次提高为 16.96 次，周转天数由 22.02 天缩短为 21.23 天。这说明该公司的运营能力有所增强，对流动资产的变现能力提高和周转速度加快也会起到促进作用。

②存货周转率。它是企业一定时期营业成本与平均存货余额的比值，是反映企业流动资产流动性的一个指标，也是衡量企业生产经营各环节中存货运营效率的一个综合性指标。其计算公式为：

$$存货周转率(周转次数)=\frac{营业成本}{平均存货余额}$$

$$其中：平均存货余额=\frac{存货余额年初数+存货余额年末数}{2}$$

$$存货周转期(周转天数)=\frac{平均存货余额\times 360}{营业成本}$$

存货周转速度的快慢，不仅反映出企业采购、储存、生产、销售各环节管理工作状况的好坏，而且对企业的偿债能力及获利能力产生决定性的影响。一般来讲，存货周转率越高越好，存货周转率越高，表明其变现的速度越快，周转额越大，资产占用水平越低。因此，通过存货周转分析，有利于找出存货管理存在的问题，尽可能降低资金占用水平。

存货既不能存储过少，否则可能造成生产中断或销售紧张，又不能储存过多，而形成呆滞、积压。一定要保持结构合理、质量可靠。存货是流动资产的重要组成部分，其质量和流动性对企业流动比率具有举足轻重的影响，并进而影响企业的短期偿债能力。故一定要加强存货的管理，来提高投资的变现能力和获利能力。

在计算存货周转率时应注意以下几个问题：

第一，存货计价方法对存货周转率具有较大的影响，因此，在分析企业不同时期或不同企业的存货周转率时，应注意存货计价方法的口径是否一致；

第二，分子、分母的数据应注意时间上的对应性。

【例 2-11】 根据表 2-2 和表 2-3 的资料，同时假设该公司 2010 年年末的存货余额为 3 800 万元，该公司 2011 年度和 2012 年度存货周转率的计算如表 2-5 所示。

表 2-5　　**存货周转率计算表**　　金额单位：万元

项目	2010 年	2011 年	2012 年
营业成本		10 900	12 400
存货年末余额	3 800	4 000	5 200
平均存货余额		3 900	4 600
存货周转率(次)		2.79	2.70
存货周转期(天)		128.81	133.55

以上计算结果表明，该公司 2012 年度的存货周转率比 2011 年度有所降低，周转次数由 2.79 次降为 2.70 次，周转天数由 128.81 天增为 133.55 天。这反映出该公司 2012 年度的存货管理效率不如 2011 年度，其原因可能与 2012 年度存货较大幅度增长有关。

③流动资产周转率。它是企业一定时期营业收入与平均流动资产总额的比值，是反映企业流动资产周转速度的指标。其计算公式为：

$$\text{流动资产周转率(周转次数)}=\frac{\text{营业收入}}{\text{平均流动资产总额}}$$

$$\text{其中：平均流动资产总额}=\frac{\text{流动资产总额年初数}+\text{流动资产总额年末数}}{2}$$

$$\text{流动资产周转期(周转天数)}=\frac{\text{平均流动资产总额}\times 360}{\text{营业收入}}$$

在一定时期内，流动资产周转次数越多，表明以相同的流动资产完成的周转额越多，流动资产利用效果越好。从流动资产周转天数来看，周转一次所需要的天数越少，表明流动资产在经历生产和销售各阶段时所占用的时间越短。生产经营任何一个环节上的工作改善，都会反映到周转天数的缩短上来。

【例 2-12】 根据表 2-2 和表 2-3 的资料，同时假设该公司 2010 年年末的流动资产总额为 6 000 万元，该公司 2011 年度和 2012 年度流动资产周转率的计算如表 2-6 所示。

表 2-6 流动资产周转率计算表 金额单位:万元

项目	2010 年	2011 年	2012 年
营业收入		18 800	21 200
流动资产年末总额	6 000	7 100	8 050
平均流动资产总额		6 550	7 575
流动资产周转率(次)		2.87	2.80
流动资产周转期(天)		125.43	128.63

以上计算结果表明,该公司2012年度的流动资产周转期比2011年度多了3.2天,流动资金占用增加,增加占用的数额计算如下:

$(128.63 - 125.43) \times 21\ 200 \div 360 = 188.44$(万元)

(2)固定资产周转情况

反映固定资产周转情况的主要指标是固定资产周转率,它是企业一定时期营业收入与平均固定资产净值的比值,是衡量固定资产利用效率的一项指标。其计算公式为:

$$\text{固定资产周转率(周转次数)} = \frac{\text{营业收入}}{\text{平均固定资产净值}}$$

$$\text{其中:平均固定资产净值} = \frac{\text{固定资产净值年初数} + \text{固定资产净值年末数}}{2}$$

$$\text{固定资产周转期(周转天数)} = \frac{\text{平均固定资产净值} \times 360}{\text{营业收入}}$$

需要说明的是,与固定资产有关的价值指标有固定资产原价、固定资产净值和固定资产净额等。其中,固定资产原价是指固定资产的历史成本;固定资产净值为固定资产原价扣除已计提的累积折旧后的金额(固定资产净值 = 固定资产原价 - 累计折旧);固定资产净额则是固定资产原价扣除已计提的累计折旧以及已计提的减值准备后的余额(固定资产净额 = 固定资产原价 - 累计折旧 - 已计提减值准备)。

一般情况下,固定资产周转率高,表明企业固定资产利用充分,固定资产结构合理,能够充分发挥效率;反之,如果固定资产周转率不高,则表明固定资产使用效率不高,提供的生产成果不多,企业的运营能力不强。

【例 2-13】 根据表 2-2 和表 2-3 的资料,同时假设该公司 2010 年年末的固定资产净值为 11 800 万元,表 2-2 中的固定资产金额均为固定资产净值(未计提固定资产减值准备)。该公司 2011 年度和 2012 年度固定资产周转率的计算如表 2-7 所示。

表 2-7 固定资产周转率计算表 金额单位:万元

项目	2010 年	2011 年	2012 年
营业收入		18 800	21 200
固定资产年末净值	11 800	12 000	14 000
平均固定资产净值		11 900	13 000
固定资产周转率(次)		1.58	1.63
固定资产周转期(天)		227.87	220.75

以上计算结果表明,该公司 2012 年度的固定资产周转速度比 2011 年度有所加快,其主要原因是固定资产净值的增加幅度低于营业收入的增长幅度。这表明该公司的运营能力有所提高。

(3)总资产周转情况

反映总资产周转情况的主要指标是总资产周转率,它是企业一定时期营业收入与平均资产总额的比值,可以用来反映企业全部资产的利用效率。其计算公式为:

$$\text{总资产周转率(周转次数)}=\frac{\text{营业收入}}{\text{平均资产总额}}$$

$$\text{其中:平均资产总额}=\frac{\text{资产总额年初数}+\text{资产总额年末数}}{2}$$

$$\text{总资产周转期(周转天数)}=\frac{\text{平均资产总额}\times 360}{\text{营业收入}}$$

总资产周转率越高,表明企业全部资产的使用效率越高;反之,如果该指标较低,则说明企业利用全部资产进行经营的效率较差,最终会影响企业的获利能力。企业应采取各项措施来提高资产利用程度,比如提高销售收入或处理多余的资产。

【例 2-14】 根据表 2-2 和表 2-3 的资料,同时假设该公司 2010 年年末的资产总额为 19 000 万元,该公司 2011 年度和 2012 年度总资产周转率的计算如表 2-8 所示。

表 2-8　　**总资产周转率计算表**　　金额单位:万元

项目	2010 年	2011 年	2012 年
营业收入净额		18 800	21 200
资产年末总额	19 000	20 000	23 000
平均资产总额		19 500	21 500
总资产周转率(次)		0.96	0.99
总资产周转期(天)		373.40	365.09

以上计算结果表明,该公司 2012 年度的总资产周转速度比 2011 年度略有加快。这是因为该公司平均固定资产净值的增长程度(9.24%)虽低于营业收入的增长程度(12.77%),但平均流动资产总额的增长程度(15.65%)却以更大幅度高于营业收入的增长程度,所以总资产的利用效果难以大幅提高。

需要说明的是,在上述指标的计算中均以年度作为计算期,在实际中,计算期应视分析的需要而定,但应保持分子与分母在时间口径上一致。如果资金占用的波动性较大,企业应采用更详细的资料进行计算。如果各期占用额比较稳定,波动不大,季度、年度的平均资金占用额可以直接用“(期初数+期末数)/2”的公式来计算。

2.3.3 获利能力指标

对增值的不断追求是企业资金运动的动力源泉与直接目的。获利能力就是企业资金增值的能力,它通常体现为企业收益数额的大小与水平的高低。由于企业会计的六大要素有机统一于企业资金运动过程,并通过筹资、投资活动取得收入,补偿成本费用,从而实现利润目标,因此,可以按照会计基本要素设置营业利润率、成本费用利润率、盈余现金保障倍数、总资产报酬率、净资产收益率和资本收益率等六项指标,借以评价企业各要素的获利能力及资本保值增值情况。此外,上市公司经常使用的获利能力指标还有每股收益、每股股利、市盈率和每股净资产等。

1)营业利润率

营业利润率是企业一定时期营业利润与营业收入的比率。其计算公式为:

$$营业利润率=\frac{营业利润}{营业收入}\times 100\%$$

营业利润率越高,表明企业市场竞争力越强,发展潜力越大,从而获利能力越强。

需要说明的是,从利润表来看,企业的利润包括营业利润、利润总额和净利润三种形式。而营业收入包括主营业务收入和其他业务收入,收入来源有商品销售、提供劳务和资产使用权让渡等。因此,在实务中也经常使用销售净利率、销售毛利率等指标(计算公式如下)来分析企业经营业务的获利水平。此外,通过考查营业利润占整个利润总额比重的升降,可以发现企业经营理财状况的稳定性、面临的风险或者可能出现的转机迹象。

$$销售净利率=\frac{净利润}{销售收入}\times 100\%$$

$$销售毛利率=\frac{销售收入-销售成本}{销售收入}\times 100\%$$

【例 2-15】 根据表 2-3 的资料,该公司 2011 年度和 2012 年度的营业利润率的计算如表 2-9 所示。

表 2-9　　营业利润率计算表　　金额单位:万元

项目	2011 年	2012 年
营业利润	4 500	4 700
营业收入	18 800	21 200
营业利润率	23.94%	22.17%

以上计算结果表明,该公司的营业利润率略有下降。通过分析可以看到,这种下降趋势主要是由于该公司 2012 年的成本费用增加所至,下降幅度不大,可见,该公司的经营方向和产品结构仍符合现有市场需要。

2)成本费用利润率

成本费用利润率是指企业一定时期利润总额与成本费用总额的比率。其计算公式为:

$$成本费用利润率=\frac{利润总额}{成本费用总额}\times 100\%$$

其中:成本费用总额 = 营业成本 + 营业税金及附加 + 销售费用 + 管理费用 + 财务费用

该指标越高,表明企业为取得利润而付出的代价越小,成本费用控制得越好,获利能力越强。

同利润一样,成本费用的计算口径可以分为不同的层次,比如主营业务成本、营业成本等。在评价成本费用支出效果时,应当注意成本费用与利润在计算层次和口径上的对应关系。

【例2-16】根据表2-3的资料,该公司2011年度和2012年度的成本费用利润率的计算如表2-10所示。

表2-10 成本费用利润率计算表 金额单位:万元

项目	2011年	2012年
营业成本	10 900	12 400
营业税金及附加	1 080	1 200
销售费用	1 620	1 900
管理费用	800	1 000
财务费用	200	300
成本费用总额	14 600	16 800
利润总额	4 000	4 200
成本费用利润率	27.40%	25%

从以上计算结果可以看到,该公司2012年度的成本费用利润率比2011年度有所下降,该公司应当深入检查导致成本费用上升的因素,改进有关工作,以便扭转效益指标下降的状况。

3)盈余现金保障倍数

盈余现金保障倍数是企业一定时期经营现金净流量与净利润的比值,反映了企业当期净利润中现金收益的保障程度,真实反映了企业盈余的质量,是评价企业盈利状况的辅助指标。其计算公式为:

$$盈余现金保障倍数 = \frac{经营现金净流量}{净利润}$$

盈余现金保障倍数是从现金流入和流出的动态角度,对企业收益的质量进行评价,在收付实现制的基础上,充分反映出企业当期净利润中有多少是有现金保障的。一般来说,当企业当期净利润大于0时,盈余现金保障倍数应当大于1。该指标越大,表明企业经营活动产生的净利润对现金的贡献越大。

【例2-17】根据表2-3的资料,同时假设该公司2011年度和2012年度的经营现金净流量分别为4 000万元和6 000万元(经营现金净流量的数据可以从公司的现金流量表中获得),该公司2011年度和2012年度的盈余现金保障倍数的计算如表2-11所示。

表2-11 盈余现金保障倍数计算表 金额单位:万元

项目	2011年	2012年
经营现金净流量	4 000	6 000
净利润	3 000	3 150
盈余现金保障倍数	1.33	1.90

从以上计算结果可以看出,该公司2012年度的盈余现金保障倍数比2011年度有较大的提高,这是因为在净利润略有增长(增长150万元)的情况下,经营现金净流量有较大幅度的增长(增长2 000万元),表明该公司收益的流动性有所提高。

4)总资产报酬率

总资产报酬率是企业一定时期内获得的报酬总额与平均资产总额的比率。它是反映企业资产综合利用效果的指标,也是衡量企业利用债权人和所有者权益总额所取得盈利的重要指标。其计算公式为:

$$\text{总资产报酬率} = \frac{\text{息税前利润总额}}{\text{平均资产总额}} \times 100\%$$

其中:息税前利润总额 = 利润总额 + 利息支出

= 净利润 + 所得税 + 利息支出

总资产报酬率全面反映了企业全部资产的获利水平,企业所有者和债权人对该指标都非常关心。一般情况下,该指标越高,表明企业的资产利用效率越高,整个企业获利能力越强,经营管理水平越高。企业还可以将该指标与市场资本利率进行比较,如果前者较后者大,则说明企业可以充分利用财务杠杆,适当举债经营,以获得更多的收益。

【例2-18】 根据表2-2和表2-3的资料,同时假设表中财务费用全部为利息支出,而且该公司2010年年末的资产总额为19 000万元,该公司2011年度和2012年度总资产报酬率的计算如表2-12所示。

表2-12　　总资产报酬率计算表　　金额单位:万元

项目	2010年	2011年	2012年
利润总额		4 000	4 200
利息支出		200	300
息税前利润总额		4 200	4 500
资产年末总额	19 000	20 000	23 000
平均资产总额		19 500	21 500
总资产报酬率		21.54%	20.93%

以上计算结果表明,该公司2012年度的资产综合利用效率略不如2011年度,需要对该公司资产的使用情况、增产节约工作情况等作进一步的分析考查,以便改进管理,提高效益。

5)净资产收益率

净资产收益率是企业一定时期净利润与平均净资产的比率。它是反映自有资金投资收益水平的指标,是企业获利能力指标的核心。其计算公式为:

$$\text{净资产收益率} = \frac{\text{净利润}}{\text{平均净资产}} \times 100\%$$

$$\text{其中:平均净资产} = \frac{\text{所有者权益年初数} + \text{所有者权益年末数}}{2}$$

净资产收益率是评价企业自有资本及其累积获取报酬水平的最具综合性与代表性的指标,反映企业资本运营的综合效益。该指标通用性强,适应范围广,不受行业限制,在国际上的企业综合评价中使用率非常高。通过对该指标的综合对比分析,可以看出企业获利能力在同行中所处的地位,以及与同类企业的差异水平。一般认为,净资产收益率越高,企业自有资本获取收益的能力越强,运营效益越好,对企业投资人和债权人权益的保证程度越高。

【例2-19】 根据表2-2和表2-3的资料,同时假定该公司2010年度的年末净资产为13 000万元。该公司2011年度和2012年度净资产收益率的计算如表2-13所示。

表2-13 **净资产收益率计算表** 金额单位:万元

项目	2010年	2011年	2012年
净利润		3 000	3 150
年末净资产	13 000	14 600	16 500
平均净资产		13 800	15 550
净资产收益率		21.74%	20.26%

该公司2012年度的净资产收益率比2011年度降低近1.5个百分点,这是由该公司所有者权益的增长快于净利润的增长所引起的,根据上面的资料可以求得,该公司的所有者权益增长率为:

$$\frac{15\ 550-13\ 800}{13\ 800}\times 100\% = 12.68\%$$

而其净利润的增长率为:

$$\frac{3\ 150-3\ 000}{3\ 000}\times 100\% = 5\%$$

6)资本收益率

资本收益率是企业一定时期净利润与平均资本(即资本性投入及其资本溢价)的比率,反映企业实际获得投资额回报的水平。其计算公式如下:

$$资本收益率=\frac{净利润}{平均资本}\times 100\%$$

其中:平均资本=

$$\frac{[实收资本(股本)年初数+资本公积年初数]+[实收资本(股本)年末数+资本公积年末数]}{2}$$

资本公积=实收资本(股本)中的资本(股本)溢价

需要说明的是,企业所有者权益的来源包括所有者投入的资本、直接计入所有者权益的利得和损失、留存收益等。其中,所有者投入的资本,反映在实收资本(股本)和资本公积(资本溢价或股本溢价)中;直接计入所有者权益的利得和损失反映在资本公积(其他资本公积)中;留存收益则包括未分配利润和盈余公积。换句话说,并非资本公积中的所有金额都属于所有者投入的资本,只有其中的资本(股本)溢价属于资本性投入。

【例 2-20】根据表 2-2 和表 2-3 的资料，同时假定该公司 2010 年度的年末实收资本为 12 000 万元（无资本公积）。该公司 2011 年度和 2012 年度资本收益率的计算如表 2-14 所示。

表 2-14　资本收益率计算表　金额单位：万元

项目	2010 年	2011 年	2012 年
净利润		3 000	3 150
年末实收资本（股本）	12 000	12 000	12 000
平均净资产		12 000	12 000
净资产收益率		25%	26.25%

该公司 2012 年度的资本收益率比 2011 年度上升了 1.25 个百分点，这是由该公司资本没有发生变化，而净利润有所增长所引起的。

7）每股收益

每股收益，也称每股利润或每股盈余，反映企业普通股股东持有每一股股份所能享有企业利润或承担企业亏损，是衡量上市公司获利能力时最常用的财务分析指标。每股收益越高，说明公司的获利能力越强。

每股收益的计算包括基本每股收益和稀释每股收益。

企业应当按照归属于普通股股东的当期净利润，除以当期发行在外普通股股数的加权平均数计算基本每股收益。其计算公式为：

$$\text{基本每股收益}=\frac{\text{归属于普通股股东的当期净利润}}{\text{当期发行在外普通股股数的加权平均数}}$$

当期发行在外普通股股数的加权平均数 =

$$\frac{\text{期初发行在外普通股股数}+\text{当期新发行普通股股数}\times\text{已发行时间}}{\text{报告期时间}}-\frac{\text{当期回购普通股股数}\times\text{已回购时间}}{\text{报告期时间}}$$

注：已发行时间、报告期时间和已回购时间一般按天数计算，在不影响计算结果的前提下，也可以按月份简化计算。

企业存在稀释性潜在普通股的，应当分别调整归属于普通股股东的当期净利润和当期发行在外普通股股数的加权平均数（即基本每股收益计算公式中的分子、分母），据以计算稀释每股收益。其中，稀释性潜在普通股，是指假设当期转换为普通股会减少每股收益的潜在普通股，主要包括可转换公司债券、认股权证和股票期权等。

计算稀释每股收益时，对基本每股收益分子的调整项目有：(1) 当期已确认为费用的稀释性潜在普通股的利息；(2) 稀释性潜在普通股转换时将产生的收益或费用。同时，将基本每股收益分母调整为当期发行在外普通股股数的加权平均数与假定稀释性潜在普通股转换为已发行普通股而增加的普通股股数的加权平均数之和。

每股收益是分析上市公司获利能力的一个综合性较强的财务指标，可以分解为若干个相互联系的财务指标。因此,在对每股收益进行分析时,可以运用前面介绍的连环替代法来分析各个要素对该指标的影响。下面是一个简化的分解公式,只是为了说明各财务指标之间的关系,并不是精确的计算公式。

$$每股收益=\frac{净利润}{普通股平均股数}$$

$$=\frac{净利润}{平均股东权益}\times\frac{平均股东权益}{普通股平均股数}$$

$$=股东权益收益率\times平均每股净资产$$

$$=\frac{净利润}{平均资产总额}\times\frac{平均资产总额}{平均股东权益}\times\frac{平均股东权益}{普通股平均股数}$$

$$=总资产收益率\times股东权益比率\times平均每股净资产$$

$$=\frac{净利润}{营业收入}\times\frac{营业收入}{平均资产总额}\times\frac{平均资产总额}{平均股东权益}\times\frac{平均股东权益}{普通股平均股数}$$

$$=营业净利率\times总资产周转率\times股东权益比率\times平均每股净资产$$

【例 2-21】 根据表 2-2 和表 2-3 的资料,同时假定该公司 2010 年度的年末资产总额为 19 000 万元、年末净资产为 13 000 万元,2010 年至 2012 年发行在外的普通股股数均为 12 000 万股。

表 2-15

项目	2010 年	2011 年	2012 年
净利润(万元)		3 000	3 150
营业收入(万元)		18 800	21 200
年末资产总额(万元)	19 000	20 000	23 000
平均资产总额(万元)		19 500	21 500
年末股东权益总额(万元)	13 000	14 600	16 500
平均股东权益(万元)		13 800	15 550
年末普通股股数(万股)	12 000	12 000	12 000
普通股平均股数(万股)	12 000	12 000	12 000
每股收益(元)		0.25	0.2625
营业净利率		15.96%	14.86%
总资产周转率		0.96	0.99
股东权益比率		141.30%	138.26%
平均每股净资产(元)		1.15	1.30

每股收益 = 营业净利率 × 总资产周转率 × 股东权益比率 × 平均每股净资产

2011 年度指标:15.96% ×0.96 ×141.30% ×1.15 =0.249 ①

第一次替代:14.86% ×0.96 ×141.30% ×1.15 =0.232 ②

第二次替代:14.86% ×0.99 ×141.30% ×1.15 =0.239 ③

第三次替代：$14.86\% \times 0.99 \times 138.26\% \times 1.15 = 0.234$ ④

第四次替代：$14.86\% \times 0.99 \times 138.26\% \times 1.30 = 0.264$ ⑤

② - ① = 0.232 - 0.249 = -0.017　　营业净利率下降的影响

③ - ② = 0.239 - 0.232 = 0.007　　总资产周转率略有上升的影响

④ - ③ = 0.234 - 0.239 = -0.005　　股东权益比率下降的影响

⑤ - ④ = 0.264 - 0.234 = 0.030　　平均每股净资产增加的影响

8）每股股利

每股股利是上市公司本年发放的普通股股利总额与年末普通股总数的比值。其计算公式为：

$$每股股利 = \frac{普通股股利总额}{年末普通股总数}$$

【例 2-22】根据表 2-2 和表 2-3 的资料，同时假定该公司 2011 年和 2012 年度分别发放普通股股利 1 200 万元和 1 440 万元，2011 年和 2012 年发行在外的普通股股数均为 12 000 万股。该公司 2011 年和 2012 年每股股利的计算如表 2-16 所示。

表 2-16　每股股利计算表

项目	2011 年	2012 年
普通股股利总额（万元）	1 200	1 440
年末普通股总数（万股）	12 000	12 000
每股股利（元）	0.1	0.12

该公司 2012 年度的每股股利比 2011 年度上涨了 0.02 元，这是由该公司普通股股数没有发生变化，而发放的普通股股利增加引起的。

9）市盈率

市盈率是上市公司普通股每股市价相当于每股收益的倍数，反映投资者对上市公司每股净利润愿意支付的价格，可以用来估计股票的投资报酬和风险。其计算公式为：

$$市盈率 = \frac{普通股每股市价}{普通股每股收益}$$

市盈率是反映上市公司获利能力的一个重要财务比率，是投资者作出投资决策的重要参考因素之一。一般来说，市盈率高，说明投资者对该公司的发展前景看好，愿意出较高的价格购买该公司股票，所以一些成长性较好的高科技公司股票的市盈率通常要高一些。但是，也应注意，如果某一种股票的市盈率过高，则意味着这种股票具有较高的投资风险。

【例 2-23】根据表 2-2 和表 2-3 的资料，同时假定该公司 2010 年至 2012 年发行在外的普通股股数均为 12 000 万股，2011 年和 2012 年年末的每股市价分别为 4 元和 5 元。该公司 2011 年和 2012 年年末市盈率的计算如表 2-17 所示。

表 2-17　市盈率计算表

项目	2010 年	2011 年	2012 年
净利润(万元)		3 000	3 150
年末普通股股数(万股)	12 000	12 000	12 000
普通股平均股数(万股)		12 000	12 000
每股收益(元)		0.25	0.2625
年末每股市价(元)		4	5
年末市盈率		16	19.05

该公司 2012 年年末的市盈率比 2011 年度大幅度上涨,反映了投资者对该公司的发展前景进一步看好。

10)每股净资产

每股净资产是上市公司年末净资产(即股东权益)与年末普通股总数的比值。其计算公式为:

$$每股净资产 = \frac{年末股东权益}{年末普通股总数}$$

【例 2-24】根据表 2-2 和表 2-3 的资料,同时假定该公司 2011 年和 2012 年发行在外的普通股股数均为 12 000 万股。该公司 2011 年和 2012 年年末每股净资产的计算如表 2-18 所示。

表 2-18　每股净资产计算表

项目	2011 年	2012 年
年末股东权益(万元)	14 600	16 500
年末普通股总数(万股)	12 000	12 000
年末每股净资产(元)	1.22	1.38

2.3.4 发展能力指标

发展能力是企业在生存的基础上,扩大规模、壮大实力的潜在能力。分析发展能力主要考查以下七项指标:营业收入增长率、资本保值增值率、资本积累率、总资产增长率、营业利润增长率、营业收入三年平均增长率和资本三年平均增长率。

1)营业收入增长率

营业收入增长率是企业本年营业收入增长额与上年营业收入总额的比率,反映企业营业收入的增减变动情况,是评价企业成长状况和发展能力的重要指标。其计算公式为:

$$营业收入增长率 = \frac{本年营业收入增长额}{上年营业收入总额} \times 100\%$$

式中:本年营业收入增长额 = 本年营业收入总额 - 上年营业收入总额

实务中,也可以使用销售增长率来分析企业经营业务收入的增减情况。其计算公式为:

$$销售增长率=\frac{本年销售收入增长额}{上年销售收入总额}\times100\%$$

营业收入增长率是衡量企业经营情况和市场占有能力，预测企业经营业务拓展趋势的重要指标。不断增加的营业收入，是企业生存的基础和发展的条件。该指标若大于0，表示企业本年的营业收入有所增长，指标值越高，表明增长速度越快，企业市场前景越好；该指标若小于0，则说明产品或服务不适销对路、质次价高，或是在售后服务等方面存在问题，市场份额萎缩。该指标在实际操作时，应结合企业历年的营业收入水平、企业市场占有情况、行业未来发展及其他影响企业发展的潜在因素进行前瞻性预测，或者结合企业前三年的营业收入增长率作出趋势性分析判断。

【例 2-25】 根据表 2-3 的资料，计算该公司 2012 年度的营业增长率。

$$\frac{21\ 200-18\ 800}{18\ 800}\times100\%=12.77\%$$

2）资本保值增值率

资本保值增值率是企业扣除客观因素后的年末所有者权益总额与年初所有者权益总额的比率，反映企业当年资本在企业自身努力下实际增减变动的情况。其计算公式为：

$$资本保值增值率=\frac{扣除客观因素后的年末所有者权益总额}{年初所有者权益总额}\times100\%$$

一般认为，资本保值增值率越高，表明企业的资本保全状况越好，所有者权益增长越快，债权人的债务越有保障。该指标通常应当大于100%。

【例 2-26】 根据表 2-2 的资料，同时假定不存在有影响的客观因素，计算该公司 2012 年度的资本保值增值率。

$$\frac{16\ 500}{14\ 600}\times100\%=113.01\%$$

3）资本积累率

资本积累率是企业本年所有者权益增长额与年初所有者权益的比率，反映企业当年资本的积累能力，是评价企业发展潜力的重要指标。其计算公式为：

$$资本积累率=\frac{本年所有者权益增长额}{年初所有者权益}\times100\%$$

式中：本年所有者权益增长额=所有者权益年末数-所有者权益年初数

资本积累率是企业当年所有者权益总的增长率，反映了企业所有者权益在当年的变动水平，体现了企业资本的积累情况，是企业发展的标志，也是企业扩大再生产的源泉，展示了企业的发展潜力。资本积累率还反映了投资者投入企业资本的保全性和增长性。该指标若大于0，指标值越高，表明企业的资本积累越多，应付风险、持续发展的能力越强；该指标若为负值，表明企业资本受到侵蚀，所有者利益受到损害，应予以充分重视。

【例 2-27】 根据表 2-2 的资料，计算该公司 2012 年度的资本积累率。

$$\frac{16\ 500-14\ 600}{14\ 600}\times100\%=13.01\%$$

4）总资产增长率

总资产增长率是企业本年总资产增长额同年初资产总额的比率，反映企业本期资产规模的扩张情况。其计算公式为：

$$总资产增长率=\frac{本年总资产增长额}{年初资产总额}\times 100\%$$

式中：本年总资产增长额 = 资产总额年末数 - 资产总额年初数

总资产增长率从企业资产总量扩张方面衡量企业的发展能力，表明企业规模增长水平对企业发展后劲的影响。该指标越高，表明企业一定时间内资产经营规模扩张的速度越快。

【例 2-28】根据表 2-2 的资料，计算该公司 2012 年度的总资产增长率。

$$\frac{23\ 000-20\ 000}{20\ 000}\times 100\%=15\%$$

5）营业利润增长率

营业利润增长率是企业本年营业利润增长额与上年营业利润总额的比率，反映企业盈利的增减变动情况。其计算公式为：

$$营业利润增长率=\frac{本年营业利润增长额}{上年营业利润总额}\times 100\%$$

式中：本年营业利润增长额 = 本年营业利润总额 - 上年营业利润总额

【例 2-29】根据表 2-3 的资料，计算该公司 2012 年度的营业利润增长率。

$$\frac{4\ 700-4\ 500}{4\ 500}\times 100\%=4.44\%$$

6）营业收入三年平均增长率

营业收入三年平均增长率表明企业营业收入连续三年的增长情况，体现企业的持续发展态势和市场扩张能力。其计算公式为：

$$营业收入三年平均增长率=\left(\sqrt[3]{\frac{本年营业收入总额}{三年前营业收入总额}}-1\right)\times 100\%$$

在评价企业 2012 年的绩效状况时，三年前营业收入总额是指 2010 年的营业收入总额。

实务中，也可以使用销售收入三年平均增长率来分析企业经营业务收入连续三年的增减情况。其计算公式为：

$$销售收入三年平均增长率=\left(\sqrt[3]{\frac{本年销售收入总额}{三年前销售收入总额}}-1\right)\times 100\%$$

营业收入是企业积累和发展的基础，该指标越高，表明企业积累的基础越牢，可持续发展的能力越强，发展的潜力越大。营业（销售）收入三年平均增长率指标能够反映企业的经营业务增长趋势和稳定程度，体现企业的连续发展状况和发展能力，避免因少数年份业务波动而对企业发展潜力的错误判断。一般认为，该指标越高，表明企业经营业务持续增长势头越好，市场扩张能力越强。

7）资本三年平均增长率

资本三年平均增长率表示企业资本连续三年的累计情况，在一定程度上体现了企业的持续发展水平和发展趋势。其计算公式为：

$$资本三年平均增长率=\left(\sqrt[3]{\frac{年末所有者权益总额}{三年前年末所有者权益总额}}-1\right)\times 100\%$$

在评价企业2012年的绩效状况时，三年前年末所有者权益总额是指2010年所有者权益年末数。

一般增长率指标在分析时具有滞后性，仅反映当期情况，而利用该指标，能够反映企业资本积累或资本扩张的历史发展状况，以及企业稳步发展的趋势。一般认为，该指标越高，表明企业所有者利益得到保障的程度越大，企业可以长期使用的资金越充足，抗风险和持续发展的能力越强。

2.4 综合指标分析

2.4.1 综合指标分析的含义及特点

财务分析的最终目的在于全方位了解企业经营理财的状况，并借以对企业经济效益的优劣作出系统的、合理的评价。单独分析任何一项财务指标，都难以全面评价企业的财务状况和经营成果，要想对企业的财务状况和经营成果有一个总的评价，企业就必须进行相互关联的分析，采用适当的标准进行综合性的评价。所谓综合指标分析就是将运营能力指标、偿债能力指标、获利能力指标和发展能力指标等纳入一个有机的整体之中，全面地对企业经营状况、盈利状况、财务状况进行揭示与披露，从而对企业经济效益的优劣作出准确的评价与判断。

一个健全有效的综合指标分析体系必须具备以下三个特点：

1）指标要素齐全适当

这是指所设置的评价指标必须能够满足企业运营能力、偿债能力、获利能力和发展能力等诸方面总体考核的要求。

2）主辅指标功能匹配

这里要强调两个方面：第一，在确立运营能力、偿债能力、获利能力和发展能力诸方面评价的主要指标与辅助指标的同时，进一步明晰总体结构中各项指标的主辅地位；第二，不同范畴的主要考核指标所反映的企业经营状况、盈利状况、财务状况的不同侧面与不同层次的信息有机统一，应当能够全面而详实地揭示出企业经营理财的实绩。

3）满足多方面信息需要

这要求指标体系必须能够提供多层次、多角度的信息资料，既能满足企业内部管理当局实施决策对充分而具体的财务信息的需要，又能满足外部投资者和政府进行决策和实施宏观调控的要求。

2.4.2 综合指标分析方法

综合指标分析的方法很多，其中应用比较广泛的有杜邦财务分析体系和沃尔比重评分法。

1）杜邦财务分析体系

杜邦财务分析体系（简称杜邦体系）是利用各财务指标间的内在关系，对企业综合经营理财及经济效益进行系统分析评价的方法。因其最初由美国杜邦公司创造并成功运用而得名。该体系以净资产收益率为核心，将其分解为若干财务指标，通过分析各分解指标的变动对净资产收益率的影响来揭示企业获利能力及其变动原因。

杜邦体系各主要指标之间的关系如下：

净资产收益率 = 总资产净利率 × 权益乘数 = 营业净利率 × 总资产周转率 × 权益乘数

$$\text{其中：营业净利率} = \frac{\text{净利润}}{\text{营业收入}} \times 100\%$$

$$\text{总资产周转率} = \frac{\text{营业收入}}{\text{平均资产总额}} \times 100\%$$

$$\text{权益乘数} = \frac{\text{资产总额}}{\text{所有者权益总额}} = \frac{1}{1 - \text{资产负债率}}$$

在具体运用杜邦体系进行分析时，可以采用因素分析法，首先确定营业净利率、总资产周转率和权益乘数的基准值，然后顺次代入这三个指标的实际值，分别计算分析这三个指标的变动对净资产收益率的影响方向和程度，还可以使用因素分析法进一步分解各个指标并分析其变动的深层次原因，找出解决的方法。

【例 2-30】 根据表 2-2 和表 2-3 的资料，可计算该公司 2012 年度杜邦体系中的各项指标，如图 2-1 所示。

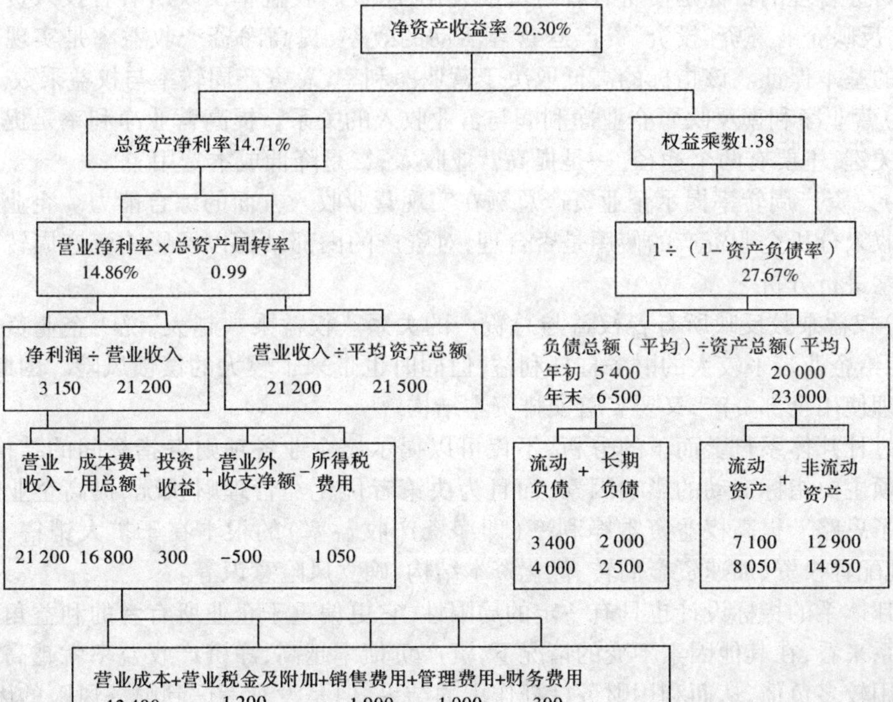

图 2-1　杜邦分析图

注：因保留小数点后 2 位，图中的指标金额可能与直接计算的金额略有差异。

需要说明的是，净资产收益率、总资产净利率、营业净利率和总资产周转率是时期指标，而权益乘数和资产负债率是时点指标，为了使这些指标具有可比性，图 2-1 中的权益乘数和资产负债率均采用的是 2012 年度年初和年末的平均值。

根据表 2-2 和表 2-3 的资料以及前文中的假定，运用连环替代法对 ABC 公司 2012 年度的净资产收益率进行分析。

净资产收益率 = 营业净利率 × 总资产周转率 × 权益乘数

2011 年度指标：15.96% ×0.96 ×1.41 =21.60% ①

第一次替代：14.86% ×0.96 ×1.41 =20.11% ②

第二次替代：14.86% ×0.99 ×1.41 =20.74% ③

第三次替代：14.86% ×0.99 ×1.38 =20.30% ④

② - ① =20.11% -21.60% = -1.49% 营业净利率下降的影响

③ - ② =20.74% -20.11% =0.63% 总资产周转率上升的影响

④ - ③ =20.30% -20.74% = -0.44% 权益乘数下降的影响

上述指标之间的关系如下：

（1）净资产收益率是综合性最强的财务比率，是杜邦体系的核心。其他各项指标都是围绕这一核心，通过研究彼此之间的依存制约关系，而揭示企业的获利能力，及其前因后果。财务管理的目标是使所有者财富最大化，净资产收益率反映所有者投入资金的获利能力，反映企业筹资、投资、资产运营等活动的效率，提高净资产收益率是实现财务管理目标的基本保证。该指标的高低取决于营业净利率、总资产周转率与权益乘数。

（2）营业净利率反映了企业净利润与营业收入的关系。提高营业净利率是提高企业盈利的关键，主要有两个途径：一是提高营业收入；二是降低成本费用。

（3）总资产周转率揭示企业资产总额在实现营业收入方面的综合能力。企业应当联系营业收入分析企业资产的使用是否合理，对资产的内部结构以及影响资产周转率的各具体因素进行分析。

（4）权益乘数反映所有者权益与总资产的关系。权益乘数越大，说明企业负债程度较高，能给企业带来较大的财务杠杆利益，但同时也带来了较大的偿债风险。因此，企业既要合理使用全部资产，又要妥善安排资本结构。

通过杜邦体系自上而下的分析，不仅可以揭示出企业各项财务指标间的结构关系，查明各项主要指标变动的影响因素，而且为决策者优化经营理财状况、提高企业经营效益提供了思路。提高权益资本净利率（即净资产收益率）的根本在于扩大销售、节约成本、合理配置投资、加速资金周转、优化资本结构、确立风险意识等。

杜邦体系的指标设计也具有一定的局限性，它更偏重于企业所有者的利益角度。从杜邦体系来看，在其他因素不变的情况下，资产负债率越高，净资产收益率就越高。这是因为利用较多负债，从而利用财务杠杆作用的结果，但是没有考虑到财务风险的因素，负债越多，财务风险越大，偿债压力越大。因此，还要结合其他指标进行综合分析。

2）沃尔比重评分法

在进行财务分析时，人们遇到的一个主要困难就是计算出财务比率之后，无法判断它是偏高还是偏低。与本企业的历史比较,也只能看出自身的变化,却难以评价其在市场竞争中的优劣地位。为了弥补这些缺陷,亚历山大·沃尔在其于 20 世纪初出版的《信用晴雨表研究》和《财务报表比率分析》中提出了信用能力指数的概念,将流动比率、产权比率、固定资产比率、存货周转率、应收账款周转率、固定资产周转率、自有资金周转率等七项财务比率用线性关系结合起来,并分别给定各自的分数比重,然后通过与标准比率进行比较,确定各项指标的得分及总体指标的累计分数,从而对企业的信用水平作出评价。

原始意义上的沃尔比重评分法存在两个缺陷:一是所选定的七项指标缺乏证明力;二是当某项指标严重异常时,会对总评分产生不合逻辑的重大影响。况且,现代社会与沃尔所处的时代相比,已经发生了很大的变化,沃尔最初提出的七项指标已难以完全适用于当前企业评价的需要。现在通常认为,在选择指标时,偿债能力指标、运营能力指标、获利能力指标和发展能力指标均应当选到,除此之外,还应当适当选取一些非财务指标作为参考。

【例 2-31】 沃尔比重评分法的基本步骤:

(1)选择评价指标并分配指标权重

表 2-19

选择的指标	分配的权重
一、偿债能力指标	20
1. 资产负债率	12
2. 已获利息倍数	8
二、获利能力指标	38
1. 净资产收益率	25
2. 总资产报酬率	13
三、运营能力指标	18
1. 总资产周转率	9
2. 流动资产周转率	9
四、发展能力指标	24
1. 营业收入增长率	12
2. 资本积累率	12
合计	100

(2)确定各项评价指标的标准值

财务指标的标准值一般可以以行业平均数、企业历史先进数、国家有关标准或者国际公认数为基准来确定。表 2-20 中的标准值仅是为举例目的而假设的。

表 2-20

选择的指标	指标的标准值
一、偿债能力指标	
1. 资产负债率	60%
2. 已获利息倍数	3
二、获利能力指标	
1. 净资产收益率	25%
2. 总资产报酬率	16%
三、运营能力指标	
1. 总资产周转率	2
2. 流动资产周转率	5
四、发展能力指标	
1. 营业收入增长率	10%
2. 资本积累率	15%

(3)对各项评价指标记分并计算综合分数

$$各项评价指标的得分=各项指标的权重\times\frac{指标的实际值}{指标的标准值}$$

$$综合得分=\sum 各项评价指标的得分$$

表 2-21

选择的指标	分配的权重①	指标的标准值②	指标的实际值③	实际得分④=①×③÷②
一、偿债能力指标	20			
1. 资产负债率	12	60%	28.26%	5.65
2. 已获利息倍数	8	3	15	40
二、获利能力指标	38			
1. 净资产收益率	25	25%	20.26%	20.26
2. 总资产报酬率	13	16%	20.93%	17.01
三、运营能力指标	18			
1. 总资产周转率	9	2	0.99	4.46
2. 流动资产周转率	9	5	2.80	5.04
四、发展能力指标	24			
1. 营业收入增长率	12	10%	12.77%	15.32
2. 资本积累率	12	15%	13.01%	10.41
合计	100			118.15

(4)形成评价结果

在最终评价时,如果综合得分大于 100,说明企业的财务状况比较好;反之,则说明企业的财务状况比同行业平均水平或者本企业历史先进水平等差。由于该公司综合得分为 118.15,大于 100,说明其财务状况良好。

沃尔比重评分法是评价企业总体财务状况的一种比较可取的方法,这一方法的关键在于指标的选定、权重的分配及标准值的确定等。

【知识链接 2-1】

财务分析之"七忌"

财务分析要达到重点突出、说明清楚、报送及时、预测准确、措施得力的目的,进入财务工作"灵魂"的境界,就必须充分发挥其诊断企业的"听诊器"、观察企业运行状况的"显微镜"的功能,为此,必须做到"七忌"。

1. 忌面面俱到,泛泛而谈

财务分析重在揭露问题、查找原因、提出建议。所以分析内容应当突出当期财务情况的重点,抓住问题的本质,找出影响当期指标变动的主要因素,重点剖析变化较大指标的主客观原因。这样才能客观、正确地分析企业当期财务情况,预测企业发展方向,有针对性地提出整改建议和措施。那种面面俱到、胡子眉毛一把抓的做法势必是"盲人骑瞎马",写出的财务分析要么是不痛不痒、应付了事,要么是罗列现象、不知所云,充其量也只能是浮光掠影似的情况简介,这样文牍似的财务分析对企业挖潜堵漏、完善管理没有丝毫价值。

2. 忌千篇一律,文章格式化

每一个时期的财务分析无论是形式还是内容都应有自己的特色。内容上突出重点、有的放矢,形式上灵活、新颖、多样,是财务分析具有强大生命力的首要条件。形式呆板,千篇一律,甚至抽换上期指标数据搞"填空题",是财务分析的大忌。

财务分析本来就专业性强,形式上呆板、内容上千篇一律,其可读性必然弱化,久而久之,财务分析势必变成可有可无的东西。要焕发财务分析的生机和活力,充分发挥其为领导决策当好参谋的职能,就必须在财务分析的内容和形式上求新、求实。例如,标题就不能拘泥于"××单位××季(月)财务分析"这单一的格式,可灵活地采用一些浓缩对偶句对当期财务状况进行概括作为主标题,也可引用一些贴切的古诗来表述,使主题精练,一目了然。在表述手法上,可采用条文式叙述,也可穿插表格说明;可三段式(概况、分析、建议),也可边分析、边建议、边整改;分析既可纵向对比,也可横向比较。总之,财务分析不应拘泥于一个模式,搞"万马齐喑"。

3. 忌只是数字的堆砌罗列,没有"活情况"说明

要分析指标变化,一般都有数字的对比,但若仅停留于罗列指标的增减变化,局限于会计报表的数字对比,就数字论数字,摆不出具体情况,谈不清差异的原因,这样的财务分析只能是财务指标变动说明书或者说是财务指标检查表的翻版。这种空洞无物、枯燥死板的"分析"肯定不会受欢迎。只有把"死数据"与"活情况"充分结合,做到指标增减有"数据",说明分析有"情况",彼此相互印证、补充,财务分析才有说服力和可信度,可操

作性也会随之加大。

4. 忌浅尝辄止,停留于表面现象

值得注意的是,一些表面良好的指标后面隐藏着个别严重的缺点、漏洞和隐患,或者是若干难能可贵的某些优点被某些缺点所冲淡。因此,既不要被表面现象所迷惑,又不要就事论事,而要善于深入调查研究,善于捕捉事物发展变化偶然中的必然,抱着客观的态度,克服先入为主的思想,通过占有的大量详细资料反复推敲、印证,来一番去粗取精、去伪存真的加工、分析,才会得出对企业财务状况客观、公正的评价。如仅指标的对比口径上,就要深入调查核实,分析其计价、标准、时间、构成、内容等是否具有可比性。没有可比性的指标之间的对比,只能扭曲事物的本来面目,令人误入歧途。

5. 忌报喜不报忧

真实、准确、客观是财务分析的生命。要诊断、观察企业经济运行状况,维护企业机体健康运行,就应敢于揭短,敢于曝光,才不会贻误"病情",才能"对症下药"。成绩不讲跑不了,问题不讲不得了。所以财务分析既要肯定成绩,又要揭露企业中存在的问题;要探寻影响当期财务情况变化的客观因素,更要侧重找出影响当期财务情况变化的主观原因。只有实事求是、客观全面地分析,才能有的放矢地扬长避短、兴利除弊,努力为企业的挖潜堵漏、开源节流服务。

6. 忌上报不及时

财务分析是企业领导了解企业财务状况的有效途径,同时也是企业财务人员参与企业管理,提出合理化建议的有效途径,其指导性的价值就在于其时效性。企业经济信息瞬息万变,时过境迁的财务分析对企业改善经营管理的作用将大打折扣。财务分析上报应与会计报表上报同步,并制度化。

7. 忌专业味太浓

财务分析主要服务于企业内部经营管理的改善,经济运行质量的提高,是为领导当参谋,让群众明家底的手段。所以财务分析应尽量淡化专业味,少用专业术语,多用大众词汇,力戒矫揉造作、莫测高深,做到直截了当、简明扼要、通俗易懂。

资料来源:烟草在线,2004-11-24.

本章小结

财务分析就是以财务报表和其他资料为依据和起点,采用专门方法,系统分析和评价企业的财务状况、经营成果和现金流量的过程。财务分析是评价财务状况及经营业绩的重要依据,是实现财务管理目标的重要手段,是实施正确的投资决策的重要步骤。

财务分析方法包括趋势分析法、比率分析法和因素分析法。趋势分析法是通过对比两期或连续数期财务报告中的相同指标,确定其增减变动的方向、数额和幅度,来说明企业财务状况或经营成果的变动趋势的一种方法。比率分析法是通过计算各种比率指标来确定财务活动变动程度的方法。因素分析法是依据分析指标与其影响因素的关系,从数量上确定各因素对分析指标影响方向和影响程度的一种方法。

财务分析指标包括偿债能力指标、运营能力指标、获利能力指标和发展能力指标。

将各种指标纳入一个有机的整体之中，全面地对企业经营状况、盈利状况、财务状况进行解剖和分析，称为综合指标分析。综合指标分析方法主要有杜邦财务分析体系和沃尔比重评分法。

复习思考题

2.1 什么是财务分析？其作用有哪些？

2.2 评价企业财务状况和经营成果的分析指标有哪些？

2.3 如何运用杜邦财务分析体系进行财务分析？

第3章 资金筹集

学习目标

知识目标：理解筹资的含义、动机及原则；掌握资金需要量预测的基本方法；了解筹资的分类；掌握权益资金和负债资金筹资的方式及优缺点；掌握资金成本的计算和最佳资本结构决策的基本原理；熟悉财务杠杆的原理及运用；了解财务风险。

能力目标：能根据企业相关资料，预测企业资金需要量；能根据企业资金需求状况正确选择筹资渠道与筹资方式；能合理运用财务杠杆，控制财务风险；能进行最佳资本结构的决策。

素养目标：能够根据广泛信息，对企业所处的资本市场和政策变动情况进行全面的评估和分析，对企业的资本结构作出评价，分析企业资金流动状况并作出书面报告。

【案例导入】

位于成都市近郊新津县，拥有2亿多元资产，占有全国泡菜市场60%份额的新蓉新公司，近年来却被流动资金的“失血”折磨得困苦不堪。企业创始人，总经理田玉文（人称田大妈）在由成都市委宣传部、统战部和市工商联联合召开的一次座谈会上大倒苦水。这位宣称“除了‘田玉文’认不到多少字”的企业家介绍：新蓉新公司一年上税三四百万元，解决了附近十几个县的蔬菜出路，安排了六七千农民就业，从来没有烂账。但最近的流动资金状况却很成问题。四五月份正是蔬菜收购和泡菜出厂的旺季，该公司这段时间每天从农民手中购进价值70余万元的大蒜、萝卜等蔬菜，但田大妈坦言，她已经向农民打了400多万元的白条。

这种状况让田大妈非常苦恼。她能有今天，据她自己说，全靠她一诺千金。在她看来，白条所带来的信誉损失是难以接受的。此外，为了引进设备建一个无菌车间，田大妈花100多万元，购进土地110亩。近日，田大妈同她的长子，新蓉新公司董事长陈卫东为此发愁：如果筹措不到800万元资金，下一步就没办法收购四季豆了。

据田大妈说，新蓉新公司现有资产2.63亿元，资产负债率在10%左右。另据新津县委办公室负责人介绍，该公司目前已签了3亿多元的供货合同，在国内增加了几百个网点，预计年内市场份额能达到80%。

这一案例表明：筹资是企业财务管理的重要环节，对部分资金紧张的企业来说，筹资的重要性甚至超过生产和销售。因为一旦资金链条中断,就可能产生连锁反应,导致企业信誉丧失,银行停止信贷支持,供应商不敢提供商业信用,最终企业将不能正常生产经营。

通过学习本章的内容,你将了解和掌握企业可以利用的筹资渠道与筹资方式有哪些,不同筹资方式对企业有哪些影响,如何作出最佳筹资方案的选择。

3.1 企业筹资概述

3.1.1 企业筹资的含义与动机

企业筹资是企业根据生产经营等活动对资金的需要,通过一定的渠道,采取适当的方式获取所需资金的行为。企业筹资的基本目的是自身的生存和发展。具体来说,企业筹资动机有以下几种:

(1)设立性筹资动机,是企业设立时为取得资本金而产生的筹资动机。

(2)扩张性筹资动机,是企业为扩大生产经营规模或增加对外投资而产生的追加筹资的动机。

(3)调整性筹资动机,是企业因调整现有资本结构的需要而产生的筹资动机。

(4)混合型筹资动机,是企业同时既为扩张规模又为调整资本结构而产生的筹资动机。

3.1.2 筹资的分类

1)按照资金的来源渠道不同,分为权益筹资和负债筹资

企业通过发行股票、吸收直接投资、内部积累等方式筹集的资金属于企业的所有者权益,一般不用还本,因而称之为企业的自有资金、主权资金或权益资金。企业采用吸收自有资金的方式筹集资金,财务风险小,但付出的资金成本相对较高。

企业通过发行债券、向银行借款、融资租赁等方式筹集的资金属于企业的负债,到期要归还本金和利息,因而又称之为企业的借入资金或负债资金。企业采用借入资金的方式筹集资金,一般承担风险较大,但相对而言,付出的资金成本较低。

2)按照是否通过金融机构,分为直接筹资和间接筹资

直接筹资,是指资金供求双方通过一定的金融工具直接形成债权债务关系或所有权关系的筹资形式。直接筹资的工具主要是商业票据、股票、债券,如企业直接发行股票和债券就是直接筹资。直接筹资的优点在于资金供求双方联系紧密,有利于资金的快速合理配置和提高使用效益。直接筹资也有其局限性,主要表现在:(1)资金供求双方在数量、期限、利率等方面受的限制比间接筹资多;(2)直接筹资的便利程度及其融资工具的流动性均受金融市场的发达程度的制约。

间接筹资,是指资金供求双方通过金融机构间接实现资金融通的筹资形式。典型的间接筹资是向银行借款。与直接筹资相比,间接筹资的优点在于灵活便利、高效经济。间接筹资的局限性主要有:(1)割断了资金供求双方的直接联系,减少了投资者对资金使用的关注和对筹资者的压力;(2)金融机构要从经营服务中获取收益,从而增加了筹资者

的成本,减少了投资者的收益。

3)按照资金的取得方式不同,分为内源筹资和外源筹资

内源筹资,是指企业利用自身的储蓄(折旧和留存收益)转化为投资的过程。内源筹资具有原始性、自主性、低成本性和抗风险性等特点,是企业生存与发展不可或缺的重要组成部分。

外源筹资,是指吸收其他经济主体的闲置资金,使之转化为自己的投资的过程,包括股票发行、债券发行、商业性信贷、银行借款等。外源筹资具有高效性、灵活性、大量性和集中性等特点。

4)按照所筹资金使用期限的长短,分为短期资金筹集与长期资金筹集

短期资金一般是指供一年以内使用的资金。短期资金主要投资于现金、应收账款、存货等,一般在短期内可收回。短期资金常采取利用商业信用和取得银行流动资金借款等方式来筹集。

长期资金一般是指供一年以上使用的资金。长期资金主要投资于新产品的开发和推广、生产规模的扩大、厂房和设备的更新,一般需几年或十几年才能收回。长期资金通常采用吸收直接投资、发行股票、发行公司债券、取得长期借款、融资租赁和内部积累等方式来筹集。

3.1.3 筹资的渠道与方式

1)筹资渠道

筹资渠道是指筹措资金的来源方向与通道。认识和了解各种筹资渠道及其特点,有助于企业充分拓宽和正确利用筹资渠道。我国企业目前筹资渠道主要包括:

(1)银行信贷资金

银行信贷资金是指商业银行和政策性银行贷放给企业使用的资金,是我国目前各类企业最为重要的资金来源。

(2)其他金融机构资金

其他金融机构是指各种从事金融业务的非银行机构,如信托投资公司、保险公司、租赁公司、证券公司、财务公司等。它们的资金实力虽然较银行弱,但它们的资金供应比较灵活,而且可以提供多种特定服务,该渠道已经成为企业资金的重要来源。

(3)其他企业资金

企业在生产经营过程中,往往形成部分暂时闲置的资金,并为一定的目的而进行相互投资;另外,企业间的购销业务可以通过商业信用方式来完成,从而形成企业间的债权债务关系,形成债务人对债权人的短期信用资金占用。企业间的相互投资和商业信用的存在,使其他企业资金也成为企业资金的重要来源。

(4)居民个人资金

企业职工和居民个人的结余货币,作为游离于银行及非银行金融机构之外的个人资金,可用于对企业进行投资,形成民间资金来源渠道,从而为企业所用。

(5)国家财政资金

国家对企业的直接投资是国有企业特别是国有独资企业获得资金的主要渠道。现

有国有企业的资金来源中，其资本部分大多是由国家财政以直接拨款或以国有资产入股等方式形成的，属于国家投入的资金，产权归国家所有。

(6)企业自留资金

企业自留资金是指企业内部形成的资金，也称企业内部留存，主要包括提取公积金和未分配利润等。这些资金的重要特征之一是，它们无须企业通过一定的方式去筹集，而直接由企业内部自动生成或转移。

(7)境外资金

境外资金是指我国境外投资者以及我国香港、澳门和台湾地区投资者投入的资金。随着国际经济业务的拓展，利用境外资金已成为企业筹资的一个新的重要来源。

2)筹资方式

筹资方式是指可供企业在筹措资金时选用的具体筹资形式。

我国企业目前筹资方式主要有以下几种：(1)吸取直接投资；(2)发行股票；(3)利用留存收益；(4)向银行借款；(5)利用商业信用；(6)发行公司债券；(7)融资租赁。其中：利用(1)～(3)方式筹措的资金为权益资金；利用(4)～(7)方式筹措的资金为负债资金。

筹资渠道解决资金来源问题，筹资方式则解决通过何种方式取得资金的问题，它们之间存在一定的对应关系。企业在筹集资金时，必须对其进行合理组合。

3.1.4 筹资原则

企业筹资是一项重要而复杂的工作，为了有效地筹集企业所需资金，必须遵循以下基本原则：

1)规模适当原则

企业筹资规模受到注册资本限额、企业债务契约约束、企业规模大小等多方面因素的影响，且不同时期企业的资金需要量并不是一个常数。企业财务人员要认真分析科研、生产、经营状况，采用一定的方法，预测资金的需要量，合理确定筹集规模。这样，既能避免因资金筹集不足，影响生产经营的正常进行，又可防止资金筹集过多，造成资金闲置。

2)筹措及时原则

企业财务人员在筹集资金时必须熟知资金时间价值的原理和计算方法，以便根据资金需求的具体情况，合理安排资金的筹集时间，适时获取所需资金。这样，既能避免过早筹集资金所形成的资金投放前的闲置，又能防止取得资金的时间滞后，错过资金投放的最佳时间。一般来说，期限越长，手续越复杂的筹款方式，其筹款时效越差。

3)来源合理原则

资金的来源渠道和资金市场为企业提供了资金的源泉和筹资场所，反映资金的分布状况和供求关系，决定着筹资的难易程度。不同来源的资金，对企业的收益和成本有不同的影响，因此，企业应认真研究资金来源渠道和资金市场，合理选择资金来源。

4)方式经济原则

在确定筹资数量、筹资时间、资金来源的基础上，企业在筹资时还必须认真研究各种筹资方式。企业筹集资金必然要付出一定的代价，不同筹资方式条件下的资金成本有高有低。为此,就需要对各种筹资方式进行分析、对比,选择经济、可行的筹资方式。与筹资方式相联系的是资本结构问题,企业应确定合理的资本结构,以便降低成本,减少风险。

3.1.5 企业资金需要量的预测

企业在筹资之前,应当采用一定的方法预测资金需要量,只有这样,才能使筹集来的资金既能保证满足生产经营的需要,又不会有太多的闲置。现介绍预测资金需要量常用的方法。

1)定性预测法

定性预测法是指利用直观的资料,依靠个人的经验和主观分析、判断能力,预测未来资金需要量的方法。其预测过程是:首先,由熟悉财务情况和经营情况的专家,根据过去所积累的经验进行分析判断,提出预测的初步意见。然后,通过召开座谈会或发出各种表格等形式,对上述预测的初步意见进行修正补充。这样经过一次或几次以后,得出预测的最终结果。这种方法通常在企业缺乏完备、准确的历史资料的情况下采用,预测结果的准确性和可行性较差,一般只作为预测的辅助方法。

2)定量预测法

定量预测法是以历史资料为依据,采用数学模型对未来时期资金需要量进行预测的方法。这种方法预测的结果科学而准确,有较高的可行性;但计算较为复杂,要求具有完备的历史资料。常用的定量预测法有销售百分比法和线性回归分析法。

(1)销售百分比法

①销售百分比法的含义与基本假设

销售百分比法是以资产负债表中各个项目与销售额的比率为基础,按照计划期销售额的增长情况来预测资金需要量的一种方法。

应用销售百分法预测资金需要量是建立在以下假设基础之上的:

第一,企业的部分资产和负债及销售额同比例变化;

第二,企业各项资产、负债及所有者权益结构已达到最佳。

②应用销售额百分比法预测资金需要量通常须经过以下步骤:

第一步,预计销售额增长额。

第二步,确定随销售额变动而发生变动的资产和负债项目,计算其销售百分比。

在资产负债表中,有一些项目会随销售额变动而相应变动,通常将这些项目称为敏感项目或变动项目,包括库存现金、应收账款、存货、应付账款、应付票据、其他应付款等。而如对外投资、无形资产、短期借款、长期借款、实收资本等其他项目,一般不会随销售额变动而变动,将其称为非敏感项目或固定项目。

第三步,确定需要增加的资金数额。

第四步,根据有关财务指标的约束条件确定对外筹资数额。

【例3-1】某公司2012年12月31日的资产负债表如表3-1所示。

资产负债表

表 3-1　　2012 年 12 月 31 日　　单位:元

资产		负债及所有者权益	
货币资金	40 000	应付票据	30 000
应收账款	90 000	应付账款	70 000
存货	100 000	长期借款	120 000
固定资产净值	200 000	实收资本	250 000
无形资产	80 000	留存收益	40 000
资产总计	510 000	负债及所有者权益总计	510 000

假定该公司 2012 年度的实际销售收入为 1 000 000 元,销售净利率为 20%,股利支付率为 60%,公司现有生产能力已经饱和,增加销售需追加固定资产投资。经预测,2013 年该公司销售收入将提高到 1 500 000 元,销售净利率和利润分配政策不变。要求预测 2013 年需要追加资金的数量。

现对销售额百分比法的预测程序进行说明:

①预计销售额增长额

销售额增长额 = 1 500 000 − 1 000 000 = 500 000(元)

②确定随销售额变动而变动的资产和负债项目,计算其销售百分比

该公司资产负债表中,资产中除无形资产外都将随销售额的增加而增加,因为较多的销售额需要占用较多的存货,发生较多的应收账款,增加固定资产投资,导致现金需求增加。在负债及所有者权益中,应付账款和应付票据也会随销售额的增加而增加,但长期借款、实收资本等不会自动增加。公司的利润如果不全部分配出去,留存收益也会有适当的增加。预计随销售额增加而自动增加的项目列示在表 3-2 中。

表 3-2　　销售额比率表

资产	占销售收入的百分比(%)	负债及所有者权益	占销售收入的百分比(%)
货币资金	4	应付票据	3
应收账款	9	应付账款	7
存货	10	长期借款	不变动
固定资产净值	20	实收资本	不变动
无形资产	不变动	留存收益	不变动
合计	43	合计	10

在表 3-2 中,不变动是指该项目不随销售额变动而变动。表中的各项目占销售收入的百分比是以表 3-1 中的有关项目的数字除以销售收入求得的,如存货占销售收入的 $10\%\left(\frac{100\ 000}{1\ 000\ 000}\times 100\%\right)$。

③确定需要增加的资金数额

从表 3-2 中可以看出,销售收入每增加 100 元,必须增加 43 元的资金占用,同时增加 10 元的资金来源。从 43% 的资金需求中减去 10% 自动产生的资金来源,还剩下 33% 的资金需求。因此,每增加 100 元的销售收入,该公司必须取得 33 元的资金。在本例中,销售收入从 1 000 000 元增加到 1 500 000 元,增加了 500 000 元,按照 33% 的比率可预测该公司将增加 165 000 元的资金需求,即:

$(43\% - 10\%) \times (1\,500\,000 - 1\,000\,000) = 165\,000$(元)

④根据有关财务指标的约束条件确定企业须向外界筹集资金的数额

上述 165 000 元的资金需求有些可通过企业内部来筹集。依题意,该公司预计 2013 年净利润为 300 000 元(1 500 000 × 20%),公司股利支付率为 60%,则将有 40% 的利润即 120 000 元被留存下来,从 165 000 元中减去 120 000 元的留存收益,则还有 45 000 元的资金必须通过外界来筹集,即:

首先,确定企业内部筹集资金数额,即企业预计的留存收益数额。

$1\,500\,000 \times 20\% \times (1 - 60\%) = 120\,000$(元)

其次,确定企业需要向外部筹集资金的数额。

$165\,000 - 120\,000 = 45\,000$(元)

上述预测过程可用下列公式表示:

$$对外筹资需要量 = \frac{A}{S_1} \cdot \Delta S - \frac{B}{S_1} \cdot \Delta S - S_2 \cdot P \cdot E$$

$$或:对外筹资需要量 = \frac{\Delta S}{S_1} \cdot (A - B) - S_2 \cdot P \cdot E$$

式中:A 为随销售额变动的资产(变动资产);B 为随销售额变动的负债(变动负债);S_1 为基期销售额;S_2 为预测期销售额;ΔS 为销售额的变动额;P 为销售净利率;E 为收益留存比率;A/S_1 为变动资产占基期销售额的百分比;B/S_1 为单位销售额所产生的自然负债数量,即变动负债占基期销售额的百分比。

根据上述资料可求得 2013 年该公司对外界筹集资金的数额为:$43\% \times 500\,000 - 10\% \times 500\,000 - 1\,500\,000 \times 20\% \times (1 - 60\%) = 45\,000$(元)。

(2)线性回归分析法

线性回归分析法是根据若干期产销量和资金占用的历史资料,运用最小平方法原理,来确定产销量和资金占用总量之间的关系,并据以预测计划期间资金需要量的一种方法。

线性回归分析法是资金习性预测法的一种。资金习性,是指资金变动与产销量变动之间的依存关系。按照资金习性,可以把资金分为不变资金、变动资金和半变动资金。

不变资金是指在一定的产销量范围内,不受产销量变动的影响而保持固定不变的那部分资金。这部分资金包括为维持经营而占用的最低数额的现金,原材料的保险储备,必要的成品储备,以及厂房、机器设备等固定资产占用的资金。

变动资金是指随产销量的变动而同比例变动的那部分资金。一般包括直接构成产品实体的原材料、外购件等占用的资金。另外,在最低储备以外的现金、存货、应收账款等也具有变动资金的性质。

半变动资金是指虽然受产销量变动的影响，但不成同比例变动的资金，如一些辅助材料所占用的资金。半变动资金可采用一定的方法划分为不变资金和变动资金两部分。

企业资金总量(y)与产销量(x)之间存在一定的线性关系，可以根据这种对应关系，按照线性方程模型，预测计划期间的资金需要量。其基本模型为：

$$y = a + bx$$

式中：y 表示资金需要量；a 表示不变资金；b 表示单位产销量所需要的变动资金；x 表示产销量。

在实际运用中，需要利用历史资料来确定 a、b 的值，然后在已知业务量(x)的基础上，确定资金需要量(y)。a、b 的计算公式为：

$$b = \frac{n\sum xy - \sum x\sum y}{n\sum x^2 - (\sum x)^2}$$

$$a = \frac{\sum y - b\sum x}{n}$$

【例3-2】 某企业2008~2012年产销量和资金需要量情况如表3-3所示。假定2013年的预计产销量为90万件，试确定该企业2013年的资金需要量。

表3-3　产销量与资金需要量情况表

年度	产销量(x)（万件）	资金需要量(y)（万元）
2008	15	200
2009	25	220
2010	40	250
2011	35	240
2012	55	280

预测过程：

①根据表3-3整理编制表3-4。

表3-4　回归方程有关数据计算表

年度	产销量(x)（万件）	资金需要量(y)（万元）	xy	x^2
2008	15	200	3 000	225
2009	25	220	5 500	625
2010	40	250	10 000	1 600
2011	35	240	8 400	1 225
2012	55	280	15 400	3 025
n = 5	$\sum x = 170$	$\sum y = 1\ 190$	$\sum xy = 42\ 300$	$\sum x^2 = 6\ 700$

②将表3-4中的数据代入公式，解得：

$a = 170, b = 2$。

③把 a = 170、b = 2 代入 $y = a + bx$，得 $y = 170 + 2x$。

④将 2013 年预计产销量 90 万件代入上式，得出：

$y = 170 + 2 \times 90 = 350$（万元）

即在 2013 年预计产销量为 90 万件的情况下，该企业资金需要量为 350 万元。

【小思考 3-1】

资金需要量预测的销售百分比法与线性回归分析法预测的结果有什么不同？

需要注意的是，定量预测法与定性预测法并不是相互排斥的，而是相辅相成、相互补充的。在社会经济活动中，许多因素极为复杂多变，很难甚至无法进行量化，因而纯粹的定量预测法无法使用。即使很多因素可以进行定量描述，为了保证定量预测法的使用效果，也需要依靠使用者的综合分析判断。因此，预测人员要根据企业的具体情况和预测对象的不同，将定量预测法和定性预测法结合起来应用。如果数据资料比较完备，可以先用某种定量预测法进行加工处理，找出有关变量之间的关系，然后再应用定性预测法对预测结论综合分析后作出正确的使用。可以说，定量预测法通常仍有赖于定性预测法发挥其主导作用，在经营预测中，只有将定量预测法与定性预测法有机地结合起来应用，才能全面认识和把握预测对象的未来发展趋势，使预测的结果更加接近实际。

【知识链接 3-1】

筹资管理岗位的设置。大型公司筹资管理一般设置融资主管和融资专员两个岗位。具体岗位设置如图 3-1 所示。

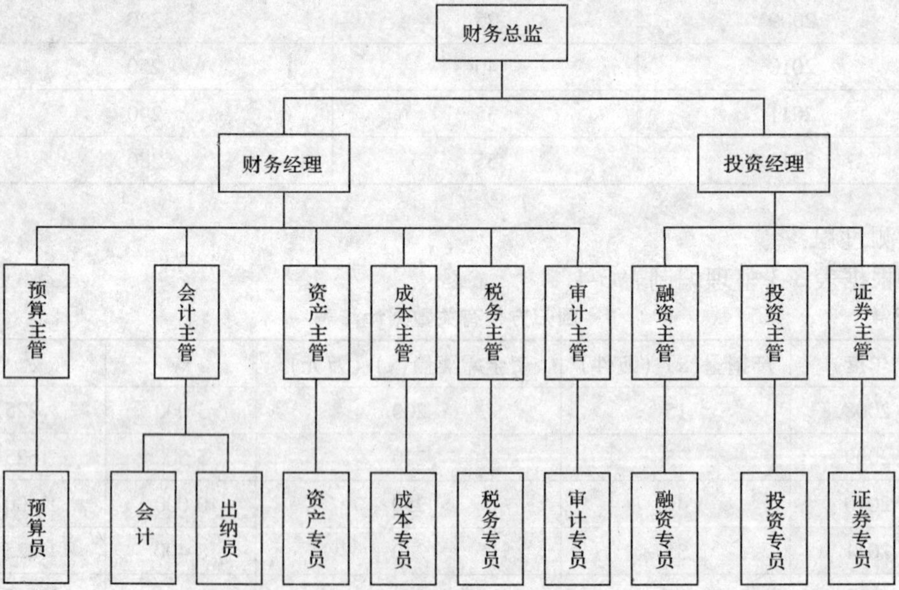

图 3-1 大型公司财务部组织设计

3.2 权益资金筹集

权益资金筹集的方式主要有吸收直接投资、发行股票和利用留存收益。

3.2.1 吸收直接投资

吸收直接投资是指企业按照“共同投资、共同经营、共担风险、共享利润”的原则，直接吸收国家、法人、个人投入资金的一种筹资方式。吸收直接投资不以股票为媒介，无须公开发行证券，通常以合同或协议明确双方的权利和义务。

1）吸收直接投资的形式

企业吸收的直接投资，根据投资者的出资形式可分为吸收现金投资和吸收非现金投资。具体包括：

（1）吸收现金投资

吸收现金投资是指企业吸收投资者投入的货币资金，是吸收直接投资中最主要的形式。企业在筹建时，必须吸收一定量的现金，各国的法律法规对现金在资本总额中的比例均有一定的规定。

（2）吸收实物投资

吸收实物投资是指企业吸收投资者以厂房、建筑物、设备等固定资产和原材料、商品等流动资产所进行的投资。一般来说，企业吸收的实物应符合如下条件：①确为企业科研、生产、经营所需；②技术性能比较好；③作价公平合理。实物出资所涉及的实物作价方法应按国家的有关规定执行。

（3）吸收工业产权投资

吸收工业产权投资是指企业吸收投资者以专有技术、商标权、专利权等无形资产所进行的投资。一般来说，企业吸收的工业产权应符合以下条件：①能帮助研究和开发出新的高科技产品；②能帮助生产出适销对路的高科技产品；③能帮助改进产品质量，提高生产效率；④能帮助大幅度降低各种消耗；⑤作价比较合理。

（4）吸收土地使用权投资

吸收土地使用权投资是指企业吸收投资者以土地使用权所进行的投资。土地使用权是按有关法规和合同的规定使用土地的权利。企业吸收的土地使用权应符合以下条件：①确为企业科研、生产、销售活动所需；②交通、地理条件比较适宜；③作价公平合理。

2）吸收直接投资的程序

（1）确定吸收直接投资的资金数额

企业吸收的直接投资属于所有者权益，其份额达到一定规定时，就会对企业的经营控制权产生影响，对此企业必须高度重视。因此，对于吸收直接投资的数量，一方面要考虑投资需要及其对资本结构的影响，另一方面要考虑对投资者投资份额的控制。

（2）确定投资单位及吸收直接投资的具体形式

吸收投资过程中，出资和受资双方应是双向选择的。受资单位要选择条件相宜的投资者，投资单位要选择收益理想或对自身发展有利的受资者。为此，要做好信息收集、交流工作,企业既要广泛了解有关投资者的财力和意向,又要主动介绍自身的经营状况和盈利能力,以利于在较多的投资者中寻求最好的合作者。投资单位确定后,双方便可协商确定具体的出资方式。

(3)签署合同或协议

吸收直接投资的合同应明确双方的权利与义务,包括投资人的出资数额、出资形式、资产交付期限、资产违约责任、投资收回、收益分配或损失分摊、控制权分割、资产管理等内容。投资合同对于投资、受资双方都是非常重要的,应经过周密考虑和反复协商,并应取得投资各方的认可。

(4)取得资金

被投资企业应督促投资人按时缴付出资,以便及时办理有关资产验证、注册登记等手续。

3)吸收直接投资的优缺点

(1)吸收直接投资的优点

①有利于增强企业信誉。吸收直接投资所筹集的资金属于自有资金,能增强企业的信誉和借款能力,对扩大企业经营规模、壮大企业实力具有重要作用。

②有利于尽快形成生产能力。吸收直接投资可以直接获取投资者的先进设备和先进技术,有利于尽快形成生产能力,尽快开拓市场。

③有利于降低财务风险。吸收直接投资可以根据企业的经营状况向投资者支付报酬,企业经营状况好,可向投资者多支付一些报酬,企业经营状况不好,就可不向投资者支付报酬或少支付报酬,比较灵活,所以财务风险较小。

(2)吸收直接投资的缺点

①资金成本较高。一般而言,采用吸收直接投资方式筹集资金所需负担的资金成本较高,特别是企业经营状况较好和盈利能力较强时,更是如此,因为向投资者支付的报酬是根据其出资的数额和企业实现利润的多寡来计算的。

②容易分散企业控制权。采用吸收直接投资方式筹集资金,投资者一般都要求获得与投资数量相适应的经营管理权,当外部投资者的投资较多时,投资者会拥有相当大的管理权,甚至会对企业实行完全控制。

3.2.2 发行普通股

股票是指股份有限公司发行的、用以证明投资者的股东身份和权益并据以获得股利的一种可转让的书面证明。

1)股票的分类

根据不同的标准,可以对股票进行不同的分类,现介绍几种主要的分类方式:

(1)按股东享受权利和承担义务的大小,可把股票分为普通股票和优先股票

普通股票简称普通股,是股份有限公司依法发行的具有管理权、股利不固定的股票。普通股具备股票的最一般特征,是股份有限公司资本的最基本部分。

优先股票简称优先股,是股份有限公司依法发行的具有一定优先权的股票。从法律上讲,企业对优先股不承担法定的还本义务,通过发行优先股筹集的资金是企业自有资

金的一部分。

(2)按股票是否记名,可把股票分为记名股票和无记名股票

记名股票是在股票上记载股东姓名或名称并将其记入公司股东名册的一种股票。记名股票要同时附有股权手册,只有同时具备股票和股权手册,才能领取股息和红利。记名股票的转让、继承都要办理过户手续。

无记名股票是在股票上不记载股东姓名或名称的股票。凡持有无记名股票的,都可成为公司股东。无记名股票的转让、继承无须办理过户手续,只要将股票交给受让人,就可发生转让效力,移交股权。

公司向发起人、国家授权投资的机构和法人发行的股票,应当为记名股票。对社会公众发行的股票,可以为记名股票,也可以为无记名股票。

(3)按股票票面有无金额,可把股票分为有面值股票和无面值股票

有面值股票是指在股票的票面上记载每股金额的股票。股票面值的主要功能是确定每股股票在公司所占有的资本份额以及所负有限责任的最高限额。

无面值股票是指股票票面不记载每股金额的股票。无面值股票仅表示每一股在公司全部股票中所占有的比例。也就是说,这种股票只在票面上注明每股占公司全部净资产的比例,其价值随公司财产价值的增减而增减。

(4)按股票发行时间的先后,可将股票分为始发股和新发股

始发股是公司设立时发行的股票。

新发股是公司增资时发行的股票。始发股与新发股的发行条件、发行目的、发行价格都不尽相同,但是股东的权利和义务却是一样的。

(5)按股票发行对象和上市地区,可将股票分为A股、B股、H股和N股等

A股的正式名称是人民币普通股票,它是由中国境内的公司发行,供境内机构、组织和个人以人民币交易的普通股票;B股的正式名称是人民币特种股票,它是以人民币标明面值,用外币认购和买卖,在境内交易所上市交易的股票;H股是指公司在中国内地注册,在香港上市的外资股,H是香港(Hong Kong)的第一个英文字母;N股是指公司在中国内地注册,在美国纽约上市的外资股,N是纽约(New York)的第一个英文字母。

2)股票的发行

(1)股票发行的条件

股份公司发行股票必须具备一定的发行条件,取得发行资格,并在办理必要手续后才能进行。

①新设发行。新设立的股份有限公司申请公开发行股票,应当符合下列条件:生产经营符合国家产业政策;发行普通股限于一种,同股同权,同股同利;在募集方式下,发起人认购的股份不少于公司拟发行股份总数的35%;发起人在近三年内没有重大违法行为;证监会规定的其他条件。

②改组发行。国有企业改组设立股份有限公司申请公开发行股票,除应当符合上述条件外,还应当符合下列条件:发行前一年年末,净资产在总资产中所占比例不低于30%,无形资产在净资产中所占比例不高于20%,但证监会另有规定的除外;近三年连续

盈利；国有企业改组设立股份有限公司公开发行股票的，国家拥有的股份在公司拟发行股本总额中所占的比例，由国务院或国务院授权的部门规定；必须采取募集方式。

③增资发行。股份有限公司增资申请发行股票，必须具备下列条件：前一次发行的股份已募足，并间隔一年以上；公司在最近三年内连续盈利，并可向股东支付股利；公司在最近三年内财务会计文件无虚假记载；公司预期利润率可达同期银行存款利率。

(2)股票发行的程序

根据国际惯例，各国股票的发行都有严格的法律规定程序，任何未经法定程序发行的股票都不发生效力。公开发行股票的基本程序包括以下几个步骤：①公司作出新股发行决议；②公司做好发行新股的准备工作，编写必备的文件资料和获取有关的证明材料；③提出发行股票的申请；④有关机构进行审核；⑤签署承销协议；⑥公布招股说明书；⑦按规定程序招股；⑧认股人缴纳股款；⑨向认股人交割股票。

(3)股票发行价格

股票发行价格通常有等价、时价和中间价三种。等价是指以股票面额为发行价格，即股票的发行价格与其面额相等，也称平价发行或面值发行。时价是以公司原发行同种股票的现行市场价格为基准来选择增发新股的发行价格，也称市价发行。中间价是取股票市场价格与面额的中间值作为股票的发行价格。以中间价和时价发行都可能是溢价发行，也可能是折价发行。值得注意的是，我国《公司法》规定公司发行股票不准折价发行，即不准以低于股票面额的价格发行。

根据我国《证券法》的规定，股票的发行价格由发行人与承销的证券公司协商确定，并报中国证监会核准。发行公司应当参考公司经营业绩、净资产、发展潜力、发行数量、行业特点、股市状态等，提供定价分析报告，说明确定发行价格的依据。

实际工作中股票发行的定价方式主要有以下几种：

①协商定价方式。该方式由发行人与主承销商协商确定股票发行价格，报中国证监会核准。

②一般的询价方式。该方式是在对一般投资者上网发行和对机构投资者配售相结合的发行方式下，发行人和主承销商事先确定发行量和发行底价，通过向机构投资者询价，并根据机构投资者的预约申购情况确定最终发行价格，以同一价格向机构投资者配售和对一般投资者上网发行。

③累计投标询价方式。该方式是指在发行过程中，根据不同价格下投资者的认购意愿确定发行价格的一种方式。通常，主承销商将发行价格确定在一定的区间内，投资者在此区间内按照不同的发行价格申报认购数量，主承销商将所有投资者在同一价格之上的收购量累计计算，得出一系列在不同价格之上的总收购量。最后，主承销商按照总收购量超过发行量的一定倍数(即超额认购倍数)确定发行价格。

④上网竞价方式。上网竞价发行是指发行人和主承销商利用证券交易所的交易系统，由主承销商作为新股的唯一卖方，以发行人宣布的发行底价为最低价格，以新股实际发行量为总的卖出量，由投资者在指定的时间内竞价委托申购，发行人和主承销商以价格优先的原则确定发行价格并发行股票。

3) 股票的上市

股票上市是指股份有限公司公开发行的股票经批准在证券交易所进行挂牌交易。经批准在证券交易所上市交易的股票称为上市股票。股票获准上市交易的股份有限公司简称为上市公司。

(1) 股票上市的条件

公司公开发行的股票进入证券交易所交易必须受严格的条件限制。我国《公司法》规定，股份有限公司申请股票上市必须符合下列条件：

①股票经国务院证券管理部门批准已向社会公开发行。

②公司股本总额不少于人民币 5 000 万元。

③开业时间在 3 年以上，最近 3 年连续盈利，原国有企业依法改建而设立的，或者在《公司法》实施后新组建成立、其主要发起人为国有大中型企业的股份有限公司，可连续计算。

④持有股票面值人民币 1 000 元以上的股东不少于 1 000 人，向社会公开发行的股份达股份总数的 25% 以上；公司股本总额超过人民币 4 亿元的，其向社会公开发行股份的比例为 15% 以上。

⑤公司在最近 3 年内无重大违法行为，财务会计报告无虚假记载。

⑥国务院规定的其他条件。

(2) 股票上市的利弊分析

股票上市作为一种有效的筹资方式，对公司的成长起着重要的作用。发达国家的绝大部分发展迅速的公司都选择了上市。然而，股票上市也会给公司带来一些负面效果，因此，在作出股票上市的决定前，公司管理者应该非常慎重地考虑，并且应该尽可能地向专家或有过类似经历的企业家进行咨询。

股票上市对公司的有利影响：

①有助于改善财务状况。公司公开发行股票可以筹得自有资金，能迅速改善公司的财务状况，并有条件得到利率更低的贷款。同时，公司一旦上市，就可以在今后有更多的机会从证券市场上筹集资金。

②利用股票收购其他公司。一些公司常用出让股票而不是付现金的方式去对其他公司进行收购。被收购的公司也乐意接受上市公司的股票，因为上市的股票具有良好的流通性，持股人可以很容易将股票出手而得到资金。

③利用股票市场客观评价公司。对于已上市的公司来说，每日每时的股市，都是对公司客观的市场估价。

④利用股票可激励职员。上市公司利用股票作为激励关键人员的手段是卓有成效的。公开的股票市场提供了股票的准确价值，也可使职员的股票得以兑现。

⑤提高公司知名度，吸引更多顾客。上市公司为社会所知，并被认为经营优良，这会给公司带来良好的声誉，从而吸引更多的顾客，扩大公司的销售。

股票上市可能对公司产生的不利影响：

①使公司失去隐私权，一家公司转为上市公司，其最大的变化是公司隐私权的消失。

国务院证券监督管理机构要求上市公司将关键的经营情况向社会公众公开。

②限制经理人员操作的自由度。公司上市后其所有重要决策都需要经董事会讨论通过。有些对企业至关重大的决策则需全体股东投票决定。股东们通常以公司盈利、分红、股价等来判断经理人员的业绩，这些压力往往使得企业经理人员注重短期效益而忽略长期效益。

③公开上市需要很高的费用。

4）普通股股东的权利

普通股的持有人称为普通股股东，普通股股东一般具有如下权利：

（1）公司管理权

普通股股东的管理权主要体现为董事会选举权和被选举权。普通股股东通过选出的董事会代表所有股东对企业进行控制和管理。具体来说，普通股股东的管理权主要包括投票权、查账权、阻止越权经营的权利。

（2）分享盈余权

分享盈余权，即普通股股东经董事会决定后有从净利润中分得股息和红利的权利。

（3）出让股份权

出让股份权，即普通股股东有权出售或转让股票。普通股股东出让股票的原因可能出于对公司的选择、对报酬的考虑或对资金的需求。

（4）优先认股权

优先认股权，即普通股股东可优先于其他投资者购买公司新增发股票的权利。当公司增发普通股票时，原有股东有权按持有公司股票的比例，在一定期限内以低于市价的认购价格购买新股。这主要是为了使现有股东保持其在公司股份中原来所占的百分比，以保证他们的控制权。

（5）剩余财产要求权

剩余财产要求权，即当公司解散、清算时，普通股股东对剩余财产有要求权。但是，公司破产清算时，财产的变价收入，首先要用来清偿债务，然后支付优先股股利，最后才能分配给普通股股东。所以，在破产清算时，普通股股东实际上很少能分到剩余财产。

5）普通股筹资的优缺点

（1）普通股筹资的优点

①没有固定利息负担。公司有盈余，并认为适合分配股利，就可以分给股东；公司盈余较少，或虽有盈余但资金短缺或有更有利的投资机会，就可少支付或不支付股利。

②没有固定到期日，不用偿还。利用普通股筹集的是永久性的资金，除非公司清算才需偿还。它对保证企业最低的资金需求有重要意义。

③筹资风险小。由于普通股没有固定到期日，不用支付固定的利息，此种筹资实际上不存在不能偿付的风险，因此风险最小。

④能增加公司的信誉。普通股本与留存收益构成公司所借入一切债务的基础。有了较多的自有资金，就可为债权人提供较大的损失保障，因而，普通股筹资既可以提高公司的信用价值，也为使用更多的债务资金提供了强有力的支持。

⑤筹资限制较少。利用优先股或债券筹资，通常有许多限制，这些限制往往会影响公司经营的灵活性，而利用普通股筹资则没有这种限制。

(2)普通股筹资的缺点

①资金成本较高。一般来说，普通股筹资的成本要大于债务资金。这主要是股利要从净利润中支付，而债务资金的利息可在税前扣除，另外，普通股的发行费用也比较高。

②容易分散控制权。利用普通股筹资，出售了新的股票，引进了新的股东，容易导致公司控制权的分散。

此外，新股东分享公司未发行新股前积累的盈余，会降低普通股的每股净收益，从而可能引起股价下跌。

3.2.3 发行优先股

优先股是一种特别的股票，它既与普通股有许多相似之处，又具有债券的某些特征。但从法律的角度来讲，优先股属于自有资金。

1)优先股的种类

按不同标准，可对优先股作不同分类，现介绍几种最主要的分类方式：

(1)按股利能否累积，可分为累积优先股和非累积优先股

累积优先股是指在任何营业年度内未支付的股利可累积起来，由以后营业年度的盈利一起支付的优先股；非累积优先股是仅按当年利润分取股利，而不予以累积补付的优先股。

(2)按是否可转换为普通股，可分为可转换优先股和不可转换优先股

可转换优先股是股东可在一定时期内按一定比例把优先股转换成普通股的股票。转换的比例是事先确定的，其数值大小取决于优先股与普通股的现行价格。不可转换优先股是指不能转换成普通股的股票。不可转换优先股只能获得固定股利报酬，而不能获得转换收益。

(3)按是否参与剩余利润分配，可分为参与优先股和非参与优先股

参与优先股是指不仅能取得固定股利，还有权与普通股一同参与利润分配的优先股。根据参与利润分配的方式不同，又可分为全部参与分配的优先股和部分参与分配的优先股。前者表现为优先股股东有权与普通股股东共同等额分享本期剩余利润，后者则表现为优先股股东有权按规定额度与普通股股东共同参与利润分配，超过规定额度部分的利润，归普通股所有。

非参与优先股是指不能参与剩余利润分配，只能取得固定股利的优先股。

(4)按是否有赎回优先股的权利，可分为可赎回优先股和不可赎回优先股

可赎回优先股又称可收回优先股，是指股份有限公司可以按一定价格收回的优先股。在发行这种股票时，一般都附有收回条款，在收回条款中规定了赎回该股票的价格。此价格一般略高于股票的面值。至于是否收回，在什么时候收回，则由发行股票的公司来决定。不可赎回优先股是指不能收回的优先股。因为优先股都有固定股利，所以，不可赎回优先股一经发行，便会成为一项永久性的财务负担。因此，在实际工作中，大多数优先股是可赎回优先股，而不可赎回优先股则很少发行。

从以上介绍中可以看出,累积优先股、可转换优先股、参与优先股对股东有利,而可赎回优先股则对股份有限公司有利。

2)优先股股东的权利

优先股的"优先"是相对于普通股而言的,这种优先主要表现在以下几个方面:

(1)优先分配股利权

优先分配股利的权利,是优先股的最主要特征。优先股通常有固定股利,一般按面值的一定百分比来计算,且必须在支付普通股股利之前予以支付。对于累积优先股来说,这种优先权就更为突出。

(2)优先分配剩余财产权

在企业破产清算时,出售资产所得的收入,优先股股东的求偿权位于债权人之后,但先于普通股股东。其金额只限于优先股的票面价值加上累积未支付的股利。

(3)部分管理权

优先股股东的管理权限是有严格限制的。通常,在公司的股东大会上,优先股股东没有表决权,但是,当公司研究与优先股有关的问题时有权参与表决。

3)优先股筹资的优缺点

(1)优先股筹资的优点

①没有固定到期日,不用偿还本金。事实上等于使用的是一笔无限期的贷款,无偿还本金义务。而大多数优先股又附有收回条款,这就使得使用这种资金更有弹性,当财务状况较弱时发行,而财务状况转强时收回,有利于结合资金需求,同时也能控制公司的资本结构。

②股利支付既固定,又有一定弹性。一般而言,优先股采用固定股利,但固定股利的支付并不构成公司的法定义务。如果财务状况不佳,可暂时不支付优先股股利,优先股股东也不能像债权人一样迫使公司破产。

③有利于增强公司信誉。从法律上讲,优先股属于自有资金,因而,优先股扩大了权益资金规模,可适当增加公司的信誉,加强公司的借款能力。

(2)优先股筹资的缺点

①筹资成本高。优先股所支付的股利要从税后净利润中支付,不同于债务利息可在税前扣除,因此,优先股成本很高。

②筹资限制多。发行优先股,通常有许多限制条款,如对普通股股利支付上的限制、对公司借债限制等。

③财务负担重。如前所述,优先股需要支付固定股利,但不能在税前扣除,所以,当利润下降时,优先股股利会成为一项较重的财务负担。

3.3 负债资金筹集

3.3.1 银行借款

银行借款是由企业根据借款合同从有关银行或其他非银行金融机构借入所需资金

的一种筹资方式,又称银行借款筹资。

1)银行借款的种类

可供选择的银行借款的种类很多,可按不同标准进行不同的分类。

(1)按借款的期限分类

按借款的期限,银行借款可分为短期借款、中期借款和长期借款。短期借款是指借款期限在1年以内(含1年)的借款;中期借款是指借款期限在1年以上(不含1年)5年以下(含5年)的借款;长期借款是指借款期限在5年以上(不含5年)的借款。

(2)按借款的条件分类

按借款是否需要担保,银行借款可分为信用借款、担保借款和票据贴现。信用借款是指以借款人的信誉为依据而获得的借款,企业取得这种借款,无须以财产作抵押;担保借款是指以一定的财产作抵押或以一定的保证人作担保为条件所取得的借款;票据贴现是指企业以持有的未到期的商业票据向银行贴付一定的利息而取得的借款。

(3)按提供贷款的机构分类

按提供贷款的机构,可将银行借款分为政策性银行贷款和商业银行贷款。政策性银行贷款一般是指执行国家政策性贷款业务的银行向企业发放的贷款。例如,国家开发银行为满足企业承建国家重点建设项目的资金需要提供贷款,中国进出口银行为大型设备的进出口提供买方或卖方信贷。商业银行贷款是指由各商业银行向工商企业提供的贷款。这类贷款主要为满足企业生产经营的资金需要。此外,企业还可从信托投资公司取得实物或货币形式的信托投资贷款,从财务公司取得各种贷款等。

2)银行借款的信用条件

(1)贷款期限和贷款偿还方式

在银行与借款企业之间签订的协议中都明确规定了具体的贷款期限。根据我国金融制度的规定,贷款到期后仍无能力偿还的,视为逾期贷款,银行要照章加收逾期罚息。贷款的偿还有到期一次偿还和在贷款期内定期等额偿还两种方式。一般来说,企业不希望采用后一种方式,因为这会提高贷款的实际利率;而银行则不希望采用前一种方式,因为这会加重企业还款时的财务负担,增加企业的拒付风险,同时会降低实际贷款利率。不同的偿还方式,对企业的财务负担和筹资成本有不同的影响,企业应根据自身情况作出选择。

(2)贷款利率和利息支付方式

银行在确定贷款利率时根据不同的企业分别采用优惠利率和非优惠利率。优惠利率是银行向财力雄厚、经营状况好的企业贷款时收取的名义利率;而非优惠利率则是银行向一般企业贷款时收取的高于优惠利率的利率。非优惠利率一般是在优惠利率的基础上加一定的百分比,所加百分比的高低由借款企业的信誉、与银行的往来关系等因素决定。

贷款利息支付方式有两种:一是利随本清法,又称收款法,是借款企业在借款到期时一次性向银行支付利息的方法。采用这种方法,借款的名义利率(亦即约定利率)等于其实际利率(亦即有效利率)。二是贴现法,即银行在向企业发放贷款时,先从本金中扣除利息部分,企业所得到的贷款额只有贷款本金减去利息部分后的差额,而到期时企业仍要偿还贷款全部本金的付息方式。采用这种方法,其实际利率高于名义利率。

(3)信贷额度

信贷额度亦即贷款限额,是借款人与银行在协议中规定的允许借款人借款的最高限额。如借款人超过规定限额继续向银行借款,银行则停止办理。此外,如果企业信誉恶化,即使银行曾经同意按信贷限额提供贷款,企业也可能得不到借款。这时,银行不会承担法律责任。

(4)周转信贷协定

周转信贷协定也即循环使用的信贷额度,是银行承诺向企业提供不超过某一最高限额、在一定时期内可以循环使用的贷款协定。在协定的有效期内,只要企业借款总额未超过最高限额,银行必须满足企业任何时候提出的借款要求。企业享用周转信贷协定,通常要对贷款限额的未使用部分付给银行一笔承诺费。这时的信用期限有两个:一个是信用额度的期限,通常不超过一年;另一个是信用额度循环使用的期限,一般为2~6年。例如,银行与某企业签订的循环使用的信用协议规定,信用额为200万元,期限为半年,使用期限为3年。这就是说,该企业在未来3年内每半年可取得200万元的借款额度,相当于取得一笔200万元的3年期借款,不同的是每半年期满时需将200万元归还,然后在下一个半年再使用不超过200万元的借款。对此,银行除按一般贷款向借款人收取利息外,还要就贷款限额的未使用部分向借款人收取承诺费。如本例中借款年利率为10%,承诺费率为0.5%,该企业在第一个半年中实际使用借款180万元,则这半年企业应付的利息与费用总额为9.05万元(180×5%+20×0.25%)。

(5)补偿性余额

补偿性余额是银行要求借款人在银行中保持按贷款限额或实际借用额的一定百分比(通常为10%~20%)计算的最低存款余额。补偿性余额有助于银行降低贷款风险,补偿其可能遭受的损失;但对借款企业来说,补偿性余额则提高了借款的实际利率,加重了企业的利息负担。

(6)借款抵押

银行向财务风险较大、信誉不好的企业发放贷款时,往往需要有抵押品担保,以减少自己蒙受损失的风险。借款的抵押品通常是借款企业的应收账款、存货、股票、债券以及房屋等。银行接受抵押品后,根据抵押品的账面价值决定贷款金额,一般为抵押品账面价值的30%~50%。这一比率的高低取决于抵押品的变现能力和银行的风险偏好。抵押借款的资金成本通常高于非抵押借款,这是因为银行主要向信誉好的客户提供非抵押贷款,而将抵押贷款视为一种风险贷款,所以收取较高的利息;此外,银行管理抵押贷款比管理非抵押贷款更为困难,为此往往另外收取手续费。

3)银行借款筹资的程序

企业从银行取得借款,须按照一定的程序办理必要的手续,一般程序如下:

(1)提出借款申请

企业要取得银行借款,必须先向银行递交借款申请报告,说明借款原因、借款数额、借款时间、使用计划、还款计划等内容。同时应准备必要的说明企业具备上述借款条件的资料。

(2)银行审批

银行接到借款申请后,按照计划发放、择优扶持、有物资保证、按期归还的原则,审核企业的借款条件,确定是否给予贷款。

(3)签订借款合同

借款申请被批准后,借贷双方应就贷款条件进行谈判,然后签订借款合同。借款合同主要包括基本条款、保证条款、违约条款和其他附属条款等内容。

(4)取得借款

借款合同签订后,企业即可在核定的指标范围内根据用款计划或实际需要,一次或分次将借款转入企业的存款结算户支用。

(5)归还借款

贷款到期时,借款企业应按照借款合同的规定按期清偿贷款本金与利息,或续签合同,否则银行可根据合同规定,从借款企业的存款户中扣还贷款本息及罚息。

4)银行借款筹资的优缺点

(1)银行借款筹资的优点

①筹资速度快。向银行借款通常只须银行审批,而无须其他行政管理部门或社会中介机构的工作,只要具备条件,可在较短时间内,花较少的费用取得。

②筹资成本低。就目前我国情况来看,利用银行借款所支付的利息比发行债券所支付的利息低。另外,由于借款是在企业和银行之间直接协商确定,故不存在交易成本,也无须支付大量的发行费用。

③借款弹性好。企业与银行可以直接接触,可通过直接商谈,来确定借款的时间、数量和利息。在借款期间,如果企业状况发生了变化,也可与银行进行协商,修改借款的数量和条件。借款到期后,如有正当理由,还可延期归还。

(2)银行借款筹资的缺点

①财务风险较大。企业举借银行借款,必须定期还本付息,在经营不利的情况下,可能会产生不能偿付的风险,甚至会导致破产。

②限制条款较多。企业与银行签订的借款合同中,一般都有一些限制条款,如资产控制权、再借款自主权、不准改变借款用途等,这些条款可能会限制企业的经营活动。

③筹资数额有限。银行一般不愿借出巨额的长期借款。因此,利用银行借款筹资都有一定的上限。

3.3.2 利用商业信用

商业信用是指商品交易中的延期付款或延期交货所形成的借贷关系,是企业之间的一种直接信用关系。商业信用是商品交易中钱与货在时间上和空间上的分离而产生的,它的形式多样,范围广泛,已成为企业筹集资金的重要方式。

1)商业信用的形式

商业信用是企业短期资金的重要来源。从筹资角度看,商业信用主要表现为以下几种形式:

(1)应付账款。应付账款是由赊购商品形成的、以记账方法表示的商业信用。赊购商品是一种最典型、最常见的商业信用形式。在此种情况下，买卖双方发生商品交易，买方收到商品后不立即支付现金，可延期到一定时间以后付款。在这种形式下，账款的支付主要依赖于卖方的信用条件，如卖方为促使买方及时承付货款，一般给对方一定的现金折扣。“2/10，n/30”即表示货款在10天内付清，可以享受货款金额2%的现金折扣；货款在30天(信用期为30天)内付清，则须付全部货款。

在这种形式下，买方通过商业信用筹资的数量与是否享有折扣有关。一般认为，企业存在三种可能性：①享有现金折扣，从而在现金折扣期内付款，其占用卖方货款的时间短，信用筹资相对较少；②不享有现金折扣，而在信用期内付款，其筹资量大小取决于对方提供的信用期长短；③超过信用期的逾期付款(即拖欠)，其筹资量最大，但它对企业信用的副作用也最大，成本也最高，企业一般不宜以拖欠货款来筹资。现举例如下：

【例3-3】某企业每年向供应商购入200万元的商品，该供应商提供的信用条件为“2/10，n/30”，若该企业放弃上述现金折扣条件，则其资金成本计算如下：

$$\text{放弃现金折扣的资金成本} = \frac{\text{现金折扣百分比}}{1-\text{现金折扣百分比}} \times \frac{360}{\text{信用期}-\text{折扣期}} = \frac{2\%}{1-2\%} \times \frac{360}{30-10} = 36.73\%$$

这说明该企业只要从其他途径取得资金所付出的代价低于36.73%时，就应放弃这种商业信用筹资方式，在10天以内把货款付清以取得2%的现金折扣。

(2)应付票据。应付票据是指企业根据购销合同的要求，在进行延期付款的商品交易时开具的反映债权债务关系的票据。根据承兑人的不同，商业汇票可分为商业承兑汇票和银行承兑汇票。商业承兑汇票是指由收款人开出，经付款人承兑，或由付款人开出并承兑的汇票。银行承兑汇票是指由收款人或承兑申请人开出，由银行审查同意承兑的汇票。商业汇票是一种期票，是反映应付账款和应收账款的书面证明。对于买方来说，它是一种短期融资方式。

不管承兑人是谁，最终的付款人仍是购货人。从应付票据的付款期限看，一般为1~6个月，并有带息票据和不带息票据两种。即使是带息票据，其利率通常也比银行借款利率低，一般无其他可能导致资金成本升高的附加条件，所以应付票据的资金成本通常低于银行借款。

(3)预收货款。预收货款是指卖方按合同或协议规定，在交付商品之前向买方预收部分或全部货款的信用方式。通常购买单位对于紧俏商品乐意采用这种形式，以便顺利获得所需商品。另外，生产周期长、售价高的商品，如轮船、飞机等，生产企业也经常向订货者分次预收货款，以缓解资金占用过多的压力。

2)商业信用筹资的优缺点

(1)商业信用筹资的优点

①筹资便利。商业信用与商品买卖同时进行，无须作特殊的安排，也不需要事先计划，随时可以随着购销行为的产生而得到该项资金。

②筹资成本低。大多数商业信用都是由卖方免费提供的，如果没有现金折扣，或企

业不放弃现金折扣,则利用商业信用筹资没有实际成本。

③限制条件少。商业信用比其他筹资方式条件宽松,无须担保或抵押。如果企业利用银行借款筹资,银行会规定一些限制,而商业信用限制较少,选择余地大。

(2)商业信用筹资的缺点

①期限短。它属于短期筹资方式,不能用于长期资产占用。

②风险大。由于各种应付款项目经常发生,较频繁,因此需要企业随时安排现金的调度。

3.3.3 发行公司债券

公司债券是由企业发行的有价证券,是企业为筹措资金而公开负担的一种债务契约,表示企业借款后,有义务偿还其所借金额的一种期票,即发行债券的企业以债券为书面承诺,答应在未来的特定日期,偿还本金并按照事先规定的利率付给利息。发行债券是企业主要筹资方式之一。

1)债券的种类

债券可以从各种不同的角度进行分类,现说明其主要的分类方式。

(1)按债券有无抵押担保,可将债券分为信用债券、抵押债券和担保债券

①信用债券。信用债券包括无担保债券和附属信用债券。无担保债券是仅凭债券发行者的信用发行的、没有抵押品作抵押或保证人作担保的债券;附属信用债券是对债券发行者的普通资产和收益拥有次级要求权的信用债券。企业发行信用债券往往有许多限制条件,这些限制条件中最重要的为反抵押条款,即禁止企业将其财产抵押给其他债权人。由于这种债券没有具体财产作抵押,因此,只有历史悠久、信誉良好的公司才能发行这种债券。

②抵押债券。抵押债券是指以一定抵押品作抵押而发行的债券。这种债券在西方比较常见,当企业没有足够的资金偿还债券时,债权人可将抵押品拍卖以获取资金。抵押债券按抵押物品的不同,又可分为不动产抵押债券、设备抵押债券和证券抵押债券。

③担保债券。担保债券是指由一定保证人作担保而发行的债券。当企业没有足够的资金偿还债券时,债权人可要求保证人偿还。保证人应是符合《担保法》的企业法人,且应同时具备以下条件:净资产不能低于被保证人拟发行债券的本息;近三年连续盈利,且有良好的业绩前景;不涉及改组、解散等事宜或重大诉讼案件;中国人民银行规定的其他条件。

(2)按债券是否记名,可将债券分成记名债券和无记名债券

①记名债券。记名债券是指在票面上注明债权人姓名或名称,同时在发行公司的债权人名册上进行登记的债券。转让记名债券时,除要交付债券外,还要在债券上背书和在公司债权人名册上更换债权人姓名或名称,投资者须凭印鉴领取本息。这种债券的优点是比较安全,缺点是转让时手续复杂。

②无记名债券。无记名债券是指债券票面上未注明债权人姓名或名称,也不用在公司债权人名册上登记债权人姓名或名称的债券。无记名债券在转让同时随即生效,无须背书,因而比较方便。

(3)债券的其他分类

除按上述两种标准分类外,还有其他一些形式的债券,这些债券主要有:

①可转换债券。可转换债券是指在一定时期内,可以按规定的价格或一定比例,由持有人自由地选择转换为普通股的债券。

②零票面利率债券。零票面利率债券是指票面上不标明利息,按面值折价出售,到期按面值归还本金的债券。债券的面值与买价的差异就是投资人的收益。

③浮动利率债券。浮动利率债券是指利率随基本利率(一般是国库券利率或银行同业拆放利率)变动而变动的债券。发行浮动利率债券的主要目的是对付通货膨胀。

④收益债券。收益债券是指在企业不盈利时,可暂时不支付利息,而到获利时支付累积利息的债券。

此外,债券还可按用途分为直接用途债券和一般用途债券;按偿还方式分为提前收回债券和不提前收回债券、分期偿还债券和一次性偿还债券等。

2)债券的发行

(1)债券发行资格

我国《公司法》规定,股份有限公司、国有独资公司、两个以上的国有企业或者其他两个以上的国有投资主体设立的有限责任公司,为筹集生产经营资金,可以发行公司债券。上述规定对发行资格的限制包括两方面:其一是发行主体必须符合要求;其二是所筹集资金的用途必须符合要求,即公司发行债券筹集的资金,必须用于审批机关批准的用途,不得用于弥补亏损和非生产性支出。

(2)债券发行条件

我国《公司法》规定,发行公司债券必须符合下列条件:股份有限公司的净资产额不得低于人民币3 000万元,有限责任公司的净资产额不得低于人民币6 000万元;累计债券总额不超过公司净资产额的40%;最近三年平均可分配利润足以支付公司债券一年的利息;筹集资金的投向符合国家产业政策;债券的利率不得超过国务院限定的利率水平;国务院规定的其他条件。

《公司法》还规定,凡有下列情形之一的不得再次发行公司债券:前次发行的公司债券尚未募足;对已发行的公司债券或其他债务有违约或者延期支付本息的事实,且仍处于继续状态。

(3)发行债券的程序

①作出发行债券的决议或决定。根据我国《公司法》的规定,股份有限公司、有限责任公司发行公司债券,由董事会制订方案,股东(大)会作出决议;国有独资公司发行公司债券,应由国家授权投资的机构或者国家授权的部门作出决定。上述规定说明,发行公司债券的决议应由公司最高权力机构作出。

②报请批准。公司作出发行债券的决议或决定后,应向国务院债券管理部门报请批准。报请批准需提供以下文件资料:公司登记证明、公司章程、公司债券募集办法、资产评估报告和验资报告。

③制作并向社会公告募集办法。发行公司债券的申请经批准后,发行公司应制作公

司债券募集办法，并向社会公告。公司债券募集办法中应载明的主要事项包括公司名称、债券总额和债券的票面金额、债券的利率、还本付息的期限和方式、债券付息的起止日期、公司净资产额、已发行的尚未到期的公司债券总额、公司债券的承销机构等。

④募集债款。首先，确定债款募集方式。公司债券募集方式一般有公募发行和私募发行两种。公募发行是指以不特定的多数人为募集对象而公开发行，又分为直接公募和间接公募两种；私募发行是指只向少数特定投资者发行的募集方式。这里的特定投资者是指个人投资者和机构投资者。其次，签订承销合同，结算债款。销售债券是债券发行过程中的一项重要工作，它直接关系到债券发行能否成功，因此发行公司首先应慎重选择承销机构，并与承销机构签订承销合同。发行期结束后应及时与承销机构结算债款，争取资金早日到位。

(4)债券的发行价格

债券的发行价格有三种：等价发行、折价发行和溢价发行。等价发行又叫面值发行，是指按债券的面值出售；折价发行是指按低于债券面值的价格出售；溢价发行是指按高于债券面值的价格出售。

对于债券的发行价格，发行企业与投资者是从不同角度来看待的。发行企业考虑的是发行收入能否补偿未来所应支付的本息；投资者考虑的则是放弃资金使用权而应该获取的收益。由于公司债券的还本期限一般在一年以上，因此确定债券发行价格时，不仅应考虑债券面值与市场利率之间的关系，还应考虑债券资金所包含的时间价值。

债券之所以会存在溢价发行和折价发行，是因为资金市场上的利率是经常变化的，而企业债券的利率，一经印出，便不易再进行调整。从债券的开印到正式发行，往往需要经过一段时间，在这段时间内如果资金市场上的利率发生变化，就要靠调整发行价格来使债券顺利发行。但无论以哪种价格发行债券，投资者的收益都保持在与市场利率相等的水平上。在按期付息、到期一次还本，且不考虑发行费用的情况下，债券发行价格的计算公式为：

$$债券发行价格 = R \cdot (P/F,i,n) + R \cdot r \cdot (P/A,i,n)$$

$$或：债券发行价格 = \frac{R}{(1+i)^n} + \sum_{t=1}^{n} \frac{R \cdot r}{(1+i)^t}$$

式中：R 为债券面值；n 为债券期限；t 为付息期数；i 为市场利率；r 为票面利率。

【例 3-4】 债券发行价格的计算——按期付息、到期一次还本

华北电脑公司发行面值为 1 000 元，票面年利率为 10%，期限为 10 年，每年年末付息的债券。在公司决定发行债券时，认为 10% 的利率是合理的。如果到债券正式发行时，市场上的利率发生变化，那么就要调整债券的发行价格。现按以下三种情形分别讨论。

①资金市场上的利率保持不变，华北电脑公司的债券利率为 10% 仍然合理，则可采用等价发行。发行价格为：

$1\ 000 \times (P/F,10\%,10) + 1\ 000 \times 10\% \times (P/A,10\%,10) = 1\ 000 \times 0.3855 + 100 \times 6.1446 \approx 1\ 000$(元)

②资金市场上的利率有较大幅度的上升，达到 15%，则应采用折价发行。发行价

格为：

$1\ 000\times(P/F,15\%,10)+1\ 000\times10\%\times(P/A,15\%,10)=1\ 000\times0.2472+100\times5.0188\approx749$(元)

也就是说，只有按749元的价格出售，投资者才能购买此债券，并获得15%的报酬。

③资金市场上的利率有较大幅度的下降，达到5%，则应采用溢价发行。发行价格为：

$1\ 000\times(P/F,5\%,10)+1\ 000\times10\%\times(P/A,5\%,10)=1\ 000\times0.6139+100\times7.7217\approx1\ 386$(元)

也就是说，投资者把1 386元的资金投资于华北电脑公司面值为1 000元的债券，便可获得5%的报酬。

如果企业发行不计复利、到期一次还本付息的债券，则其发行价格的计算公式为：

$债券发行价格=R\cdot(1+r\cdot n)\cdot(P/F,i,n)$

【例3-5】债券发行价格的计算——不计复利、到期一次还本付息

华西公司发行面值为1 000元，票面年利率为6%(不计复利)，期限为10年，到期一次还本付息的债券。已知目前市场利率为5%，则其发行价格为：

$$\begin{aligned}债券发行价格&=1\ 000\times(1+6\%\times10)\times(P/F,5\%,10)\\&=1\ 000\times(1+6\%\times10)\times0.6139\\&=982.24(元)\end{aligned}$$

3)债券筹资的优缺点

(1)债券筹资的优点

①资金成本较低。利用债券筹资的成本要比股票筹资的成本低，这主要是因为债券的发行费用较低，债券利息在税前支付，有一部分利息由政府负担了。

②有利于保障所有者权益。由于债券持有人无权参与企业的经营管理，也无权分享利润，因而不会改变所有者对企业的控制权，也不会损失所有者原有的收益。

③发挥财务杠杆作用。不论公司赚钱多少，债券持有人只收取固定的、有限的利息，而更多的收益可分配给股东，增加其财富，或留归企业以扩大经营。

④有利于调整资本结构。当企业发行可转换债券或可提前收回债券时，可增强企业财务能力的弹性，便于企业调整资本结构。

(2)债券筹资的缺点

①筹资风险高。债券有固定的到期日，并定期支付利息。利用债券筹资，要承担还本、付息的义务。在企业经营不景气时，向债券持有人还本、付息，会给企业带来更大的困难，甚至导致企业破产。

②限制条件多。发行债券的契约书中往往有一些限制条款，这种限制比优先股及短期债务严得多，可能会影响企业的正常发展和以后的筹资能力。

③筹资额有限。利用债券筹资有一定的限度，当公司的负债比率超过了一定限度后，债券筹资的成本会迅速上升，有时债券甚至会发行不出去。

3.3.4 融资租赁

租赁是指出租人在承租人给予一定收益的情况下，授予承租人在约定的期限内占有和使用财产权利的一种契约性行为。

融资租赁又称财务租赁，是区别于经营租赁的一种长期租赁形式，是指由租赁公司按承租人的要求出资购买资产，在较长的契约或合同期内提供给承租单位使用的信用业务。由于融资租赁通常可解决企业对资产的长期需要，故有时也称为资本租赁。

1)融资租赁的种类及特点

(1)融资租赁的种类

融资租赁是现代租赁的主要形式，其具体形式有以下几种：①直接租赁。直接租赁是指承租人直接向出租人租入所需要的资产，并付出租金。直接租赁的出租人主要是制造厂商、租赁公司。除制造厂商外，其他出租人都是从制造厂商处购买资产出租给承租人。②售后租回。根据协议，企业将某资产卖给出租人，再将其租回使用，资产的售价大致为市价。采用这种租赁形式，出售资产的企业可得到相当于售价的一笔资金，同时仍然可以使用资产。当然，在此期间，该企业要支付租金，并失去了财产所有权。售后租回的出租人为租赁公司等金融机构。③杠杆租赁。杠杆租赁涉及承租人、出租人和资金出借者三方当事人。从承租人的角度来看，这种租赁形式与直接租赁形式并无区别，同样是按合同的规定，在基本租赁期内定期支付定额租金，取得资产的使用权。但对出租人却不同，出租人只出购买资产所需的部分资金(如30%)，作为自己的投资；另外以该资产作为担保向资金出借者借入其余资金(如70%)。因此，它既是出租人又是借款人，同时拥有对资产的所有权，既收取租金又要偿付债务。如果出租人不能按期偿还借款，那么资产的所有权就要转归资金出借者。

(2)融资租赁的特点

融资租赁的特点主要有：①一般由承租人向出租人提出正式申请，由出租人融通资金引进用户所需设备，然后再租给用户使用。②租赁期较长。融资租赁的租赁期一般为租赁财产寿命的一半以上。③租赁合同比较稳定。在融资租赁期内，承租人必须连续支付租金，除非经双方同意，否则中途不得退租。这样既能保证承租人长期使用资产，又能保证出租人在基本租赁期内收回投资并获得一定利润。④租赁期满后，可选择以下办法处理租赁财产：将设备作价转让给承租人；由出租人收回；延长租期续租。⑤在租赁期内，出租人一般不提供维修和保养设备方面的服务。

2)融资租赁的程序

(1)选择租赁公司。选择租赁公司主要应考虑租赁公司的经营范围、业务能力、融资条件、费用水平及租赁公司与其他金融机构的关系等因素，以保证租赁资产的来源并相对降低成本。

(2)办理租赁委托。选定租赁公司以后，便可向其提出租赁申请，办理租赁委托。办理租赁委托一般需提供企业的财务状况文件，如资产负债表、利润表、现金流量表等，并填写租赁申请书，说明所需资产的具体要求。

(3)签订购货协议和购买资产。租赁委托被接受后,一般由承租人与租赁公司双方共同选定资产制造商或销售商,共同与其签订购货协议或办理购买资产事宜。

(4)签订租赁合同。租赁合同是租赁公司和承租企业双方共同签订的用于明确双方权利与义务的法律文件。

(5)办理验货与投保。承租企业对收到的租赁资产应做好验收工作,签发交货及验收证书并提交租赁公司,同时还应办理财产投保的有关事宜。

(6)支付租金。承租企业应按租赁合同规定的租金数额、支付方式等,向租赁公司支付租金。

(7)租赁期满时处理资产。租赁期满时,承租企业应按租赁合同的规定,实行续租、退租或留购。租赁期满的设备通常都以低价卖给承租企业或无偿赠送给承租企业。

3)融资租赁租金

在租赁筹资方式下,承租企业要按合同规定向租赁公司支付租金。租金的数额和支付方式对承租企业的未来财务状况具有直接的影响,也是租赁筹资决策的重要依据。

(1)融资租赁租金的构成

融资租赁的租金包括设备价款和租息两部分,其中租息又可分为租赁公司的融资成本、租赁手续费等。设备价款是租金的主要内容,它由设备的买价、运杂费和途中保险费等构成。租赁公司的融资成本是指租赁公司为购买租赁设备所筹资金的成本,即设备租赁期间的利息。租赁手续费包括租赁公司承办租赁设备的营业费用和一定的盈利。租赁手续费的高低一般无固定标准,可由承租企业与租赁公司协商确定。

(2)融资租赁租金的支付方式

租金的支付方式也影响到租金的计算。租金通常采用分次支付的方式,具体又分为以下几种类型:①按支付时期的长短,可以分为年付、半年付、季付和月付等方式。②按支付时期先后,可以分为先付租金和后付租金两种。先付租金租金在期初支付;后付租金租金在期末支付。③按每期支付金额,可以分为等额支付和不等额支付两种。

(3)融资租赁租金的计算方法

在我国融资租赁业务中,计算租金一般采用等额年金法。等额年金法是利用年金现值的计算公式经变换后计算每期支付租金的方法。租金有后付租金和先付租金两种支付方式,需分别说明。

①后付租金的计算。承租企业与租赁公司商定的租金,大多为后付等额租金,即普通年金。根据普通年金现值计算公式,可确定后付租金方式下每年年末支付租金数额的计算公式:

$$A=\frac{P}{(P/A,i,n)}$$

【例3-6】后付租金的计算

甲企业采用融资租赁方式于2012年1月1日从某租赁公司租入一台设备,资金总额为40 000元,租期为8年,到期后设备归甲企业所有。为了保证租赁公司完全弥补融资成本、相关的手续费并有一定盈利,双方商定采用18%的折现率,试计算该企业每年年末应支付的等额租金。

每年应付租金 $=40\ 000/(P/A,18\%,8)$

$=40\ 000/4.0776$

$=9\ 809.69$(元)

②先付租金的计算。承租企业有时可能会与租赁公司商定,采取先付等额租金的方式支付租金。根据即付年金现值计算公式,可得出先付等额租金的计算公式:

$$A=\frac{P}{[(P/A,i,n-1)+1]}$$

【例3-7】 先付租金的计算

假如上例采用先付等额租金方式,则每年年初支付的租金数额可计算如下:

每年应付租金 $=40\ 000/[(P/A,18\%,7)+1]$

$=40\ 000/(3.8115+1)$

$=8\ 313.42$(元)

4)融资租赁筹资的优缺点

(1)融资租赁筹资的优点

融资租赁筹资的优点主要有:①筹资速度快。租赁往往比借款购置设备更迅速、更灵活,因为租赁是筹资与设备购置同时进行,可以缩短设备的购进、安装时间,使企业尽快形成生产能力,有利于企业尽快占领市场,打开销路。②限制条款少。如前所述,债券和长期借款都设有相当多的限制条款,虽然类似的限制在租赁公司中也有,但一般比较少。③设备淘汰风险小。当今,科学技术在迅速发展,固定资产更新周期日趋缩短,企业设备陈旧过时的风险很大。利用租赁筹资可减少这一风险,这是因为融资租赁的期限一般为资产使用年限的75%,不会像自己购买设备那样整个期间都承担风险,且多数租赁协议都规定由出租人承担设备陈旧过时的风险。④财务风险小。租金在整个租期内分摊,不用到期归还大量本金,可适当减少不能偿付的风险。⑤税收负担轻。租金可在税前扣除,具有抵免所得税的效用。

(2)融资租赁筹资的缺点

融资租赁筹资的缺点主要有:①取得成本过高。融资租赁筹资的最主要缺点就是资金成本较高。一般来说,其租金要比举借银行借款或发行债券所负担的利息高得多。在企业财务困难时,固定的租金也会构成一项较沉重的负担。②资产处置权有限。由于承租企业在租赁期内无资产所有权,因而不能根据自身的要求自行处置租赁资产。

3.4 资金成本和资本结构

3.4.1 资金成本

1)资金成本的概念与作用

(1)资金成本的概念

资金成本是指企业为筹集和使用资金而付出的代价,也称资本成本。它包括用资费用和筹资费用两部分。用资费用是指企业在生产经营、投资过程中因使用资金而支付的代价，如向股东支付的股利、向债权人支付的利息等。用资费用随资金使用时间的长短及使用金额的大小而变化，这是资金成本的主要内容；筹资费用是指企业在筹措资金过程中为获取资金而支付的费用，如向银行支付的借款手续费，因发行股票、债券而支付的发行费等。筹资费用与用资费用不同，它通常在筹措资金时一次支付，在用资过程中不再发生。

资金成本可以用绝对数表示，也可以用相对数表示，在财务管理中，一般用相对数表示，即表示为用资费用与实际筹得资金（即筹资总额扣除筹资费用后的差额）的比率。其通用计算公式为：

$$\text{资金成本}=\frac{\text{每年的用资费用}}{\text{筹资总额}-\text{筹资费用}}\times 100\%$$

(2)资金成本的作用

资金成本是企业财务管理的重要概念，它的作用主要表现在以下几个方面：

①资金成本是企业筹资决策的主要依据。资金成本是决定企业筹资活动的首要因素，因为在不同的资金来源和筹资方式下，资金成本不同。企业必须分析各种筹资渠道和方式的资金成本，并进行合理的配置，以提高资金的使用效果。

②资金成本是评价投资项目的重要标准。资金成本通常被视为投资项目的“最低收益率”而作为投资项目取舍的标准。如果一个投资项目的预期收益率超过资金成本，这个项目就是可行的；否则，就是不可行的。

③资金成本可以作为衡量企业经营成果的尺度。当企业经营利润率大于资金成本时，说明经营业绩好；否则，就说明经营业绩欠佳。

2)资金成本的计算

(1)个别资金成本的计算

个别资金成本是指各种筹资方式的成本，主要包括银行借款成本、债券成本、优先股成本、普通股成本和留存收益成本。前两者统称为负债资金成本，后三者统称为权益资金成本。

企业资金来源及取得方式不同，其成本也不同，因此对于不同来源和方式下的资金，应分别计算其成本。

①银行借款成本。银行借款成本是指借款利息和筹资费用。由于借款利息计入税前成本费用，可以起到抵税的作用，因此，其成本可按下式计算：

$$K_i=\frac{I\cdot(1-T)}{L\cdot(1-f)}\times 100\%=\frac{L\cdot i\cdot(1-T)}{L\cdot(1-f)}\times 100\%$$

式中：K_i 为银行借款成本；I 为银行借款年利息；L 为银行借款筹资总额；T 为所得税税率；i 为银行借款利率；f 为银行借款筹资费率。

由于银行借款的手续费很低，上式中的 f 常常可以忽略不计，则上式可简化为：

$$K_i=i(1-T)$$

【例 3-8】 银行借款成本的计算

某公司欲从银行取得一笔长期借款500万元,筹资费率为0.2%,年利率为10%,期限为5年,每年结息一次,到期一次还本。所得税税率为25%,则该笔银行借款的成本为:

$$K_i = \frac{500 \times 10\% \times (1-25\%)}{500 \times (1-0.2\%)} \times 100\% = 7.52\%$$

上例中若不考虑筹资费率,则该笔银行借款的成本为:

$$K_i = 10\% \times (1-25\%) = 7.5\%$$

②债券成本。债券成本主要是指债券利息和筹资费用。债券利息在税前支付,具有抵税作用,其利息的处理与银行借款相同。债券的筹资费用一般较高,这类费用主要包括申请发行债券的手续费及债券注册费、印刷费、上市费和承销费等,其计算公式为:

$$K_b = \frac{I \cdot (1-T)}{B_0 \cdot (1-f)} \times 100\% = \frac{B \cdot i \cdot (1-T)}{B_0 \cdot (1-f)} \times 100\%$$

式中:K_b 为债券成本;I 为债券每年支付的利息;T 为所得税税率;B 为债券面值;f 为债券筹资费率;B_0 为债券筹资额,按发行价格确定;i 为债券票面利率。

【例3-9】债券成本的计算

某公司发行一笔期限为10年的债券,债券面值为500万元,票面利率为12%,每年付息一次,发行费率为6%,所得税税率为25%,债券按面值等价发行。则该笔债券的成本为:

$$K_b = \frac{500 \times 12\% \times (1-25\%)}{500 \times (1-6\%)} \times 100\% = 9.57\%$$

若溢价发行,发行价格为600万元,则该笔债券的成本为:

$$K_b = \frac{500 \times 12\% \times (1-25\%)}{600 \times (1-6\%)} \times 100\% = 7.98\%$$

若折价发行,发行价格为450万元,则该笔债券的成本为:

$$K_b = \frac{500 \times 12\% \times (1-25\%)}{450 \times (1-6\%)} \times 100\% = 10.64\%$$

③优先股成本。企业发行优先股,既要支付筹资费用,又要定期支付股利。它与债券不同的是股利在税后支付,且没有固定到期日。企业破产时,优先股股东的求偿权位于债权人之后,优先股股东的风险大于债券持有人的风险,这就使得优先股的股利率一般要高于债券的利率。另外,优先股要从净利润中支付,不能抵减所得税,所以,优先股成本通常要高于债券成本,其计算公式为:

$$K_p = \frac{D}{P_0 \cdot (1-f)} \times 100\%$$

式中:K_p 为优先股成本;D 为优先股每年的股利;P_0 为发行优先股总额;f 为优先股筹资费率。

【例3-10】优先股成本的计算

某公司发行优先股总面额为200万元,总价为220万元,筹资费率为6%,每年支付12%的股利,则该优先股的成本为:

$$K_p = \frac{200 \times 12\%}{220 \times (1-6\%)} \times 100\% = 11.61\%$$

④普通股成本。普通股成本的计算相对复杂。从理论上看,股东的投资期望收益率即为公司普通股成本;在计算时,常常将此作为计算的依据,采用股利贴现法。股利贴现法是一种将未来的期望股利收益折为现值,以确定其成本的方法。基本计算公式为:

$$K_s = \frac{D}{V_0 \cdot (1-f)} \times 100\%$$

式中:K_s 为普通股成本;D 为每年固定股利;V_0 为普通股金额,按发行价计算;f 为普通股筹资费率。

许多公司的股利都是不断增加的,假设年增长率为 g,则普通股成本的计算公式为:

$$K_s = \frac{D_1}{V_0 \cdot (1-f)} \times 100\% + g$$

式中:D_1 为第一年股利。

【例 3-11】 普通股成本的计算

某公司准备增发普通股,每股发行价格为 15 元,筹资费率为 5%。预计第一年分派现金股利每股 1.80 元,以后每年股利增长 5%,其资金成本为:

$$K_s = \frac{1.80}{15 \times (1-5\%)} \times 100\% + 5\% = 17.63\%$$

⑤留存收益成本。一般企业都不会把全部收益以股利的形式分给股东,所以,留存收益是企业资金的一种重要来源。企业留存收益,等于股东对企业进行追加投资,股东对这部分投资与以前投给企业的股本一样,也要求有一定的报酬,所以,留存收益也要计算成本。留存收益成本的计算与普通股成本基本相同,但不用考虑筹资费用。其计算公式为:

$$K_e = \frac{D_1}{V_0} \times 100\% + g$$

式中:K_e 为留存收益成本;其他符号的含义与普通股成本计算公式相同。

普通股和留存收益都属于所有者权益,股利的支付不固定。企业破产后,股东的求偿权位于最后。与其他投资者相比,普通股股东所承担的风险最大,因此,普通股的报酬也最高。所以,在各种资金来源中,普通股的成本最高。

【小思考 3-2】

既然留存收益不是一种无成本的融资来源,为什么它颇受欢迎呢?

(2)综合资金成本的计算

企业可以从多种渠道、用多种方式来筹集资金,其筹资成本各不相同。而企业的资金往往不可能是单一形式的,需要将各种筹资方式进行组合。为了正确进行筹资和投资决策,就必须计算企业的综合资金成本。综合资金成本是以各种资金占全部资金的比重为权数,对各种资金成本进行加权平均计算出来的,故也称为加权平均资金成本。其计算公式为:

$$K_W = \sum W_j K_j$$

式中：K_W 为综合资金成本；W_j 为第 j 种资金占总资金的比重；K_j 为第 j 种资金的成本。

【例 3-12】 某公司共有资金 8 000 万元，其中银行借款 1 200 万元，债券 1 600 万元，优先股 640 万元，普通股 2 800 万元，留存收益 1 760 万元，各种资金的成本分别为 7.52%、9.57%、11.61%、17.63%、17%。试计算该公司的综合资金成本。

①计算各种资金所占的比重

$$W_i = \frac{1\ 200}{8\ 000} \times 100\% = 15\%$$

$$W_b = \frac{1\ 600}{8\ 000} \times 100\% = 20\%$$

$$W_p = \frac{640}{8\ 000} \times 100\% = 8\%$$

$$W_s = \frac{2\ 800}{8\ 000} \times 100\% = 35\%$$

$$W_e = \frac{1\ 760}{8\ 000} \times 100\% = 22\%$$

②计算加权平均资金成本

$$K_W = 15\% \times 7.52\% + 20\% \times 9.57\% + 8\% \times 11.61\% + 35\% \times 17.63\% + 22\% \times 17\% = 13.88\%$$

应当指出的是，上述计算中的个别资金占全部资金的比重，通常是按账面价值确定的，其资料容易取得。但当资金的账面价值与市场价值差别较大时，如股票、债券的市场价格发生较大变动时，计算结果会与资本市场现行实际筹资成本有较大的差距，从而贻误筹资决策。为了克服这一缺陷，个别资金占全部资金比重的确定还可以按市场价值或目标价值确定，分别称为市场价值权数、目标价值权数。

市场价值权数指债券、股票以市场价格确定权数。这样计算的加权平均资金成本能反映企业目前的实际情况。同时，为弥补证券市场变动频繁带来的计算不便，也可选用平均价格。

目标价值权数指债券、股票以未来预计的目标市场价值确定权数。这种权数能体现期望的资本结构，而不是像账面价值权数和市场价值权数那样只反映过去和现在的资本结构，所以按目标价值权数计算得出的加权平均资金成本更适用于企业筹措新资金。然而，企业很难客观合理地确定证券的目标价值，又使这种计算方法不易推广。

3.4.2 财务杠杆

1）财务杠杆的概念

不论企业营业利润是多少，债务的利息和优先股的股利通常都是固定不变的。当息税前利润增多时，每 1 元盈余所负担的固定财务费用就会相对减少，这能给普通股带来更多的盈余；反之，当息税前利润减少时，每 1 元盈余所负担的固定财务费用就会相对增加，这就会大幅度减少普通股的盈余。这种由于债务的存在而导致每股利润的变动率大于息税前利润变动率的杠杆效应，称作财务杠杆。现用表 3-5 加以说明。

表 3-5　甲、乙公司的资本结构与普通股利润表　单位：万元

时间	项目	甲公司	乙公司	备注
2011 年	普通股发行在外股数（股）	2 000	1 000	(1)已知
	普通股股本（每股面值 100 元）	200 000	100 000	(2)已知
	债务（年利率 8%）	0	100 000	(3)已知
	资金总额	200 000	200 000	(4) = (2) + (3)
	息税前利润	20 000	20 000	(5)已知
	债务利息	0	8 000	(6) = (3) ×8%
	税前利润	20 000	12 000	(7) = (5) - (6)
	所得税（税率 25%）	5 000	3 000	(8) = (7) ×25%
	净利润	15 000	9 000	(9) = (7) - (8)
	每股利润	7.5	9	(10) = (9) ÷ (1)
2012 年	息税前利润增长率	20%	20%	(11)已知
	增长后的息税前利润	24 000	24 000	(12) = (5) × [1 + (11)]
	债务利息	0	8 000	(13) = (6)
	税前利润	24 000	16 000	(14) = (12) - (13)
	所得税（税率 25%）	6 000	4 000	(15) = (14) ×25%
	净利润	18 000	12 000	(16) = (14) - (15)
	每股利润	9	12	(17) = (16) ÷ (1)
	每股利润增加额	1.5	3	(18) = (17) - (10)
	普通股利润增长率	20%	33.33%	(19) = (18) ÷ (10)

在表 3-5 中，甲、乙两个公司的资金总额相等，息税前利润相等，息税前利润的增长率也相等，不同的只是资本结构。甲公司全部资金都是普通股，乙公司的资金中普通股和债券各占一半。在甲、乙公司息税前利润增长率均为 20% 的情况下，甲公司每股利润增长 20%，而乙公司却增长了 33.33%，这就是财务杠杆效应。当然，如果息税前利润下降，乙公司每股利润的下降幅度要大于甲公司每股利润的下降幅度。

2）财务杠杆的计量

从上述分析可知，只要在企业的筹资方式中有固定财务费用支出的债务和优先股，就会存在财务杠杆效应。但不同企业财务杠杆的作用程度是不完全一致的，为此，需要对财务杠杆进行计量。对财务杠杆进行计量的最常用指标是财务杠杆系数。所谓财务杠杆系数是普通股每股利润的变动率相当于息税前利润变动率的倍数。其计算公式为：

财务杠杆系数 = 普通股每股利润变动率 ÷ 息税前利润变动率

即 $DFL = \dfrac{\Delta EPS/EPS}{\Delta EBIT/EBIT}$

式中：DFL 为财务杠杆系数；ΔEPS 为普通股每股利润变动额；EPS 为基期每股利润；

$\triangle$EBIT 为息税前利润变动额；EBIT 为基期息税前利润。

【例 3-13】 以表 3-5 中所列甲、乙公司为例，将 2012 年的有关资料代入公式，可求得甲、乙两公司 2012 年的财务杠杆系数：

$$甲公司财务杠杆系数 = \frac{20\%}{20\%} = 1$$

$$乙公司财务杠杆系数 = \frac{33.33\%}{20\%} = 1.67$$

上述公式是计算财务杠杆系数的理论公式，必须以已知变动前后的相关资料为前提，比较麻烦。通常可用以下简化公式计算：

$$DFL = \frac{EBIT}{EBIT - I}$$

对于同时存在银行借款、融资租赁，且发行优先股的企业来说，可以按以下公式计算财务杠杆系数：

$$DFL = \frac{EBIT}{EBIT - I - \frac{d}{1 - T}}$$

式中：d 为优先股股利。

从上式可见，影响企业财务杠杆系数的因素包括息税前利润、企业资金规模、企业资本结构、固定财务费用水平等多个因素。财务杠杆系数将随固定财务费用的变化同方向变化，即在其他因素一定的情况下，固定财务费用越高，财务杠杆系数越大。同理，固定财务费用越高，企业财务风险越大；如果企业固定财务费用为零，则财务杠杆系数为 1。

必须说明的是，上式中的 EBIT、I、d 均为基期值。

将表 3-5 中 2011 年的有关资料代入上式，可求得甲、乙两公司 2012 年的财务杠杆系数：

$$甲公司财务杠杆系数 = \frac{20\ 000}{20\ 000 - 0} = 1$$

$$乙公司财务杠杆系数 = \frac{20\ 000}{20\ 000 - 8\ 000} = 1.67$$

这说明，当利润增加时，乙公司每股利润的增长幅度大于甲公司的增长幅度；当然，当利润减少时，乙公司每股利润减少得也更快。因此，公司息税前利润较多，增长幅度较大时，适当地利用负债性资金，发挥财务杠杆的作用，可增加每股利润，使股票价格上涨，增加企业价值。

同理，按表 3-5 中 2012 年资料，可求出两公司 2013 年财务杠杆系数分别为 1 和 1.5。

3）财务杠杆与财务风险的关系

财务风险是指企业为取得财务杠杆效应而利用负债资金时，增加了破产机会或普通股利润大幅度变动的机会所带来的风险。企业为取得财务杠杆效应，就要增加负债，一旦企业息税前利润下降，不足以补偿固定利息支出，企业的每股利润就会下降得更快。

【例 3-14】 丙、丁公司资本结构及获利水平资料如表 3-6 所示。

表 3-6　丙、丁公司的资本结构与财务风险　单位：万元

项目	丙公司	丁公司	备注
普通股股本	20 000	10 000	(1)已知
公司债券(年利率 8%)	0	10 000	(2)已知
资金总额	20 000	20 000	(3) = (1) + (2)
计划息税前利润	2 000	2 000	(4)已知
实际息税前利润	600	600	(5)已知
借款利息	0	800	(6) = (2) ×8%
税前利润	600	-200	(7) = (5) - (6)

从表 3-6 中可以看出，丙公司没有负债，就没有财务风险；丁公司有负债，当息税前利润比计划减少时，就有了比较大的财务风险。如果不能及时扭亏为盈，可能会破产。

3.4.3 资本结构决策

1) 资本结构的含义

资本结构是指企业各种资金的构成及其比例关系。资本结构是企业筹资决策的核心问题。企业应综合考虑有关影响因素，运用适当的方法确定最佳资本结构，并在以后追加筹资中继续保持。企业现有资本结构不合理，应通过筹资活动进行调整，使其趋于合理化。

在实务中，资本结构有广义和狭义之分。狭义的资本结构是指长期资金的结构；广义的资本结构是指全部资金(包括长期资金和短期资金)的结构。

企业资本结构是由企业采用各种筹资方式筹集资金而形成的，各种筹资方式不同的组合类型决定着企业资本结构及其变化。企业筹资方式虽然很多，但总的来看分为负债资金和权益资金两类，因此，资本结构问题总的来说是负债资金的比例问题，即负债在企业全部资金中所占的比重。

2) 最佳资本结构的确定

企业利用负债资金具有双重作用，适当利用负债，可以降低企业资金成本，但当企业负债比率太高时，会带来较大的财务风险。为此，企业必须权衡财务风险和资金成本的关系，确定最佳资本结构。所谓最佳资本结构是指在一定条件下使企业综合资金成本最低、企业价值最大的资本结构。由于企业内部条件和外部环境经常发生变化，寻找最佳资本结构十分困难。下面我们探讨的有关确定资本结构的方法，可以有效地帮助财务管理人员确定合理的资本结构。但这些方法并不能当作绝对的判别标准，在应用这些方法时，还应结合其他因素，以便使资本结构趋于最佳。确定最佳资本结构的方法有每股利润无差异点法和比较资金成本法。

(1) 每股利润无差异点法

负债的偿还能力是建立在未来盈利能力基础之上的。研究资本结构，不能脱离企业的盈利能力。企业的盈利能力，一般用息税前利润表示。负债筹资是通过它的杠杆作用

来增加股东财富的。确定资本结构不能不考虑它对股东财富的影响。股东财富用每股利润来表示。

每股利润无差异点法,又称息税前利润—每股利润分析法(EBIT—EPS 分析法),是通过分析资本结构与每股利润之间的关系,计算各种筹资方案的每股利润的无差异点,进而来确定合理的资本结构的方法。这种方法确定的最佳资本结构亦即每股利润最大的资本结构。

【例 3-15】 某公司目前有资金 750 000 万元,现因生产发展需要准备再筹集250 000 万元资金,这些资金可以利用发行股票来筹集,也可以利用发行债券来筹集。表 3-7 列示了原资本结构和筹资后资本结构情况。

表 3-7　　某公司资本结构变化情况表　　单位:万元

筹资方式	原资本结构	增加筹资后资本结构	
		增发普通股(A 方案)	增发公司债券(B 方案)
公司债券(利率 8%)	100 000	100 000	350 000
普通股(面值 10 元)	200 000	300 000	200 000
资本公积	250 000	400 000	250 000
留存收益	200 000	200 000	200 000
资金总额	750 000	1 000 000	1 000 000
普通股股数(万股)	20 000	30 000	20 000

说明:发行新股票时,每股发行价格为 25 元,筹资 250 000 万元需发行 10 000 万股,普通股股本增加 100 000 万元,资本公积增加 150 000 万元。

根据资本结构的变化情况,我们可采用 EBIT—EPS 分析法分析资本结构对普通股每股利润的影响。详细的分析情况见表 3-8。

表 3-8　　某公司不同资本结构下的每股利润　　单位:万元

项目	增发普通股	增发公司债券
预计息税前利润	200 000	200 000
减:利息	8 000	28 000
税前利润	192 000	172 000
减:所得税(税率 25%)	48 000	43 000
净利润	144 000	129 000
普通股股数	30 000	20 000
每股利润(元)	4.8	6.45

从表 3-8 中可以看到,在息税前利润为 200 000 万元的情况下,利用增发公司债券的形式筹集资金能使每股利润上升较多,这可能更有利于股票价格上涨,更符合财务管理

的目标。

那么,究竟息税前利润为多少时发行普通股有利,息税前利润为多少时发行公司债券有利呢?这就要测算每股利润无差异点处的息税前利润。其计算公式为:

$$\frac{(\overline{EBIT}-I_1)(1-T)-D_1}{N_1}=\frac{(\overline{EBIT}-I_2)(1-T)-D_2}{N_2}$$

式中:$\overline{EBIT}$为每股利润无差异点处的息税前利润;I_1、I_2 为两种筹资方式下的年利息;D_1、D_2 为两种筹资方式下的优先股股利;N_1、N_2 为两种筹资方式下的流通在外的普通股股数。现把该公司的资料代入上式得:

$$\frac{(\overline{EBIT}-8\ 000)\times(1-25\%)-0}{30\ 000}=\frac{(\overline{EBIT}-28\ 000)\times(1-25\%)-0}{20\ 000}$$

求得:$\overline{EBIT}=68\ 000$ 万元。

这就是说,当息税前利润大于 68 000 万元时,利用负债筹资较为有利;当息税前利润小于 68 000 万元时,不应再增加负债,以发行普通股为宜;当息税前利润等于 68 000 万元时,采用两种方式筹资没有差别。该公司预计息税前利润为 200 000 万元,故采用发行公司债券的方式较为有利。

利用表 3-7 的资料,还可绘制 EBIT—EPS 分析图,如图 3-2 所示。这更能一目了然地说明问题。

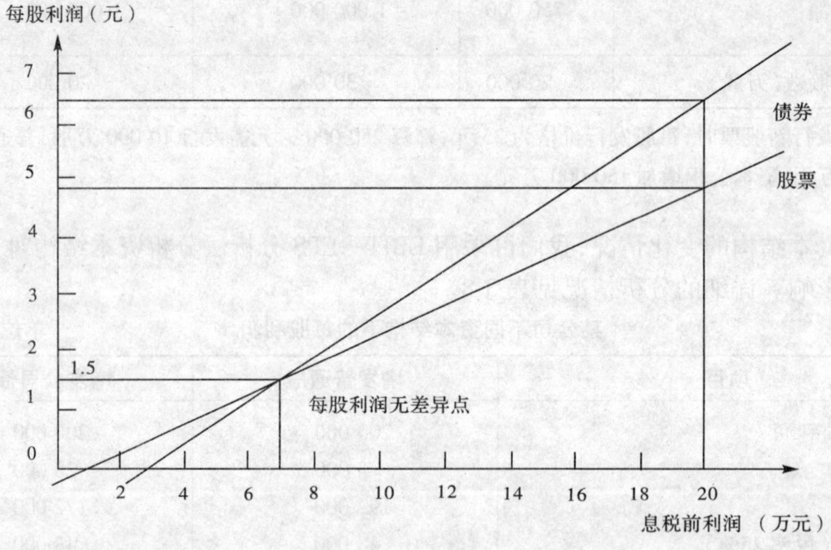

图 3-2 EBIT—EPS 分析图

在绘图时,选用的第一个点是当 EBIT 为 200 000 万元时,采用普通股融资的 EPS 为 4.8 元,采用债券融资的 EPS 为 6.45 元。另外一点,也可通过选一定的 EBIT 来计算相应的两种筹资方式的 EPS 来获得。在图 3-2 中,选取的是 EPS 为 0 时,那么,采用普通股融资时必须负担 8 000 万元的利息,而采用债券融资时必须负担 28 000 万元的利息,这样可以得出相应的两种筹资方式下的第二个点。

EBIT—EPS分析图简单明了,从图中可以看到,当EBIT大于68 000万元时,债券融资的EPS大于普通股融资的EPS;反之,当EBIT小于68 000万元时,普通股融资的EPS大于债券融资的EPS;而当EBIT等于68 000万元时,两种筹资方式的EPS相等。

应当说明的是,这种分析方法只考虑了资本结构对每股利润的影响,并假定每股利润最大,股票价格也就最高。但把资本结构对风险的影响置于视野之外,是不全面的。因为随着负债的增加,投资者的风险加大,股票价格和企业价值也会有下降的趋势,所以,单纯地用EBIT—EPS分析法有时会作出错误的决策。但在资金市场不完善的时候,投资人主要根据每股利润的多少来作出投资决策,每股利润的增加也的确有利于股票价格的上升。

(2)比较资金成本法

比较资金成本法,是通过计算各方案加权平均资金成本,并根据加权平均资金成本的高低来确定资本结构的方法。这种方法确定的最佳资本结构亦即加权平均资金成本最低的资本结构。

【例3-16】 长城公司原来的资本结构如表3-9所示。普通股每股面值1元,发行价格为10元,目前价格也为10元,今年期望股利为1元/股,预计以后每年增加股利5%。该企业所得税税率为25%,假设发行的各种证券均无筹资费。

表3-9 **资本结构** 单位:万元

筹资方式	金额
债券(年利率10%)	8 000
普通股(每股面值1元,发行价10元,共800万股)	8 000
合计	16 000

该公司现拟增资4 000万元,以扩大生产经营规模,现有如下三个方案可供选择:

甲方案:增加发行4 000万元的债券,因负债增加,投资人风险加大,债券利率增至12%才能发行,预计普通股股利不变,但由于风险加大,普通股市价降至8元/股。

乙方案:发行债券2 000万元,年利率为10%,发行股票2 000万股,每股发行价为10元,预计普通股股利不变。

丙方案:发行股票363.6万股,普通股市价增至11元/股,预计普通股股利不变。

为了确定上述三个方案哪个最佳,下面分别计算其加权平均资金成本。

①计算计划年初综合资金成本

各种资金的比重和资金成本分别为:

$$W_b = \frac{8\ 000}{16\ 000} \times 100\% = 50\%$$

$$W_s = \frac{8\ 000}{16\ 000} \times 100\% = 50\%$$

$$K_b = 10\% \times (1 - 25\%) = 7.5\%$$

$K_s = \frac{1}{10} + 5\% = 15\%$

计划年初综合资金成本为：

$K_W = 50\% \times 7.5\% + 50\% \times 15\% = 11.25\%$

②计算甲方案的综合资金成本

各种资金的比重和资金成本分别为：

$W_{b_1} = \frac{8\ 000}{20\ 000} \times 100\% = 40\%$

$W_{b_2} = \frac{4\ 000}{20\ 000} \times 100\% = 20\%$

$W_s = \frac{8\ 000}{20\ 000} \times 100\% = 40\%$

$K_{b_1} = 10\% \times (1 - 25\%) = 7.5\%$

$K_{b_2} = 12\% \times (1 - 25\%) = 9\%$

$K_s = \frac{1}{8} + 5\% = 17.5\%$

甲方案的综合资金成本为：

$K_{W_{甲}} = 40\% \times 7.5\% + 20\% \times 9\% + 40\% \times 17.5\% = 11.8\%$

③计算乙方案的综合资金成本

各种资金的比重分别为50%、50%；资金成本分别为7.5%、15%。（计算过程略）

乙方案的综合资金成本为：

$K_{W_{乙}} = 50\% \times 7.5\% + 50\% \times 15\% = 11.25\%$

④计算丙方案的综合资金成本

各种资金的比重分别为40%、60%；资金成本分别为7.5%、14.1%。（计算过程略）

丙方案的综合资金成本为：

$K_{W_{丙}} = 40\% \times 7.5\% + 60\% \times 14.1\% = 11.46\%$

从以上计算可以看出，乙方案的加权平均资金成本最低，所以应选用乙方案，即该公司应保持原来的资本结构，50%为负债资金，50%为自有资金。

这种方法通俗易懂，计算过程也不是十分复杂，是确定资本结构的一种常用方法。但因所拟订的方案数量有限，故有把最优方案漏掉的可能。

3.4.4 资本结构的调整

当企业现有资本结构与目标资本结构存在较大差异时，企业需要进行资本结构的调整。资本结构调整的方法有：

1）存量调整。在不改变现有资产规模的基础上，根据目标资本结构要求对现有资本结构进行必要的调整。存量调整的方法有：（1）债转股、股转债；（2）增发新股偿还债务；（3）调整现有负债结构，如与债权人协商，将短期负债转为长期负债，或将长期负债列入短期负债；(4)调整权益资本结构，如优先股转换为普通股、以资本公积转增股本。

2)增量调整。即通过追加筹资量，用增加总资产的方式来调整资本结构。其主要途径是从外部取得增量资本，如发行新债、举借新贷款、进行融资租赁、发行新股票等。

3)减量调整。即通过减少资产总额的方式来调整资本结构。如提前归还借款、收回发行在外的可提前收回债券、回购股票减少公司股本、进行企业分立等。

【知识链接3-2】

买壳上市与借壳上市

与一般企业相比，上市公司最大的优势是能在证券市场上大规模筹集资金，以此促进公司规模的快速扩大。因此，上市公司的上市资格已成为一种稀有资源，所谓壳就是指上市公司的上市资格。有些上市公司机制转换不彻底，不善于经营管理，其业绩表现不尽如人意，丧失了在证券市场上进一步筹集资金的能力，要充分利用上市公司的这种壳资源，就必须对其进行资产重组，买壳上市与借壳上市就是充分地利用上市公司资源的两种资产重组形式。

买壳上市是指一些非上市公司通过收购一些业绩较差、筹资能力较弱的上市公司，剥离被购公司资产，注入自己的资产，从而实现间接上市。国内证券市场上已发生过多起买壳上市的事件。

借壳上市是指上市公司的母公司(集团公司)通过将主要资产注入上市的子公司中，来实现母公司的上市。借壳上市的典型案例之一是强生集团借壳。强生集团由上海出租汽车公司改制而成，拥有较多的优质资产和投资项目。近年来，强生集团充分利用控股的上市子公司——浦东强生——的壳资源，通过三次配股集资，先后将集团下属的第二和第五分公司注入浦东强生之中，从而实现了集团借壳上市的目的。

买壳上市和借壳上市的共同之处在于，它们都是一种对上市公司壳资源进行重新配置的活动，都是为了实现间接上市。它们的不同点在于，买壳上市的企业首先需要获得对一家上市公司的控制权，而借壳上市的企业已经拥有了对上市公司的控制权。

从具体操作的角度看，当非上市公司准备进行买壳上市或借壳上市时，首先碰到的问题便是如何挑选理想的壳公司。一般来说，壳公司具有这样一些特征，即所处行业大多为夕阳行业，主营业务增长缓慢，盈利微薄甚至亏损；此外，公司的股权结构较为单一，有利于对其进行收购控股。

在实施手段上，借壳上市的一般做法是：第一步，集团公司先剥离一块优质资产上市；第二步，通过上市公司大比例的配股筹集资金，将集团公司的重点项目注入上市公司；第三步，通过配股将集团公司的非重点项目注入上市公司实现借壳上市。与借壳上市略有不同，买壳上市可分为买壳、借壳两步走，即先收购并控股一家上市公司，然后利用这家上市公司，将买壳者的其他资产通过配股、收购等机会注入进去。

买壳上市和借壳上市一般都涉及大宗的关联交易。为了保护中小投资者的利益，这些关联交易的信息皆需要根据有关的监管要求，充分、准确、及时地予以公开披露。

资料来源：http://www.bioon.com/industry/Securities/62567_2.shtml.

本章小结

筹资是企业经营和发展的前提,而合理筹集资金的前提是科学地预测资金需要量和选择筹资渠道与方式,它直接影响企业的资金成本和资本结构。

权益资金是企业依法筹集并长期拥有,自主调配运用的资本来源,它在数量上反映了投资者拥有的全部资金。权益资金主要通过吸收直接投资、发行股票和利用留存收益等方式形成。

负债筹资是企业主要的筹资形式。正确运用债务资金,对于扩大企业生产经营规模、提高权益资本收益率具有重要意义。负债资金的筹资方式主要有向银行借款、发行公司债券、利用商业信用和融资租赁。

资金成本是指企业为筹集和使用资金而付出的代价,是用资费用与筹集资金净额的比值。资金成本对于企业筹资和投资管理,甚至整个经营管理都具有极其重要的意义。资本结构决策是企业筹资决策的核心,也是企业财务管理的重要内容之一。合理确定并不断优化企业的资本结构,使资金得到充分而有效的运用,是实现企业价值最大化这一财务管理目标的关键。

复习思考题

3.1 企业筹资渠道与方式有哪些?不同筹资方式的优缺点各是什么?

3.2 目前我国中小企业融资较常用的渠道与方式是什么?为什么?

3.3 影响企业资本结构的主要因素有哪些?如何优化企业的资本结构?

第4章 营运资金

学习目标

知识目标：熟悉营运资金的含义、特点及管理原则；掌握现金的持有动机、成本和最佳现金持有量的确定方法；掌握应收账款的成本；掌握信用政策的构成与决策方法；掌握存货的成本和存货经济进货批量的确定方法；了解现金、应收账款、存货日常管理的主要内容。

能力目标：能根据企业相关资料，预测最佳现金持有量；能根据企业客观状况，进行信用政策决策；能根据企业相关资料，确定存货经济进货批量。

素养目标：能够根据企业具体情况，对企业营运资金进行全面评估和分析，并对企业营运资金管理进行决策。

【案例导入】

南京仁杰电子公司是一家不足20人的私营小企业，注册资金为300万元人民币。该公司的经营范围是代理国内和国际品牌的通信产品，该公司属于商品流通单位，也负责终端用户的安装。

该公司财务部有4名会计。虽然公司的会计人员很少，但他们的财务工作却对公司整体的运作起到了强大的约束作用。南京仁杰电子公司推行的是"人人参与财务管理"的模式。在公司的走廊以板报的形式，由财务人员每天按照合同的具体条目更新现金回收状况。板报的出现，引起了公司许多人的关注：业务人员经常来查对、讨论，并通过它来跟进自己负责的合同的收款进度；主管通过它估计二级经销商回款情况。这样，他们可以从这里获得重要的信息。

该公司应收账款在收回前只不过被看成市场费用，如果没有收到货款，就不能算销售已经完成，也没有客户满意度可言，当然也不会给相应的销售人员支付佣金。"人人参与财务管理"的模式极大地调动了销售人员的积极性，杜绝了销售人员只管签合同而不管实际收款的情况。

南京仁杰电子公司对每月的销量进行细致的统计记录，并设定了管理软件中的库存模式，一旦存货低于警戒线立即补货。长期经营的经验使该公司存货占用资金非常少。

同时,因其业务大体上是销售订制的机器,所以和厂家的协调非常重要。该公司和长期合作的生产企业均有详细的协议,设置的付款比例是与买方合同的收款比例相同的,这样就大大降低了由于付款时间差距引起的对现金大量占用的风险,也对厂家在机器设备安装期间提供的售后服务起到了一定的牵制作用。而对于小型设备突然出现的需求量浮动,他们采用向同行调货的方式实现均衡,虽然比直接从供货商处调货价高,但由于次数少,比因囤积大量库存而占用流动资金要合算得多。该公司规模不大,但却注意吸收先进技术,运用管理软件进行库存管理,在保证存货供应的同时,减少了存货占用资金。

这一案例表明:该公司在激烈的竞争中始终保持较高的盈利水平,这与其加强营运资金管理有很大关系。

通过学习本章的内容,你将了解和掌握如何对营运资金进行日常管理,如何进行成本计算以及如何进行最佳现金持有量、信用政策、存货经济进货批量的决策。

4.1 营运资金概述

4.1.1 营运资金的含义

营运资金也称营运资本、循环资本,是指一个企业维持日常经营所需的资金。营运资金有广义和狭义之分。广义的营运资金又称毛营运资金,是指一个企业流动资产的总额;狭义的营运资金又称净营运资金,是指流动资产减去流动负债后的差额。通常我们所提到的营运资金主要是指狭义的营运资金。

流动资产是指可以在一年或者超过一年的一个营业周期内变现或耗用的资产,主要包括现金、有价证券、应收账款和存货等。流动负债是指将在一年或者超过一年的一个营业周期内必须清偿的债务,主要包括短期借款、应付账款、应付票据、预收账款、应计费用等。在企业的流动资产中,来源于流动负债的部分由于面临债权人的短期求索权,而无法供企业在较长期限内自由运用。只有扣除短期负债之后的剩余流动资产,即营运资金,才能为企业提供一个宽裕的自由使用期间。

如果流动资产等于流动负债,则占用在流动资产上的资金是由流动负债融资而来;如果流动资产大于流动负债,则与此相对应的净流动资产要以非流动负债或股东权益的一定份额为其资金来源。营运资金的管理既包括流动资产的管理,也包括流动负债的管理。

4.1.2 营运资金的特点

营运资金的特点主要体现在流动资产的特点和流动负债的特点上。

1)流动资产的特点

流动资产又称经营性投资,与固定资产相比,具有如下特点:

(1)投资回收期短。投资于流动资产的资金一般在一年或一个营业周期内收回,对企业影响的时间比较短。

(2)流动性强。流动资产相对于固定资产等长期资产来说比较容易变现,这对财务上满足临时性资金需求具有重要意义。

(3)具有并存性。在循环周转过程中,各种不同形态的流动资产在空间上同时并存,在时间上依次继起。因此,合理配置流动资产各项目的比例,是保证流动资产得以顺利周转的必要条件。

(4)具有波动性。流动资产易受到企业内外环境的影响,其资金占用量的波动往往很大,财务人员应有效地预测和控制这种波动,以防止其影响企业正常的生产经营活动。

2)流动负债的特点

与非流动负债相比,流动负债具有如下特点:

(1)速度快。申请短期借款往往比申请长期借款更容易、更便捷,短期借款通常在较短时间内便可获得。

(2)弹性大。与长期借款相比,短期借款给债务人更大的灵活性。

(3)成本低。在正常情况下,短期负债筹资所发生的利息支出低于非流动负债筹资的利息支出。

(4)风险大。尽管短期债务的成本低于长期债务的成本,但其风险却高于长期债务的风险。

4.1.3 营运资金的管理原则

1)认真分析生产经营状况,合理确定营运资金的需要数量

企业营运资金的需要数量与企业生产经营活动有直接关系。当企业产销两旺时,流动资产不断增加,流动负债也会相应增加;而当企业产销量不断减少时,流动资产和流动负债也会相应减少。因此,企业财务人员应认真分析生产经营状况,采用一定的方法正确预测营运资金的需要数量,以便合理使用营运资金。

2)在保证生产经营需要的前提下,节约使用资金

在营运资金管理中,必须正确处理保证生产经营需要和节约使用资金两者之间的关系。要在保证生产经营需要的前提下,遵守勤俭节约的原则,挖掘资金潜力,精打细算地使用资金。

3)加速营运资金周转,提高资金的利用效果

营运资金周转是指企业的营运资金从现金投入生产经营开始,到最终转化为现金为止的过程。营运资金周转通常与现金周转密切相关,现金周转的过程主要包括以下三个方面:(1)存货周转期,是指将原材料转化成产成品并出售所需的时间;(2)应收账款周转期,是指将应收账款转化为现金所需的时间;(3)应付账款周转期,是指从收到尚未付款的材料开始到现金支出之间所用的时间。现金周转周期的变化会直接影响所需营运资金的数额。一般来说,存货周转期和应收账款周转期越短,应付账款周转期越长,所需营运资金就越少。企业要千方百计地加速存货、应收账款等流动资产的周转,以使用有限的资金,取得最优的经济效益。

4)合理安排流动资产与流动负债的比例关系,保证企业有足够的短期偿债能力

流动资产、流动负债以及两者之间的关系能够较好地反映企业的短期偿债能力。流动资产是在短期内可以转化为现金的资产,而流动负债是在短期内需要偿还的债务。因此,如果一个企业的流动资产比较多,流动负债比较少,说明企业的短期偿债能力较强;反之,则说明短期偿债能力较弱。但如果企业的流动资产太多,流动负债太少,也不是正常现象,这可能是因流动资产闲置或流动负债不足所致。根据惯例,流动资产是流动负债的两倍是比较合理的。在营运资金管理中,要合理安排流动资产和流动负债的比例关系,以便既能节约使用资金,又能保证企业有足够的偿债能力。

4.2 现金管理

现金是指在生产过程中暂时停留在货币形态的资金,包括库存现金、银行存款、银行本票、银行汇票等。

4.2.1 现金管理的目标

企业持有一定数量的现金主要是基于以下三方面的动机:

1)交易动机

交易动机,即企业在正常生产经营秩序下应当保持一定的现金支付能力。企业经常得到收入,也经常发生支出,两者不可能同步同量。企业必须持有一定的现金以满足日常业务的现金支出需要,如购买原材料、支付工资、缴纳税款、偿付到期债务、派发现金股利等。一般来说,为满足交易动机所持有的现金余额主要取决于企业销售水平。企业销售扩大,销售额增加,所需现金余额也随之增加。

2)预防动机

预防动机,即企业为应付紧急情况而需要保持的现金支付能力。由于市场行情的瞬息万变和其他各种不可预测因素的存在,企业通常难以对未来现金流入量和流出量作出准确的估计和预期。因此,在正常业务活动现金需要量的基础上,追加一定数量的现金余额以应付未来现金流入和流出的随机波动,是企业在确定必要现金持有量时应当考虑的因素。企业预防性现金余额的多少主要取决于三个方面:一是企业愿意承担风险的程度;二是企业临时举债能力的强弱;三是企业对现金流量预测的可靠程度。

3)投机动机

投机动机,即企业为了抓住各种瞬息即逝的市场机会,获取较大的利益而需要保持的现金支付能力。如遇到廉价原材料或其他资产供应的机会、在适当时机购入价格有利的股票和其他有价证券。投机动机只是企业确定现金余额时所需考虑的次要因素之一,其持有量大小往往与企业在金融市场上的投资机会及企业对待风险的态度有关。

企业持有的现金总额并不是各种动机所需现金余额的简单相加,前者通常小于后者。各种动机所需保持的现金,并不要求必须是货币形态的,也可以是能够随时变现的有价证券以及能够随时转换成现金的其他各种存在形态的资产。

现金的首要特点是普遍的可接受性,即可以有效地立即用来购买商品、货物、劳务或

偿还债务。因此,现金是企业中流动性最强的资产。现金管理的目标就是在现金的流动性与收益性之间进行权衡选择,通过现金管理,使现金收支不但在数量上,而且在时间上相互衔接,保证企业经营活动的现金需要,降低企业闲置现金的数量,提高资金收益率。

4.2.2 现金的成本

企业持有现金的成本通常由以下三个部分组成:

1)持有成本

现金持有成本,是指企业因保留一定现金余额而增加的管理费用及丧失的再投资收益。企业保留现金,会发生一定的管理费用,如支付给现金管理人员的工资和安全措施费用等。这部分费用具有固定成本的性质,它在一定范围内与现金持有量的多少关系不大,是决策无关成本。丧失的再投资收益是企业不能同时用该现金进行有价证券投资所产生的机会成本,这种成本在数额上等同于资金成本。丧失的再投资收益即机会成本属于变动成本,它与现金持有量成正比例关系。

2)转换成本

现金转换成本,是指企业用现金购入有价证券以及转让有价证券换取现金时付出的交易费用,即现金同有价证券之间相互转换的成本,如委托买卖佣金、委托手续费、证券过户费、实物交割手续费等。

固定转换成本与证券转换次数关系不大,具有固定成本性质,属于决策无关成本,如委托买卖佣金或手续费;变动转换成本与证券转换次数成线性关系,即转换成本 = 证券变现次数 × 每次的转换成本。在现金需要总量确定的前提下,每次转换的现金越少,现金持有量就越少,则需要转换的次数就越多,相应地,转换成本就越高;相反,转换成本就越低。

3)短缺成本

现金短缺成本,是指在现金持有量不足而又无法及时通过有价证券变现加以补充而给企业造成的损失,如不能及时支付材料款而停工待料给企业造成的经济损失,包括直接损失与间接损失。

现金短缺成本与现金持有量成反方向变动关系,即现金短缺成本随现金持有量的增加而下降,随现金持有量的减少而上升。

【小思考 4-1】

现金是流动性最强的资产。那么,企业是否拥有这种资产越多越好呢?

4.2.3 现金持有量的确定

确定现金持有量的模式主要有成本分析模式和存货模式。

1)成本分析模式

成本分析模式是根据现金有关成本,分析预测其总成本最低时的现金持有量的一种方法。

运用成本分析模式确定现金最佳持有量,只考虑因持有一定量的现金而产生的机会成本及短缺成本,而不考虑转换成本和管理费用。机会成本即因持有现金而丧失的再投资收益,与现金持有量成正比例变动关系,用公式表示为现金持有量与有价证券利率(或报酬率)的乘积。短缺成本与现金持有量成反比例变动关系。现金的成本同现金持有量之间的关系如图 4-1 所示。

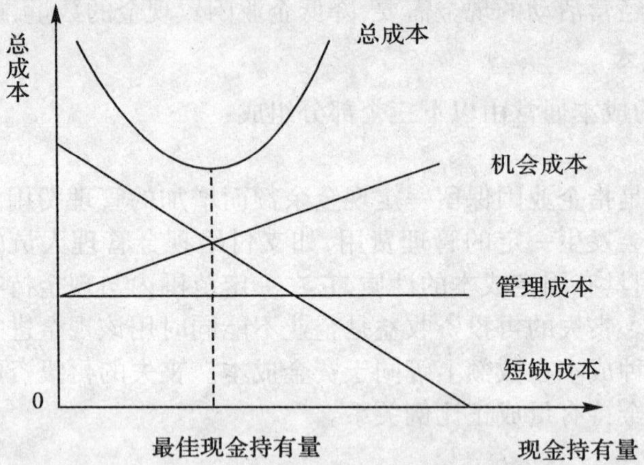

图 4-1 成本分析模式示意图

从图 4-1 中可以看出,由于各项成本同现金持有量的变动关系不同,使得总成本曲线呈抛物线形,抛物线的最低点所对应的现金持有量便是最佳现金持有量,此时总成本最低。

在实际工作中,运用成本分析模式确定最佳现金持有量的步骤是:(1)根据不同现金持有量方案测算并确定有关成本数值;(2)按照不同现金持有量及其有关成本资料编制最佳现金持有量测算表;(3)在测算表中找出总成本最低时的现金持有量,即最佳现金持有量。

【例 4-1】 某企业有四种现金持有方案,有关成本资料见表 4-1。

表 4-1 现金持有方案 金额单位:元

项目	A	B	C	D
现金持有量	100 000	200 000	300 000	400 000
机会成本率	10%	10%	10%	10%
短缺成本	40 000	24 000	10 000	4 000

根据表 4-1,采用成本分析模式编制该企业的最佳现金持有量测算表,具体内容见表 4-2。

表 4-2 最佳现金持有量测算表 单位:元

方案及现金持有量	机会成本	短缺成本	相关总成本
A(100 000)	10 000	40 000	50 000
B(200 000)	20 000	24 000	44 000
C(300 000)	30 000	10 000	40 000
D(400 000)	40 000	4 000	44 000

通过比较分析各方案的总成本可知，C 方案的相关总成本最低，因此 300 000 元现金为该企业的最佳现金持有量。

2）存货模式

存货模式又称鲍曼模型，是威廉·鲍曼（William Baumol）提出的用以确定目标现金持有量的模型。

利用存货模式计算最佳现金持有量时，对短缺成本不予考虑，只对机会成本和变动性（每次固定）转换成本予以考虑。机会成本和变动性转换成本随着现金持有量的变动而呈现出相反的变动趋向，因而能够使现金管理的机会成本与变动性转换成本之和保持最低的现金持有量，即为最佳现金持有量。

设 T 为一个周期内现金总需求量，F 为每次转换有价证券的固定成本，Q 为最佳现金持有量（每次证券变现的数量），K 为有价证券利率（机会成本率），TC 为现金管理总成本。则：

现金管理总成本 = 持有机会成本 + 变动性转换成本

即 $TC = (Q/2) \times K + (T/Q) \times F$

现金管理总成本与持有机会成本、变动性转换成本的关系如图 4-2 所示。

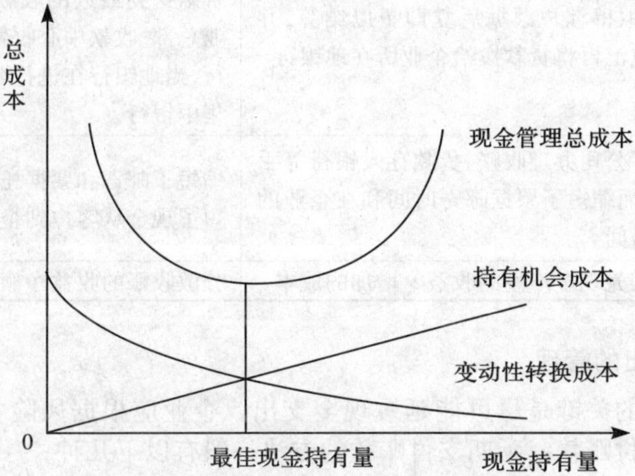

图 4-2　存货模式示意图

从图 4-2 中可见，现金管理总成本与现金持有量呈凹形曲线关系。持有现金的机会成本与证券变现的转换成本相等时，现金管理总成本最低，此时的现金持有量为最佳现金持有量，即：

$Q = \sqrt{2TF/K}$

这样，最低现金管理总成本 $TC = \sqrt{2TFK}$。

【例 4-2】某企业现金收支状况比较稳定，预计全年（按 360 天计算）需要现金 25 万元，现金与有价证券的转换成本为每次 500 元，有价证券的年利率为 10%，则：

$$最佳现金持有量(Q)=\sqrt{2\times 250\ 000\times \frac{500}{10\%}}=50\ 000(元)$$

$$最低现金管理总成本(TC)=\sqrt{2\times 250\ 000\times 500\times 10\%}=5\ 000(元)$$

其中:变动性转换成本 $=(250\ 000\div 50\ 000)\times 500=2\ 500$(元)

持有机会成本 $=(50\ 000\div 2)\times 10\%=2\ 500$(元)

有价证券交易次数 $=250\ 000/50\ 000=5$(次)

有价证券交易间隔期 $=360/5=72$(天)

4.2.4 现金回收的管理

现金回收管理的目的是尽快收回现金,加速现金的周转。现金回收管理的方法主要有邮政信箱法和银行业务集中法两种方法。具体内容见表4-3。

表4-3

方法	邮政信箱法	银行业务集中法
做法	在各主要城市租用专门的邮政信箱,并开立分行存款户,授权当地银行每日开启信箱,在取得客户票据后立即予以结算,并通过电汇再将货款拨给企业所在地银行	指定一个主要开户行为集中银行(通常是总部所在地收款中心),在收款额较集中的若干地区设立若干个收款中心,客户将货款送到最近的收款中心而不必送到企业总部,收款中心收款后立即存入当地银行,当地银行在进行票据转换后立即转给集中银行
效果	免除了公司办理收账、货款存入银行等手续,因而缩短了票据邮寄时间和在企业的停留时间	缩短了邮寄和票据托收所需时间,也就缩短了现金从客户到企业的周转时间
应用条件	提前回笼现金产生的收益 > 增加的成本	分散收账的收益净额 > 0

4.2.5 现金支出的管理

现金支出管理的关键是尽可能延缓现金支出。企业应根据风险与收益权衡原则选用适当方法延期支付账款。延期支付账款的方法一般有以下几种:

(1)合理利用现金"浮游量"。所谓现金"浮游量"是指企业账户上现金余额与银行账户上所示的存款余额之间的差额。

(2)推迟支付应付款。企业可在不影响信誉的情况下,尽可能推迟应付款的支付。

(3)采用汇票付款。在使用支票付款时,只要受票人将支票存入银行,付款人就要无条件付款,但汇票不一定是"见票即付"的付款方式,这样就有可能合法地延期付款。

(4)改进工资的支付方式。单独开设职工工资账户,估计支票的兑现时间和金额,这样无须当日存足全部工资额,可以减少现金占用。

4.3 应收账款管理

应收账款是企业因对外赊销产品、材料或供应劳务等而应向购货方或接受劳务单位收取的款项。应收账款的主要功能是促进销售和减少存货。

4.3.1 应收账款管理的目标

企业发生应收账款的原因主要有两种：

第一，商业竞争。商业竞争是产生应收账款的主要原因。市场经济条件下，企业的商品生产和经营活动面临着激烈的竞争。竞争机制的作用迫使企业用各种手段扩大销售。除了依靠产品质量、价格、售后服务、广告等外，赊销也是扩大销售的手段之一，在其他条件相似的情况下，实行赊销的产品或商品的销售额将大于只采用现销方式的产品或商品的销售额，这是因为赊销可以给顾客带来好处。出于扩大销售的竞争需要，企业不得不以赊销或其他优惠方式招揽顾客，于是就产生了应收账款。由竞争引起的应收账款是一种商业信用。

第二，销售和收款的时间差距。商品成交的时间和收到货款的时间常常不一致，这也导致应收账款的产生。虽然，现实生活中现金销售是很普遍的，特别是在零售企业中特别普遍，不过就一般批发和大量生产企业来讲，发货时间和收到货款的时间往往不同，这是因为货款结算需要时间。结算手段越是落后，结算所需时间就越长，销售企业承担由此引起的资金垫支（即应收账款）的金额也就越大。由于销售和收款时间差而造成的应收账款，不属于商业信用，也不是应收账款的主要内容。

既然企业发生应收账款的主要原因是扩大销售，增强竞争力，那么其管理目标就是获取利润。应收账款是企业的一项资金投放，是为了扩大销售和盈利而进行的投资。投资肯定要发生成本，这就需要在应收账款信用政策所增加的盈利和成本之间作出权衡。只有当应收账款所增加的盈利超过所增加的成本时，才应当实施应收账款赊销。如果应收账款赊销有着良好的盈利前景，就应当放宽信用条件，增加赊销量。

4.3.2 应收账款的成本

1）机会成本

应收账款的机会成本是指因资金投放在应收账款上所丧失的其他投资收入，如投资于有价证券便会有利息或股息收入。这一成本的大小通常与企业维持赊销业务所需要的资金数量、资金成本率或有价证券利息率有关。其计算公式为：

应收账款机会成本 = 维持赊销业务所需要的资金 × 资金成本率

式中资金成本率一般可按有价证券利息率计算；维持赊销业务所需要的资金（即应收账款投资额）可按下列步骤计算：

（1）计算应收账款平均余额

$$\text{应收账款平均余额} = \frac{\text{年赊销额}}{360} \times \text{平均收账天数} = \text{平均每日赊销额} \times \text{平均收账天数}$$

式中平均收账天数一般按以客户各自赊销额占总赊销额比重为权数的所有客户收账天数的加权平均数计算。

（2）计算维持赊销业务所需要的资金

$$\text{维持赊销业务所需要的资金} = \text{应收账款平均余额} \times \frac{\text{变动成本}}{\text{销售收入}}$$

= 应收账款平均余额 × 变动成本率

上式假设企业的成本水平保持不变(即单位变动成本不变,固定成本总额不变),因此随着赊销业务的扩大,只有变动成本随之上升。

【例 4-3】若某企业预测的年度赊销收入净额为 1 000 000 元,应收账款周转期为 45 天,变动成本率为 80%,资金成本率为 10%。试计算其应收账款的机会成本。

根据以上资料:

应收账款周转率 = 360 ÷ 45 = 8(次)

应收账款平均余额 = 1 000 000 ÷ 8 = 125 000(元)

维持赊销业务所需要的资金 = 125 000 × 80% = 100 000(元)

应收账款机会成本 = 100 000 × 10% = 10 000(元)

2)管理成本

应收账款的管理成本是指企业对应收账款进行管理而耗费的开支。管理成本是应收账款成本的重要组成部分,主要包括对客户的资信调查费用、账簿记录费用、收账费用以及其他费用。

3)坏账成本

应收账款基于商业信用而产生,存在无法收回的可能性,由此而给应收账款持有企业带来的损失,即为坏账成本。

4.3.3 信用政策的制定

1)信用调查

只有正确地评价客户的信用状况,才能合理地制定和执行企业的信用政策。要想合理地评价客户的信用状况,必须对客户信用进行调查,收集有关的信息资料。信用调查主要采用以下两种方法:

(1)直接调查法。直接调查法是指调查人员直接与被调查单位接触,通过面谈访问、询问、观察、记录等方式获取信用资料的一种方法。直接调查能够保证收集资料的准确性和及时性,但若得不到被调查单位的合作,则会使调查资料不完整。

(2)间接调查法。间接调查法是指以被调查单位以及其他单位保存的原始记录和核算资料为基础,通过加工整理获得被调查单位信用资料的一种方法。这些资料主要来源于以下几个方面:

①财务报告。有关单位的财务报告,是信用资料的重要来源。通过分析财务报告,基本上能掌握一个企业的财务状况和盈利状况。

②信用评估机构。许多国家都有信用评估的专门机构,定期发布有关企业的信用等级报告。

③银行。银行是信用资料的一个重要来源。但是,银行的资料一般仅在同业之间交流,而不愿向其他单位提供。因此,如有一笔较大的业务,需要了解客户的信用状况,可通过当地开户银行,向其征询有关信用资料。

④其他。如财税部门、工商管理部门、企业的上级主管部门、其他往来单位等。另外,书籍、报纸、杂志等也可提供有关客户的信用状况。

2)信用政策的内容

(1)信用标准

信用标准是客户获得企业商业信用所应具备的最低条件,通常以预期的坏账损失率表示。如果企业把信用标准定得过高,将使许多客户因信用品质达不到所设的标准而被企业拒之门外,其结果尽管有利于降低违约风险及收账费用,但不利于企业市场竞争能力的提高和销售收入的扩大;相反,如果企业设定较低的信用标准,虽然有利于企业扩大销售,提高市场竞争力和占有率,但同时也会导致坏账损失加大和收账费用增加。为此,企业应在成本与收益比较原则的基础上,确定适宜的信用标准。

首先,定性分析。定性分析主要采用"5C"系统评估法。

企业在设定某一顾客的信用标准时,往往先要评估其信用状况,这可以通过"5C"系统来进行。所谓"5C"系统,是指评估顾客信用品质的五个方面,即品质(Charactcr)、能力(Capacity)、资本(Capital)、抵押(Collateral)和条件(Conditions)。

①品质。品质是指顾客的信誉,即履行偿债义务的可能性。企业必须设法了解顾客过去的付款记录,看其是否有按期如数付款的一贯做法,及与其他供货企业的关系是否良好。这一点经常被视为评价顾客信用的首要因素。

②能力。能力是指顾客的偿债能力,即其流动资产的数量和质量以及与流动负债的比例。顾客的流动资产越多,其转换为现金支付款项的能力越强。同时,还应注意顾客流动资产的质量,看是否有存货过多、过时或质量下降,影响其变现能力和支付能力的情况。

③资本。资本是指顾客的财务实力和财务状况,表明顾客可能偿还债务的背景。

④抵押。抵押是指顾客拒付款项或无力支付款项时能被用作抵押的资产。这对于不知底细或信用状况有争议的顾客尤为重要。一旦收不回这些顾客的款项,便以抵押品抵补。如果这些顾客有足够的抵押,就可以考虑向他们提供相应的信用。

⑤条件。条件是指可能影响顾客付款能力的经济环境。比如,万一出现经济不景气,会对顾客付款产生什么影响,顾客会如何做等。这需要了解顾客在过去困难时期的付款历史。

其次,定量分析。定量分析通常采用对客户信用等级评分的方法。具体步骤如下:

第一步,设定信用等级的评价标准,即根据对客户信用资料的调查分析,确定评价信用优劣的数量标准,以一组具有代表性、能够说明付款能力和财务状况的若干比率或指标(如流动比率、速动比率、应收账款平均收账天数、存货周转率、产权比率或资产负债率、赊销付款履约情况等)作为信用风险指标,根据数年内最坏年景的情况,分别找出信用好和信用差两类顾客的上述比率的平均值,作为比较其他顾客的信用标准。

第二步,利用既有或潜在客户的财务报表数据,计算各自的指标值,并与上述标准进行比较。具体做法是:若某客户的某项指标值等于或低于差的信用标准,则该客户的拒付风险系数(坏账损失率)增加10个百分点;若某客户的某项指标值介于好与差的信用标准之间,则该客户的拒付风险系数(坏账损失率)增加5个百分点;若某客户的某项指标值等于或高于好的信用标准,则视该客户的这一指标无拒付风险。最后,将客户的各项指标的拒付风险系数累加，作为该客户发生坏账损失的总比率。

第三步，进行风险排队，并确定各有关客户的信用等级。依据上述风险系数的分析数据，按照客户累计风险系数由小到大的顺序进行排列。然后，结合企业承受违约风险的能力及市场竞争的需要，具体划分客户的信用等级，如累计拒付风险系数在5%以内的为A级客户，在5%～10%之间的为B级客户等。对于不同信用等级的客户，分别采用不同的信用政策，包括拒绝或接受客户信用订单，以及给予不同的信用优惠条件或附加某些限制条款等。

(2)信用条件

信用标准是企业评价客户等级，决定给予或拒绝客户信用的依据。一旦企业决定给予客户信用优惠，就需要考虑具体的信用条件。信用条件，是指企业接受客户信用订单时所提出的付款要求，主要包括信用期限、现金折扣和折扣期限等。

①信用期限

信用期限是指企业允许客户从购货到支付货款的时间间隔。企业产品销售量与信用期限之间存在着一定的依存关系。通常，延长信用期限，可以在一定程度上扩大销售量，从而增加毛利。但不适当地延长信用期限，会给企业带来不良后果：一是使平均收账期延长，占用在应收账款上的资金相应增加，引起机会成本增加；二是引起坏账损失和收账费用增加。因此，企业是否给客户延长信用期限，应视延长信用期限增加的边际收入是否大于增加的边际成本而定。

②现金折扣和折扣期限

延长信用期限会增加应收账款占用的时间和金额。许多企业为了加速资金周转，及时收回货款，减少坏账损失，往往在延长信用期限的同时，采用一定的优惠措施，即在规定的时间内提前偿付货款的客户可按销售收入的一定比率享受折扣，即现金折扣。如"2/10，1/20，30/n"表示赊销期限为30天，若客户在10天内付款可享受2%的折扣，在20天内付款可享受1%的折扣。现金折扣实际上是对销售收入的扣减，企业决定是否提供以及提供多大程度的现金折扣，着重考虑的是提供折扣后所得的收益是否大于现金折扣的成本。

同延长信用期限一样，采取现金折扣方式在有利于刺激销售的同时，也需要付出一定的成本代价，即给予现金折扣造成的损失。如果加速收款带来的机会收益能够绰绰有余地补偿现金折扣成本，企业就可以采取现金折扣或进一步改变当前的折扣方针；如果加速收款的机会收益不能补偿现金折扣的成本，现金优惠条件便被认为是不恰当的。

【例4-4】某企业预测的2013年度赊销额为720万元，其信用条件是n/30，变动成本率为60%，有价证券利息率(或资金成本率)为10%，假设该企业收账政策不变，固定成本总额不变。该企业准备了三个信用条件的备选方案：

A：维持原信用条件；

B：将信用条件放宽到n/45；

C：将信用条件放宽到n/60。

各种备选方案估计的赊销水平、坏账百分比和收账费用等有关数据见表 4-4。

表 4-4　信用条件备选方案　金额单位:万元

项目 \ 方案 / 信用条件	A n/30	B n/45	C n/60
年赊销额	720	756	792
应收账款平均收账期间	30	45	60
应收账款平均余额	720 ÷ 360 × 30 = 60	756 ÷ 360 × 45 = 94.5	792 ÷ 360 × 60 = 132
维持赊销业务所需资金	60 × 60% = 36	94.5 × 60% = 56.7	132 × 60% = 79.2
坏账损失/年赊销额	2%	3%	5%
坏账损失	720 × 2% = 14.4	756 × 3% = 22.68	792 × 5% = 39.6
收账费用	8	18	32

根据以上资料,可计算如下指标,见表 4-5。

表 4-5　信用条件分析评价表　金额单位:万元

项目 \ 方案 / 信用条件	A n/30	B n/45	C n/60
年赊销额	720	756	792
变动成本	720 × 60% = 432	756 × 60% = 453.6	792 × 60% = 475.2
信用成本前收益	288	302.4	316.8
信用成本:			
应收账款机会成本	36 × 10% = 3.6	56.7 × 10% = 5.67	79.2 × 10% = 7.92
坏账损失	720 × 2% = 14.4	756 × 3% = 22.68	792 × 5% = 39.6
收账费用	8	18	32
小计	26	46.35	79.52
信用成本后收益	262	256.05	237.28

根据表 4-5 中的资料可知,在这三种方案中,A 方案(n/30)的获利最大,它比 B 方案(n/45)的收益要多 5.95 万元,比 C 方案(n/60)的收益要多 24.72 万元。因此,在其他条件不变的情况下,应选择 A 方案。

(3)收账政策

收账政策,是指当客户违反信用条件,拖欠甚至拒付账款时企业所采取的收账策略与措施。企业对不同过期账款的催收方式,包括准备为此付出的代价,就是它的收账政策。比如:对逾期较短的客户,不过多打扰,以免将来失去这一客户;对逾期稍长的客户,可措辞婉转地写信催款;对逾期较长的客户,频繁的信件催款并电话催讨;对逾期很长的客户,可在催款时措辞严厉,必要时提请有关部门仲裁或提起诉讼。

催收账款要发生费用,某些催收方式的费用(如诉讼费)还会很高。一般来说,收账的花费越大,收账的措施越有力,可收回的账款就越多,坏账损失也就越小。依此制定收账政策,又要在收账费用和所减少的坏账损失之间作出权衡。

另外,虽然企业在信用管理政策中,已对可接受的信用风险水平作了规定,但是当企业的生产经营环境发生变化时,仍然需要对信用管理政策中的某些规定进行修改和调整,并对改变条件的各种备选方案认真地进行评价。根据收账政策的优劣取决于应收账款总成本是否最小化的道理,可以通过比较各收账方案成本的大小对其加以选择。

4.3.4 应收账款的日常管理

对于已经发生的应收账款,企业应进一步强化日常管理工作,采取有力的措施进行分析、控制,及时发现问题,提前采取政策。这些措施主要包括应收账款跟踪分析、应收账款账龄分析、应收账款收现保证率分析。

1)应收账款跟踪分析

应收账款一旦为客户所欠,赊销企业就必须考虑如何按期足额收回的问题。要达到这一目的,赊销企业必须建立相应制度,责成有关人员(如销售人员)对每项应收账款的运行过程进行跟踪分析。

对应收账款实施跟踪分析的重点应放在赊销商品的销售与变现方面。客户以赊销方式购入商品后,迫于获利和付款信誉的动力和压力,必然期望迅速实现销售并收回账款,如果这一期望能够顺利实现,而客户又有良好的信用品质,则赊销企业如期收回客户欠款一般不会有太大的问题。反之,如果客户所赊购的商品不能顺利地销售和变现,经常出现的情况有两种——积压或赊销。但无论属于其中的哪种情况,对客户而言,都意味着与应付账款相对的现金支付能力匮乏。在这种情况下,客户能否如期付款,取决于两个因素:一是客户的信用品质;二是客户的现金持有量。如果客户的信用品质良好,持有一定的现金余额,客户大多是不愿以损失市场信誉为代价而拖欠赊销企业账款的;如果客户信用品质不佳,或者现金匮乏,那么赊销企业的账款遭受拖欠也就在所难免。

2)应收账款账龄分析

企业已发生的应收账款时间有长有短,有的尚未超过收款期,有的则已逾期拖欠。一般来讲,拖欠的时间越长,款项收回的可能性越小,形成坏账的可能性越大。对此,企业应实施严密的监督,随时掌握回收情况。应收账款账龄分析就是考查研究应收账款的账龄结构。所谓应收账款的账龄结构,是指各账龄应收账款的余额占应收账款总计余额的比重。

实施应收账款账龄分析,可以通过编制应收账款账龄分析表进行,具体内容见表4-6。

表 4-6　　应收账款账龄分析表

应收账款	账龄账户数量	金额(万元)	比重(%)
信用期内	200	120	60
超过信用期 1 个月内	100	20	10
超过信用期 1~2 个月	40	16	8
超过信用期 2~3 个月	30	14	7
超过信用期 3~4 个月	18	10	5
超过信用期 4~5 个月	15	8	4
超过信用期 5~6 个月	10	10	5
超过信用期 6 个月以上	3	2	1
应收账款余额总计	—	200	100

利用应收账款账龄分析表,企业可以了解到以下情况:

(1)有多少欠款尚在信用期内。表 4-6 显示,有 120 万元的应收账款处于信用期内,占全部应收账款的 60%。这些款项未到偿付期,欠款是正常的;但到期后能否收回,还要待款项到期时再定,故及时的监督仍是必要的。

(2)有多少欠款超过了信用期,超过时间长短的款项各占多少,有多少欠款会因拖欠时间太久而可能成为坏账。表 4-6 显示,有 80 万元的应收账款已超过了信用期,占全部应收账款的 40%。不过,其中逾期在 1 个月内、1~2 个月、2~3 个月、3~4 个月、4~5 个月、5~6 个月的,分别为 10%、8%、7%、5%、4%、5%。另有 1% 的应收账款逾期半年以上。此时,企业应分析逾期账款具体属于哪些客户,这些客户是否经常发生拖欠情况,发生拖欠的原因何在。一般而言,账款的逾期时间越短,收回的可能性越大,即发生坏账损失的可能性相对越小;反之,收账的难度及发生坏账损失的可能性越大。因此,对不同拖欠时间的账款及不同信用品质的客户,企业应采取不同的收账方法,制定出经济可行的不同收账政策、收账方案;对可能发生的坏账损失需提前有所准备,充分估计这一因素对企业损益的影响。对尚未过期的应收账款,也不能放松管理与监督,以防发生新的拖欠。

3)应收账款收现保证率分析

企业当期现金支付需要量与当期应收账款收现额之间存在着非对称性矛盾,并呈现出预付性与滞后性的差异特征(如企业必须用现金支付与赊销收入有关的增值税和所得税,弥补应收账款资金占用等),这就决定了企业必须对应收账款收现水平制定一个必要的控制标准,即应收账款收现保证率。

应收账款收现保证率是为适应企业现金收支匹配关系的需要,所确定出的有效收现的账款应占全部应收账款的百分比,是两者应当保持的最低比例。公式为:

$$\text{应收账款收现保证率}=\frac{\text{当期预计现金需要额}-\text{当期预计其他稳定、可靠的现金来源额}}{\text{当期应收账款总计余额}}\times 100\%$$

式中的其他稳定、可靠的现金来源额是指从应收账款收现以外的途径可以取得的各种稳定、可靠的现金流入数额,包括短期有价证券变现净额、可随时取得的银行贷款等。

应收账款收现保证率指标反映了企业既定会计期间预期现金支付数额扣除各种稳定、可靠来源后的差额,必须通过应收账款有效收现予以弥补的最低保证程度。其意义在于:应收账款未来是否可能发生坏账损失对企业并非最为重要,更为关键的是实际收现的账款能否满足同期必需的现金支付要求,特别是满足具有刚性约束的纳税债务及偿付不得展期或调换的到期债务的需要。

【例 4-5】 某企业预期必须以现金支付的款项有:工人工资 80 万元,应纳税款 50 万元,应付账款 60 万元,其他现金支出 8 万元。预计该期稳定的现金回收数是 90 万元。记载在该期“应收账款”明细账上的客户有 A(欠款 120 万元)、B(欠款 180 万元),应收账款收现保证率计算如下:

当期现金支付总额 = 80 + 50 + 60 + 8 = 198(万元)

当期应收账款总计金额 = 120 + 180 = 300(万元)

$$应收账款收现保证率 = \frac{198-90}{300} \times 100\% = 36\%$$

以上计算结果表明,该企业当期必须收回应收账款的 36%,才能最低限度保证当期必要的现金支出,否则企业便有可能出现支付危机。为此,企业应定期计算应收账款实际收现率,看其是否达到了既定的控制标准,如果发现实际收现率低于应收账款收现保证率,应查明原因,采取相应措施,确保企业有足够的现金满足同期必需的现金支付要求。

【知识链接 4-1】

追账的基本方法大体上有以下四种:

1. 企业自行追账

企业自行追账的基本方法有:

(1)函电追账。企业自身的追账员通过电话、传真、信函等方式向债务人发送付款通知。

(2)面访追账。企业自身的追账员通过上门访问,直接与债务人交涉还款问题,了解拖欠原因。

(3)IT 追账。企业利用电子邮件向债务人发送追讨函,或与其交流意见。

2. 委托追账

债务纠纷发生后,企业将预期账款追收的权利交给专业收账机构,由其代理完成向债务人的追收工作。目前,国际上的欠款追收大都是依靠各国收账机构相互代理、协助完成的,比例达 60% 以上。

3. 仲裁追账

债权债务双方根据债务纠纷发生前或者债务纠纷发生后双方所达成的书面协议,自愿将争议交给双方都同意的仲裁机构解决,由仲裁机构根据双方协议的授权审理争议,并作出对双方均有约束的裁决。仲裁不属于诉讼,它也是解决经济纠纷的重要手段。

4. 诉讼追账

债务纠纷发生后,债权人或债务人中的一方向法院提出诉讼请求,由法院根据诉讼程序和有关法律规定审理案件,并作出对双方具有法律强制执行力的判决。

资料来源:中国就业培训技术指导中心. 2006. 营销师国家职业资格培训教程(三级)[M]. 北京:中央广播电视大学出版社:254-258.

4.4 存货管理

存货是指企业在生产经营过程中为销售或者耗用而储备的物资,包括材料、低值易耗品、在产品、半成品、产成品、协作件、商品等。

4.4.1 存货管理的目标

如果工业企业能在生产投料时随时购入所需的原材料,或者商业企业能在销售时随时购入商品,就不需要存货。但实际上,企业总有储备存货的需要,并因此占用或多或少的资金。这种存货的需要出自以下原因:

1)保证生产或销售的经营需要

实际上,企业很少能做到随时购入生产或销售所需的各种物资,即使是市场供应量充足的物资也如此。这因为不时会出现某种材料的市场断档,也因为企业距供货点较远而需要必要的途中运输及可能出现运输故障。一旦生产或销售所需物资短缺,生产经营将被迫停顿,造成损失。为了避免或减少出现停工待料、停业待货等事故,企业需要储备存货。

2)出自价格的考虑

零购物资的价格往往较高,而整批购买在价格上常有优惠。但是,过多的存货要占用较多的资金,并且会增加包括仓储费、保险费、维护费、管理人员工资在内的各项开支。存货占用资金是有成本的,占用过多会使利息支出增加并导致利润的损失,各项开支的增加更直接使成本上升。

存货管理的目标,就是要尽力在各种存货成本与存货效益之间作出权衡,在充分发挥存货功能的同时降低成本、增加收益,达到两者的最佳结合。

4.4.2 储备存货的有关成本

1)进货成本

进货成本是指存货的取得成本,主要由存货的进价成本和进货费用两个方面构成。其中,进价成本又称购置成本,是指存货本身的价值,等于数量与单价的乘积。进货费用又称订货成本,是指企业为组织进货而支付的费用,如办公费、差旅费、邮资、电话电报费、运输费、检验费、入库搬运费等支出。进货费用一部分与订货次数有关,如差旅费、邮资、电话电报费等费用与订货次数成正相关变动,这类变动性进货费用属于决策的相关成本,另一部分与订货次数无关,如专设采购机构的基本开支等,这类固定性进货费用则属于决策的无关成本。

2)储存成本

企业为持有存货而发生的费用即为存货的储存成本,主要包括存货资金占用费(以贷款购买存货的利息成本)或机会成本(以现金购买存货而同时损失的证券投资收益等)、仓储费用、保险费用、存货残损霉变损失等。与进货费用一样,储存成本可以按照与储存数额的关系分为变动性储存成本和固定性储存成本两类。

3)缺货成本

缺货成本是因存货不足而给企业造成的损失,包括材料供应中断造成的停工损失、成品供应中断导致延误发货的信誉损失及丧失销售机会的损失等。

4.4.3 存货经济进货批量决策

存货经济进货批量是指能够使一定时期存货的相关总成本达到最低的进货数量。

1)存货经济进货批量基本模型

为了将问题简化,在进行经济进货批量决策时,常常作如下假设:(1)企业一定时期的进货总量可以较为准确地预测;(2)存货的流转比较均衡;(3)存货的价格稳定,且不考虑商业折扣;(4)进货日期完全由企业自行决定,并且采购不需要时间;(5)仓储条件及所需现金不受限制;(6)不允许出现缺货;(7)所需存货市场供应充足,并能集中到货。

在满足以上假设的前提下,经济进货批量考虑的仅仅是使变动性进货费用(简称进货费用)与变动性储存成本(简称储存成本)之和最低,此时的进货批量即为经济进货批量。

存货相关总成本 = 相关进货费用 + 相关储存成本

$$= \frac{\text{存货全年计划进货总量}}{\text{每次进货批量}} \times \text{每次进货费用} + \frac{\text{每次进货批量}}{2} \times \text{单位存货年储存成本}$$

存货相关总成本与相关进货费用和相关储存成本的关系如图 4-3 所示。

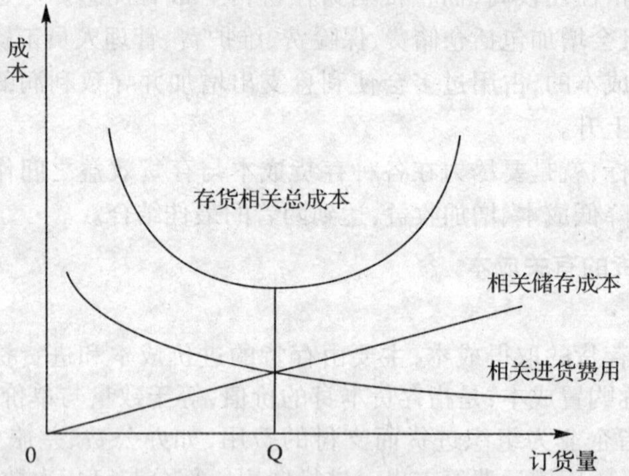

图 4-3 存货成本关系图

从图 4-3 中可以看出,当相关进货费用与相关储存成本相等时,存货相关总成本最低,此时的进货批量就是经济进货批量。

其计算公式为:

经济进货批量(Q) = $\sqrt{2AB/C}$

经济进货批量的存货相关总成本(TC) = $\sqrt{2ABC}$

经济进货批量平均占用资金(W) = $PQ/2 = P\sqrt{AB/2C}$

年度最佳进货批次(N) = $A/Q = \sqrt{AC/2B}$

式中:Q为经济进货批量;A为某种存货年度计划进货总量;B为平均每次进货费用;C为单位存货年储存成本;P为进货单价。

【例4-6】某企业2013年度计划耗用甲材料360 000千克,该材料的单位采购成本为100元,单位年储存成本为2元,平均每次进货费用为400元,则:

经济进货批量(Q) = $\sqrt{2\times360\ 000\times400/2}=12\ 000$(千克)

经济进货批量的存货相关总成本(TC) = $\sqrt{2\times360\ 000\times400\times2}=24\ 000$(元)

经济进货批量平均占用资金(W) = $100\times\frac{12\ 000}{2}=600\ 000$(元)

年度最佳进货批次(N) = $\frac{360\ 000}{12\ 000}=30$(次)

2)实行数量折扣的存货经济进货批量模型

为了鼓励客户购买更多的商品,销售企业通常会给予客户不同程度的价格优惠,即实行商业折扣(或称价格折扣)。购买越多,所获得的价格优惠越大。此时,进货企业对经济进货批量的确定,除了考虑进货费用与储存成本外,还应考虑存货的进价成本,因为此时的存货进价成本已与进货数量的大小有了直接的联系,属于决策相关成本。

则存货相关总成本的计算公式为:

存货相关总成本 = 存货进价 + 相关进货费用 + 相关储存成本

其中,存货进价 = 进货数量 × 进货单价

实行数量折扣的经济进货批量的具体确定步骤如下:

第一步,按照基本经济进货批量模型确定经济进货批量;

第二步,计算按经济进货批量进货时的存货相关总成本;

第三步,计算按给予数量折扣的不同批量进货时的存货相关总成本;

第四步,比较不同批量进货时的存货相关总成本,此时最佳进货批量就是使存货相关总成本最低的进货批量。

【例4-7】假设在【例4-6】中,一次订购甲材料20 000千克以上,则可获得2%的商业折扣,此时应如何作出采购决策?

(1)按基本经济进货批量采购时的总成本

总成本(一次采购12 000千克) = 年需要量 × 单价 + 经济进货批量的存货相关总成本 = $360\ 000\times100+24\ 000=36\ 024\ 000$(元)

(2)按享受商业折扣的最低批量采购时的总成本

总成本(一次采购20 000千克) = 年需要量 × 单价 + 年储存成本 + 年进货费用 = $360\ 000\times100\times(1-2\%)+2\times20\ 000\div2+400\times360\ 000\div20\ 000=35\ 307\ 200$(元)

经比较,应享受商业折扣,即应一次采购20 000千克,这样可以节约716 800元的采购总成本。

4.4.4 存货日常管理

存货日常管理包括存货储存期控制、存货 ABC 分类管理等。

1)存货储存期控制

存货储存期控制包括存货保本储存期控制和存货保利储存期控制两项内容,有关计算公式为:

利润 = 毛利 - 营业税金及附加 - 固定储存费 - 每日变动储存费 × 储存天数

$$存货保本储存天数=\frac{毛利-固定储存费-营业税金及附加}{每日变动储存费}$$

$$存货保利储存天数=\frac{毛利-固定储存费-营业税金及附加-目标利润}{每日变动储存费}$$

批进批出经销某商品实际获利或亏损额 = 每日变动储存费 ×(保本储存天数 - 实际储存天数)

批进零售经销某商品预计获利或亏损额 = 每日变动储存费 ×(平均保本储存天数 - 平均实际储存天数)

其中:平均实际储存天数 =(实际零售完天数 + 1)/2

【例 4-8】 某商品流通企业批进批出一批商品共 500 件,该商品单位进价为 500 元(不含增值税),单位售价为 550 元(不含增值税),经销该批商品的一次性费用为 5 000 元。已知,该商品的进货款来自于银行贷款,年利率为 9%,商品的月保管费用率为 3‰,流转环节的营业税金及附加为 2 500 元。(一年按 360 天计算)

要求:(1)计算该批商品的保本储存天数。(2)如果企业要求获得目标利润 8 750 元,计算该批商品的保利储存天数。(3)如果该批商品超过保利期 10 天后售出,计算该批商品的实际获利额。

计算结果为:

(1)保本储存天数 = [(550 - 500) × 500 - 5 000 - 2 500]/[500 × 500 × (9%/360 + 3‰/30)] = 17 500/87.5 = 200(天)

(2)保利储存天数 = [(550 - 500) × 500 - 5 000 - 2 500 - 8 750]/[500 × 500 × (9%/360 + 3‰/30)] = 8 750/87.5 = 100(天)

(3)超过保利期 10 天后售出的实际获利额 = [500 × 500 × (9%/360 + 3‰/30)] × (200 - 110) = 7 875(元)

2)存货 ABC 分类管理

存货 ABC 分类管理就是按照一定的标准,将企业的存货划分为 A、B、C 三类,分别实行分品种重点管理、分类别一般控制和按总额灵活掌握的存货管理方法。分类的标准主要有两个:一是金额标准,二是品种数量标准。其中金额标准是最基本的,品种数量标准仅作为参考。具体特征、分类、管理方法见表 4-7。

表 4-7　　存货 ABC 分类管理表

项目	特征	分类标准		管理方法
		金额(%)	品种数量(%)	
A 类	金额巨大,品种数量较少	70	10	分品种重点管理
B 类	金额一般,品种数量相对较多	20	20	分类别一般控制
C 类	品种数量繁多,价值金额却很小	10	70	按总额灵活掌握

存货 ABC 分类管理法可分为以下三个步骤:(1)计算每一种存货在一定时期内的资金占用额。(2)计算每一种存货资金占用额占全部资金占用额的百分比,并按大小顺序排列,编成表格。(3)当金额百分比累加到 70%左右时,以上存货为 A 类存货;百分比介于 70%和 90%之间的存货为 B 类存货;其余为 C 类存货。

【例 4-9】 某公司共有 20 种原材料,总金额为 100 000 元,按金额多少的顺序排列并按存货 ABC 分类管理原则将其划分为 A、B、C 三类,列表如表 4-8 所示。

表 4-8　　存货 ABC 分类管理表

材料编号	金额(元)	金额比重	累计金额比重	类别	各类存货数量比重	各类存货金额比重
1	50 000	50%	50%	A	10%	70%
2	20 000	20%	70%			
3	10 000	10%	80%	B	20%	20%
4	5 000	5%	85%			
5	3 500	3.5%	88.5%			
6	1 500	1.5%	90%			
7	1 250	1.25%	91.25%	C	70%	10%
8	1 200	1.2%	92.45%			
9	1 100	1.1%	93.55%			
10	1 000	1%	94.55%			
11	950	0.95%	95.5%			
12	900	0.9%	96.4%			
13	800	0.8%	97.2%			
14	700	0.7%	97.9%			
15	600	0.6%	98.5%			
16	500	0.5%	99%			
17	400	0.4%	99.4%			
18	300	0.3%	99.7%			
19	200	0.2%	99.9%			
20	100	0.1%	100%			
合计	100 000	100%	—	—	100%	100%

通过对存货进行 ABC 分类,可以使企业分清主次,采取相应的对策进行有效的管理、控制。企业在组织经济进货批量、储存期分析时,对 A、B 两类存货可以分别按品种、类别进行,对 C 类存货只需加以灵活掌握即可,一般不必进行测算与分析。此外,企业还可以运用存货 ABC 分类管理法将存货区分为 A、B、C 三类,通过研究各类消费者的消费倾向、档次等,对各档次存货的需要量加以估算,并购进相应数量的存货。这样,能够使存货的购进与销售工作有效地建立在市场调查的基础上,从而收到良好的控制效果。

【小思考 4-2】

观察一下,你身边或者熟悉的哪些企业适宜采用存货 ABC 分类管理法管理存货?

【知识链接 4-2】

及时生产系统(Just-in-time System,简称 JIT)是指通过合理规划企业的产供销过程,使从原材料采购到产成品销售每个环节都能紧密衔接,减少制造过程中不增加价值的作业,减少库存,消除浪费,从而降低成本,提高产品质量,最终实现企业效益最大化。

1. 及时生产的存货系统的基本原理

及时生产的存货系统的基本原理是:只有在使用之前才从供应商处进货,从而将原材料或配件的库存数量减少到最小;只有在出现需求或接到订单时才开始生产,从而避免产成品的库存。及时生产的存货系统要求企业在生产经营的需要与材料物资的供应之间实现同步,使物资传送与作业加工速度处于同一节拍,最终将存货降到最少,甚至零库存。

2. 及时生产的存货系统的优缺点

及时生产的存货系统的优点是:降低库存成本;减少从订货到交货的加工等待时间,提高生产效率;降低废品率、再加工和担保成本。但及时生产的存货系统要求企业内外部全面协调与配合,一旦供应链破坏,或企业不能在很短的时间内根据客户需求调整生产,企业生产经营的稳定性将会受到影响,导致经营风险加大。此外,为了保证能够按合同约定频繁小量配送,供应商可能要求额外加价,企业因此丧失了从其他供应商那里获得更低价格的机会收益。

资料来源:财政部会计资格评价中心. 2007. 财务管理[M]. 北京:中国财政经济出版社:168-169.

本章小结

营运资金也称营运资本、循环资本,是指一个企业维持日常经营所需的资金,通常指流动资产减去流动负债后的差额。实际中,营运资金的管理主要是指流动资产的管理,流动资产主要包括现金、应收账款、存货等。

现金是指在生产过程中暂时停留在货币形态的资金,包括库存现金、银行存款、银行本票、银行汇票等。现金管理的目标是在保证企业经营活动现金需要的同时,降低企业闲置现金的数量,以降低现金的成本,提高资金收益率。

应收账款是企业因对外赊销产品、材料或供应劳务等而应向购货方或接受劳务的单位收取的款项。企业在采取赊销方式促进销售、减少存货的同时，会因持有应收账款而付出一定的代价，即负担应收账款的成本。信用政策的制定就是在成本与收益比较原则的基础上，作出信用标准、信用条件和收账政策的具体决策方案，并通过采取应收账款的日常管理措施降低坏账损失风险。

存货是指企业在生产经营过程中为销售或者耗用而储备的物资，包括材料、低值易耗品、在产品、半成品、产成品、协作件、商品等。存货管理的目标就是要在存货成本与存货效益之间作出权衡，在充分发挥存货的功能的同时降低成本、增加收益，达到两者的最佳结合。

复习思考题

4.1 什么是营运资金？营运资金的特点和管理原则有哪些？

4.2 现金的持有动机是什么？现金的成本包括哪些内容？现金管理的目标是什么？

4.3 应收账款的成本包括哪些内容？应收账款管理的目标是什么？

4.4 信用政策的内容是什么？什么是“5C”系统评估法？

4.5 储备存货的成本包括哪些内容？存货管理的目标是什么？

4.6 简述存货 ABC 分类管理法的基本做法。

第5章 项目投资

学习目标

知识目标：了解项目投资的概念、类型和程序；了解项目投资的资金投入方式；理解现金流量的概念；掌握现金净流量的计算方法；熟练掌握项目投资决策的基本方法。

能力目标：能确定项目投资的现金流量构成；能进行项目投资的现金流量的估算；能运用项目投资决策方法进行投资方案的决策。

素养目标：能够根据企业所处的内外部环境状况，估计项目投资的现金流量，并能运用适当的项目投资决策方法对最佳投资方案作出选择，具备项目投资分析与决策的能力。

【案例导入】

一项新产品开发的讨论

2010年4月14日上午，中南日用化学品公司（以下简称中南公司）正在召开会议，公司董事长、总经理、研究开发部经理、财务部经理参加会议，讨论新产品开发及其资本支出预算等有关问题。

中南公司成立于1995年，由中洁化工厂和南宏化工厂合并而成。合并时，中洁化工厂主要生产彩虹牌系列洗涤用品，它是一种低泡沫、高浓缩粉状洗涤剂；南宏化工厂生产波浪牌洗涤用品，它具有泡沫丰富、去污力强的特点。中南公司成立后，继续生产两种产品，并保持各自商标。2009年，两种产品销售收入是合并前的3倍，市场由东北延伸到全国。

由于日益激烈的商业竞争和科技创新，中南公司投入大量的资金，花费两年的时间研制成了长丰牌液体洗涤剂。该产品优点为：(1)每单位重量衣物，用量为粉状洗涤剂的1/6或1/8；(2)适宜华北、东北地区，不需要提前浸泡，是粉状洗涤剂不能比拟的；(3)采用轻体塑料瓶包装，使用方便，容易保管。

长丰牌液体洗涤剂的开发费用及开发项目的现金流量为：原始投资2 500 000元，其中市场调研费500 000元，购置专用设备、包装设备投资2 000 000元。设备使用年限预计为15年，期满无残值。按照公司一贯经营方针，预计15年现金流量如表5-1所示。

表 5-1

单位：元

年份	现金流量	年份	现金流量
1	280 000	9	350 000
2	280 000	10	350 000
3	280 000	11	250 000
4	280 000	12	250 000
5	280 000	13	250 000
6	350 000	14	250 000
7	350 000	15	250 000
8	350 000		

由于长丰牌液体洗涤剂投放市场后会对原有产品产生冲击，现金流量修正后如表5-2所示。

表 5-2

单位：元

年份	现金流量	年份	现金流量
1	250 000	9	315 000
2	250 000	10	315 000
3	250 000	11	225 000
4	250 000	12	225 000
5	250 000	13	225 000
6	315 000	14	225 000
7	315 000	15	225 000
8	315 000		

通过分析市场状况、投资机会、同行业发展水平，会议分析投资机会成本为 10%。

对长丰牌液体洗涤剂开发项目的资本支出涉及的厂房和其他设备支出及流动资金等问题，研究开发部经理解释道：彩虹牌系列洗涤剂的生产设备利用率仅为 55%，该设备完全适合生产长丰牌液体洗涤剂，且只需 10% 的生产能力，因此仅列出了专用设备和包装设备的投资；新产品每年需追加流动资金 200 000 元，但年初借款未还，所以没有列入项目资金流量中。

公司的剩余生产能力如果出租，公司将得到近 200 000 元的租金收入，但董事长提出，中南公司不允许出租厂房、设备等固定资产。

公司在进行项目投资分析时需要讨论以下问题：

1. 在估算现金流量时是否考虑市场调研费 500 000 元？

2. 生产新产品所追加的流动资金是否作为现金流量?

3. 尚没有利用的厂房和其他设备可能取得的租金收入是否要考虑?

4. 由于新产品上市使原来老产品的市场份额减少而损失的收入是否要考虑?

5. 与此相关的利息支出要在投资项目现金流量中反映吗?

这一案例表明:准确估算投资项目计算期内的现金流量是进行项目投资决策的重要依据。

通过学习本章的内容,你将了解和掌握如何估算项目投资的现金流量,如何运用适当的决策方法对投资项目进行分析、评价与决策。

5.1 项目投资概述

一个项目是否值得投资,如果你是投资人,你会采取怎样的决策程序与决策方法?决策中你会考虑哪些因素?其核心因素又是什么?可能在没学习具体的内容之前,你所能给予的答案就是"有利可图"四个字。那么,又该如何理解"有利可图"呢?比如当前某一投资领域的平均利润率为10%,而你拟投资项目的预计利润率为8%,你会认为这个项目是"有利可图"的吗?投资项目的预计利润率为11%呢?虽然有利润的存在,你会投资吗?为了能更好地进行投资决策,首先应了解项目投资的一些基本知识。

5.1.1 项目投资的含义与特点

企业投资按其内容不同,可分为项目投资、证券投资和其他投资等类型。本章主要介绍企业用于机器、设备、厂房等生产经营性资产的构建与更新改造的投资,即项目投资。

项目投资是一种以特定建设项目为对象,直接与新建项目或更新改造项目有关的长期投资行为。项目投资不仅金额大,投资面广,而且对企业的稳定与发展、未来盈利能力都有重大影响,对企业的生存和发展具有重要意义。

项目投资是企业对内部各种生产经营性资产的长期投资,与短期投资和对企业外部的长期投资相比,具有以下特点:

(1)投资金额大

项目投资,特别是战略性的扩大生产经营能力的投资一般都需要较多的资金,其投资额往往是企业及其投资人多年的资金积累,在企业总资产中占有相当大的比重。因此,项目投资对企业未来现金流量和财务状况都将产生深远的影响。

(2)影响时间长

项目投资的投资期及发挥作用的时间都较长,对企业未来的生产经营活动和长期经营活动将产生重大影响。

(3)变现能力差

项目投资一般不准备在一年或一个营业周期内变现,而且即使在短期内变现,其变现能力也较差。因为项目投资一旦完成,要想改变是相当困难的,不是无法实现,就是代价太大。

(4)投资风险大

由于影响项目投资未来收益的因素特别多,加上投资金额大、影响时间长和变现能力差,必然造成其投资风险比其他投资大,对企业未来的命运产生决定性影响。无数事例证明,一旦项目投资决策失败,会给企业带来无法逆转的损失。

5.1.2 项目投资的分类

项目投资可以按不同的标准进行分类,主要有:

1)按投资方案之间的关系,项目投资可分为独立性投资和互斥性投资

独立性投资是指在若干个备选方案中,根据经济可行性评价标准,对所有可行的方案予以通过的项目投资。独立性投资项目不受其他投资项目的影响,只要自身具备财务可行性,即可进行投资。

互斥性投资是只能在两个或两个以上具备可行性的投资项目之间选择一个项目进行的投资。

2)按投资对象不同,项目投资可分为固定资产投资、无形资产投资和递延资产投资

固定资产投资是指投资于企业固定资产,特别是生产经营用固定资产的投资,如对房屋及建筑物、机器设备、运输设备等的投资。

无形资产投资是指对没有实物形态的资产进行的投资,如对专利权、商标权、非专利技术、著作权、土地使用权和商誉等的投资。

递延资产投资是指投资于递延资产的投资,如开办费投资等。

3)按投资项目的新旧程度,项目投资可分为新建项目投资和更新改造项目投资

新建项目投资是指以新建生产能力为目的的外延式扩大再生产。新建项目按其涉及的内容又可分为单纯固定资产投资项目和完整工业投资项目。单纯固定资产投资项目,简称固定资产投资,其特点在于在投资中只包括为取得固定资产而发生的垫支资本投入而不涉及周转资本的投入;完整工业投资项目,其特点在于投资不仅包括固定资产投资,而且涉及流动资金投资,甚至包括无形资产等其他长期资产投资。

更新改造项目投资是指以恢复或改善生产能力为目的的内涵式扩大再生产。在更新改造项目中,购置新的固定资产需要投出资金,但同时旧的固定资产可变现形成部分资金流入,因此更新改造项目的投资额其实为新设备投资额与旧设备变现价值的差额。

【小思考5-1】

请结合本地一家产品制造企业的实际情况,列举实际投资项目,具体理解什么是单纯固定资产投资项目投资、完整工业投资项目投资和更新改造项目投资。

5.1.3 项目投资决策应考虑的因素

分析一项投资是否具备财务可行性,必须考虑以下几个因素:

1)项目计算期的长短

项目计算期是指投资项目从投资建设到清理结束整个过程的全部时间,包括建设期和生产经营期。其中建设期是指项目资金正式投入至项目建成投产为止所需要的时间。建设期的开始日称为建设起点,建设期的完成日称为投产日,从投产日到终结点(项目计算期的最后一年年末)之间的时间间隔称为生产经营期。一般而言,项目计算期越长,其

所面临的不确定性因素越多,从而风险也越大,投资者要求的报酬可能会越高。

2)投资者要求的必要报酬率

投资者要求的必要报酬率是一个项目所要达到的最低报酬率。投资者在综合考虑相同或类似项目的当前报酬率和预期的风险等因素后,会确定投资项目应达到的最低报酬要求。如果通过对项目各项预期数据的分析能达到该最低要求,说明投资项目是可行的;若达不到该最低要求,则说明投资项目是不可行的。

3)项目预期的营业收入和运营成本

营业收入是项目投产后所生产产品的销售收入;运营成本是指企业在运营过程中支付的采购材料款、工资薪酬、水电费、办公费等。

4)各项税金及附加

工业企业涉及的税金主要是流转税和所得税。流转税中的增值税不影响投资项目决策,因为增值税是价外税,增值税销项税额等于增值税进项税额加上缴的增值税,不影响企业的利润或现金净流量(现金流入量-现金流出量),而其他税金(包括其他流转税、所得税等)则会影响企业的利润或现金净流量,因此在投资决策中应予以考虑。

5.1.4 项目投资内容与资金投入方式

1)项目投资内容

项目投资包括建设投资和流动资金投资两项内容,是企业为使项目达到设计生产能力、开展正常经营而投入的全部现实资金,这两项投入的资金被称为项目的原始投资。

建设投资是指在建设期内按一定生产经营规模和建设内容进行的投资,包括固定资产投资、无形资产投资和其他资产投资三项内容。固定资产投资是指项目用于购置和安装固定资产(设备和建筑等)而应当发生的投资。固定资产原值等于固定资产投资和建设期间的资本化利息之和。无形资产投资是指项目用于取得无形资产(专利权、商标权等)而应当发生的投资。其他资产投资是指除固定资产投资和无形资产投资以外的投资,如开办费投资。

流动资金投资是在投资项目中发生的用于生产经营期周转使用的营运资金投资。

2)项目投资资金投入方式

项目投资资金投入方式分为一次投入方式和分次投入方式。一次投入方式是指投资行为集中一次发生在项目计算期第一期的期初或期末;分次投入方式则涉及两个或两个以上年度,或涉及一个年度的年初和年末。

5.1.5 项目投资的程序

1)投资项目的提出

投资项目的提出是项目投资程序的第一步,是根据企业的长远发展战略、中长期投资计划和投资环境的变化,在把握良好投资机会的情况下提出的。投资规模较大、所需资金较多的战略性项目,应由董事会提议,由各部门专家组成专家小组提出方案。投资规模较小、投资金额不大的战术性项目,由主管部门提议,并由有关部门组织人员提出方案。

2)投资项目的评价

(1)根据项目投资的要求进行多种可能的投资方案的设计。

(2)估算出各投资方案的预期现金流量,为分析评价做好准备。

(3)运用各种投资评价指标,把各项投资方案按可行性的顺序进行排序。

(4)写出全面客观的分析评价报告。

3)投资项目的决策

投资项目评价后,应按分权管理的决策权限由企业高层管理人员或相关部门经理作最后决策。投资额小的战术性项目投资或维持性项目投资,一般由部门经理作出决策,特别重大的项目投资还需要报董事会或股东大会批准。不管由谁最后决策,其结论一般都可以分成以下三种:

(1)接受这个投资项目,可以进行投资;

(2)拒绝这个投资项目,不能进行投资;

(3)发还给投资项目提出的部门,重新论证后再行处理。

4)投资项目的执行

对已作出可行决策的投资项目,要积极筹措所需要的资金,在投资项目实施过程中,要进行控制和监督,使之按期按质完工并投入生产,为企业创造经济效益。

5)投资项目的再评价

在投资项目的执行过程中,一方面要严格按照计划办事,另一方面要考虑原来作出的投资决策是否正确。一旦发现新的问题,应及时作出新的评价和决策。如果原有决策依据发生了重大变化,原有投资项目已失去继续投资的意义,为避免更大的损失,就要考虑是否终止投资。

【知识链接5-1】

投资的分类

投资是指特定经济主体为了在未来可预见的时期内获得收益或使货币增值,在一定时机向一定领域的标的物投放足够数额的资金或实物等货币等价物的经济行为。从特定企业角度看,投资就是企业为获取收益而向一定对象投放资金的经济行为。

根据不同的标志,投资可以分为不同的类别。

1. 按照投资行为的介入程度,投资可分为直接投资和间接投资。

直接投资是指由投资者直接介入投资行为,即将货币资金直接投入投资项目,形成实物资产或者购买现有企业资产的投资。直接投资的资金所有者和资金使用者是统一的。

间接投资是指投资者以其资本购买公债、公司债券、金融债券或公司股票等,以期获取一定收益的投资。由于其投资形式主要是购买各式各样的有价证券,因此也被称为证券投资。间接投资的资金所有者和资金使用者是分离的。

2. 按照投资对象的不同,投资可分为实物投资和金融投资。

实物投资是指将资金投向具有实物形态的资产的一种投资。实物投资的价值相对稳定。

金融投资是指将资金投向金融资产(金融产品)的一种投资。金融投资具有投资收益高、价值不稳定的特点。

3. 按照投入领域的不同,投资可分为生产性投资和非生产性投资。

生产性投资是指将资金投入生产、建设等物质生产领域中,并能够形成生产能力或可以产出生产资料的一种投资,又称为生产资料投资。生产性投资的最终成果是各种生产性资产,包括固定资产投资和流动资金投资。

非生产性投资是指将资金投入非物质生产领域中,不能形成生产能力,但能形成社会消费或服务能力,满足人们的物质文化生活需要的一种投资。非生产性投资的最终成果是各种非生产性资产。

4. 按照经营目标的不同,投资可分为营利性投资和政策性投资。

营利性投资又称经济性投资或商业投资,是指为了通过生产经营获取盈利所进行的投资。绝大多数投入生产或流通领域中的投资都属于这种投资。

政策性投资又称非营利性投资,是指为了实现一定的社会效益目标,保证社会发展和群众生活需要,不以追求经济效益为目的的投资。

5. 按照投资方向的不同,投资可分为对内投资和对外投资。

对内投资就是项目投资,是指企业将资金投放于供本企业生产经营使用的固定资产、无形资产和垫支流动资金而形成的投资。

对外投资是指企业为购买国家及其他企业发行的有价证券或其他金融产品(包括期货与期权、信托、保险),或以货币资金、实物资产、无形资产向其他企业(如联营企业、子公司等)注入资金而发生的投资。

6. 按照投资内容的不同,投资可分为项目投资(如固定资产投资、无形资产投资、开办费投资、流动资金投资、房地产投资等)、证券投资(如股票、债券、基金等有价证券投资)和其他投资(如期货与期权投资、信托投资、保险投资等)等类型。

资料来源:杨紫元. 2007. 财务管理[M]. 开封:河南大学出版社:96.

5.2 项目投资的现金流量分析

5.2.1 现金流量的含义

现金流量是投资项目在其计算期内各项现金流入量和现金流出量的统称。现金流量的计算以收付实现制为基础。现金流量中的"现金"是广义的现金,包括各种货币资金和与投资项目有关的非货币资产的变现价值。

5.2.2 确定现金流量的假设

为简化现金流量的计算过程,在确定投资项目的现金流量时特作以下假设:

1)投资项目的类型假设

假设投资项目只包括单纯固定资产投资项目、完整工业投资项目和固定资产更新改造项目。

2)技术可行性和国民经济可行性假设

假设投资决策从企业投资者的立场出发,投资决策者确定现金流量就是为了进行项目财务可行性的研究,该项目已经具备技术可行性和国民经济可行性。

3)全投资假设

假设在确定投资项目的现金流量时,只考虑全部投资的运动情况,而不具体区分投资资金是自有资金还是借入资金等具体形式的现金流量。即使实际存在借入资金,也将其作为自有资金对待。

4)建设期投入全部资金假设

不论投资项目的原始总投资是一次投入还是分次投入,除个别情况外,假设它们都是在建设期内投入的。

5)经营期与折旧年限一致假设

假设投资项目主要固定资产的折旧年限或使用年限与经营期相同。

6)项目计算期假设

投资项目从开始建设到最后报废清理结束的全部时间称为项目计算期。项目计算期分为建设期和生产经营期两个阶段。项目计算期的第一年年初记为 0 年,称为建设起点,项目计算期的最后一年年末称为终结点。假定项目最终报废清理均发生在终结点。

7)时点指标假设

为便于利用资金时间价值形式,不论现金流量具体内容所涉及的价值指标实际上是时点指标还是时期指标,均假设按照年初或年末的时点指标处理。其中,建设投资在建设期内有关年度的年初或年末发生,流动资金投资则在生产经营期期初(年初)发生;生产经营期内各年的收入、成本、折旧、摊销、利润、税金等项目的确认均在年末发生;项目最终报废或清理均发生在终结点(更新改造项目除外)。

8)确定性假设

假设与项目现金流量有关的价格、产销量、成本水平、企业所得税税率等因素均为已知常数。

9)产销平衡假设

假设生产经营期间每一年的产量等于该年的销量。这样,即可在会计利润的基础上计算出现金流量。

5.2.3 现金流量的内容

投资项目的现金流量包括现金流入量和现金流出量。现金流入量是指能够使投资方案的现实货币资金增加的项目,简称为现金流入。一般情况下以正号"+"来表示现金流入。现金流出量是指能够使投资方案的现实货币资金减少或需要动用现金的项目,简称为现金流出。一般情况下以负号"-"来表示现金流出。现金流入量与现金流出量的差额就是现金净流量。

1)现金流入量的内容

(1)营业收入

营业收入是指项目投产后在生产经营期内每年实现的全部营业收入,为了简化计算,假定正常生产经营年度内,每期发生的赊销额与回收的应收账款大致相等。根据时点假设,生产经营期的营业收入均发生在每期的期末。营业收入是生产经营期主要的现金流入项目。

(2)回收的流动资金

回收的流动资金是指在投资项目计算期的终结点,收回原来垫付的全部流动资产。

(3)固定资产残值

固定资产残值是指投资项目的固定资产在报废清理时的残值收入或中途转让时的变价收入。此现金流入一般发生在项目计算期的终结点。

回收的流动资金和回收的固定资产残值统称为回收额。

(4)其他现金流入量

其他现金流入量是指以上三项指标以外的现金流入项目,如多缴的税金退回或国家特殊项目的补贴等。

2)现金流出量的内容

(1)建设投资

建设投资是指在项目建设期内所发生的固定资产、无形资产和开办费等投资。固定资产投资加上建设期贷款利息为固定资产原值,但建设期的利息并不支付,所以,不作为现金流出。建设投资是建设期发生的主要现金流出项目。

(2)垫付的流动资金

垫付的流动资金是指投资项目建成投产后,为开展正常生产经营活动而投放在流动资产上的周转资金。流动资金一般是在项目开始投产时投入的,但要到项目终结点才能全额收回,不是只收回其中一部分,而是全部收回。

(3)付现的运营成本

付现的运营成本是指在投资项目生产经营期内每年发生的用现金支付的成本,简称付现成本。它是生产经营期内最主要的现金流出项目。

(4)支付的各项税款

支付的各项税款是指在投资项目生产经营期内实际支付的各项税款,包括所得税、营业税等税款。

(5)其他现金流出量

其他现金流出量是指不包括在以上内容中的现金流出项目,如营业外净支出等。

5.2.4 现金流量与会计利润的关系

会计利润是指按照企业会计准则的要求,根据权责发生制的原则,用营业收入减去营业成本、营业税金及附加和各项费用后的结果,成本与费用中既包括付现形式的费用(如材料采购成本、工资薪酬、水电费等),也包括非付现形式的费用(如折旧与摊销费用等)。会计利润反映一定时期的经营成果,其数值的大小易受固定资产折旧方法与无形资产摊销方法的影响。

从上述分析中可以看出,现金流入量主要是会计利润中的营业收入,现金流出量主要是会计利润中付现形式的各项成本或费用。现金净流量与会计利润的区别仅在于计算现金净流量时不考虑折旧与摊销费用,而计算会计利润时则需要考虑。因为会计利润的计算遵行的是权责发生制,而现金净流量的计算遵行的是收付实现制。

现金净流量与会计利润的关系可用如下公式表示:

现金净流量 = 净利润 + 非付现成本(折旧或摊销)

该公式的推导过程如下:

现金净流量 = 现金流入量 - 现金流出量
= 营业收入 - 付现成本 - 所得税
= 营业收入 - 总成本 + 非付现成本 - 所得税
= 利润总额 - 所得税 + 非付现成本
= 净利润 + 非付现成本

【小思考 5-2】

以现金流量指标作为项目投资决策依据的原因是什么？在进行项目投资分析时,为什么不以会计利润指标作为分析的数据基础呢?

5.2.5 现金净流量的计算

现金净流量又称净现金流量(Net Cash Flow,NCF),是指在项目计算期内每年现金流入量与现金流出量的差额。如果现金流入量大于现金流出量,现金净流量大于零,用正号“+”表示现金净流量为流入量;如果现金流入量小于现金流出量,现金净流量小于零,用负号“-”表示现金净流量为流出量。

现金净流量的计算公式如下:

某年现金净流量(NCF) = 该年现金流入量 - 该年现金流出量

为了简化现金净流量的计算,可以根据项目计算期不同时期的现金流入量和现金流出量的具体内容,计算各时期的现金净流量。所以现金净流量分为建设期的现金净流量、生产经营期的现金净流量和生产经营期终结点的现金净流量。

1)建设期现金净流量的简化计算公式

在建设期内,由于没有现金流入量,只有现金流出量,所以建设期的现金净流量总为负值。

建设期某年现金净流量(NCF) = -该年发生的投资额

2)生产经营期现金净流量的简化计算公式

生产经营期某年现金净流量(NCF) = 该年营业收入 - 该年付现成本 - 该年所得税
= 该年营业收入 -(该年运营总成本 - 该年折旧额) - 该年所得税
= 该年税后利润 + 该年折旧额
= 该年营业收入 ×(1 - 所得税税率) - 该年付现成本 ×(1 - 所得税税率) + 该年折旧额 × 所得税税率

3)生产经营期终结点现金净流量的简化计算公式

生产经营期终结点现金净流量(NCF) = 生产经营期最后一年现金净流量 + 回收额

【例 5-1】三商集团进行一项固定资产投资,在建设起点一次投入 2 000 万元,无建设期,该项目的生产经营期为 10 年,该固定资产报废时预计残值为 200 万元。生产经营期每年预计获得税后利润 470 万元。固定资产按直线法计提折旧。

要求：计算该投资项目在项目计算期内各年的现金净流量。

固定资产年折旧额 =（2 000 - 200）/10 = 180（万元）

项目计算期 = 建设期 + 生产经营期 = 0 + 10 = 10（年）

NCF_0 = - 2 000（万元）

$NCF_{1\sim9}$ = 470 + 180 = 650（万元）

NCF_{10} = 650 + 200 = 850（万元）

【例 5-2】 东商企业投资新建一个分厂，投资均为贷款，固定资产总投资 500 万元，建设期为两年，第一年年初投入 300 万元，第一年应计贷款利息 30 万元；第二年年初投入 200 万元，第二年应计贷款利息 55 万元。第二年年末投入流动资产 92 万元。该项目的生产经营期为 10 年，预计期满报废时有残值收入 45 万元。固定资产按直线法计提折旧。生产经营期各年实现的税后利润分别为 21 万元、23 万元、38 万元、45 万元、50 万元、59 万元、62 万元、54 万元、40 万元、24 万元。

要求：计算该投资项目在项目计算期内各年的现金净流量。

固定资产原值 =（300 + 200）+（30 + 55）= 585（万元）

固定资产年折旧额 =（585 - 45）/10 = 54（万元）

项目计算期 = 建设期 + 生产经营期 = 2 + 10 = 12（年）

NCF_0 = - 300（万元）

NCF_1 = - 200（万元）

NCF_2 = - 92（万元）

NCF_3 = 21 + 54 = 75（万元）

NCF_4 = 23 + 54 = 77（万元）

NCF_5 = 38 + 54 = 92（万元）

NCF_6 = 45 + 54 = 99（万元）

NCF_7 = 50 + 54 = 104（万元）

NCF_8 = 59 + 54 = 113（万元）

NCF_9 = 62 + 54 = 116（万元）

NCF_{10} = 54 + 54 = 108（万元）

NCF_{11} = 40 + 54 = 94（万元）

NCF_{12} = 24 + 54 + 45 + 92 = 215（万元）

【例 5-3】 华商公司购置一台现代化设备，价值 530 万元，建设期为一年，第一年年末投入流动资产 80 万元。该项目生产经营期为 10 年，固定资产按直线法计提折旧，期末残值为 30 万元。预计投产后，公司前 5 年每年发生 600 万元的营业收入，并发生付现成本 400 万元；后 5 年每年发生 900 万元的营业收入，并发生付现成本 600 万元。所得税税率为 25%。

要求：计算该投资项目在项目计算期内各年的现金净流量。

解法一：

固定资产年折旧额 =（530 - 30）/10 = 50（万元）

项目计算期 = 建设期 + 生产经营期 = 1 + 10 = 11(年)

$NCF_0 = -530$(万元)

$NCF_1 = -80$(万元)

$NCF_{2\sim6} = 600 \times (1-25\%) - 400 \times (1-25\%) + 50 \times 25\% = 162.5$(万元)

$NCF_{7\sim10} = 900 \times (1-25\%) - 600 \times (1-25\%) + 50 \times 25\% = 237.5$(万元)

$NCF_{11} = 237.5 + 30 + 80 = 347.5$(万元)

解法二:

生产经营期前 5 年每年应交所得税 = [600 - (400 + 50)] × 25% = 37.5(万元)

生产经营期后 5 年每年应交所得税 = [900 - (600 + 50)] × 25% = 62.5(万元)

$NCF_0 = -530$(万元)

$NCF_1 = -80$(万元)

$NCF_{2\sim6} = 600 - 400 - 37.5 = 162.5$(万元)

$NCF_{7\sim10} = 900 - 600 - 62.5 = 237.5$(万元)

$NCF_{11} = 237.5 + 30 + 80 = 347.5$(万元)

【知识链接 5-2】

投机与投资的关系

以现代社会的经济标准来判断,投机是一种承担特殊风险获取特殊收益的行为。许多人经常将投资与投机相混淆。这是因为投资与投机两者之间确实有相同之处。

投机与投资之间存在以下三点联系:第一,投机是投资的一种特殊形式。这是因为投机与投资一样都需要资金投入或者垫入或垫付资本。第二,两者的基本目的一致,都是以获得未来货币增值或收益为目的。第三,两者的未来收益都带有不确定性,都包含风险因素,都要承担遭受损失的风险。

投机与投资的不同之处主要表现在以下几个方面;第一,两者行为期限的长短不同。一般认为,投资的期限较长,投资者愿意长期地持有证券;而投机的期限则较短,投机者多热衷于频繁地进行快速买卖。第二,两者的利益着眼点不同。投资着眼于长期的利益;而投机只着眼于短期证券市价的涨落,以谋取短期利益。第三,两者承担的风险不同。一般来讲,投资的风险较小,本金相对安全;而投机所包含的风险则可能很大,本金有损失的危险,因此,投机也被称为高风险的投资。第四,两者的交易方式不同。投资一般是一种实际交割的交易行为,而投机往往是一种买空卖空的信用交易行为。

投机具有如下积极作用:

(1)导向作用,即可以起到引导证券市场中的资金流向的作用。投机者本身的特点决定了其消息较灵通、判断较准确,从而可以引导资金投入业绩好的公司。这样,客观上的评价作用进一步引起内部压力,带来公司的经营调整及公司间的调整。

(2)平衡作用。投机者为了获取高收益而购买风险较大的证券,这种行为本身就会使市场上不同风险的证券供求平衡。同时,投机者反应灵敏,在市场出现波动时,其买卖行为可以把价格在不同市场、不同品种和不同时间上的不正常的差异抵消,使其趋于合理和均衡,避免价格大起大落,保证供求平衡,可以说具有“市场抹平”的作用。

(3)动力作用。投机是证券市场的一个原动力。投机者为证券市场提供了大量的风险资金,并且是证券市场中最活跃的因素,他们的投机活动推动了市场的起伏波动,增强了证券交易的流动性,活跃了市场交易,从而促进了证券市场的正常运行。

(4)保护作用。从宏观经济运行的角度来讲,证券市场的投机可以对宏观经济运行起到保护作用,增大经济运行的弹性。因为投机者不是消费者,他们手中掌握的大量资金不是用来购买商品,而是用来购买证券的。当经济出现通货膨胀,国家增发钞票的时候,有很大一部分钞票会通过各种渠道首先流入投机者手中,而不是流入消费者手中。投机者所掌握的钞票又会继续用于购买证券。这样便在证券市场中锁定大量资金,从而减少了增发钞票和通货膨胀对市场的冲击,保护了经济,增大了经济运行的弹性。一般来说,通货膨胀越严重,流入投机者手中的钞票就越多,这在一定程度上减轻了通货膨胀的压力。

过度投机或违法投机会带来以下消极作用:

(1)投机活动会使一些投机者在很短的时间内成为暴发户,而使另一些投机者在很短的时间内遭到破产损失,不利于社会安定。

(2)在投机过度的情况下,一些投机者为了牟取暴利会进行内幕交易,甚至制造谣言,进行虚假交易,垄断并操纵证券市场,违背证券市场"公平、公正、公开"的"三公"原则,造成市场混乱。

(3)在投机过度的情况下,证券价格会脱离现实的经济条件,脱离公司业绩,不断暴涨,形成虚假的市场繁荣和需求,形成泡沫经济。而当价格过高时,一旦产生不利的因素,又会即刻引起暴跌,严重影响了大批投资者的利益和国民经济的稳定运行。

资料来源:全国会计专业技术资格考试领导小组.2005.财务管理[M].3版.北京:中国财政经济出版社:144-146.

5.3 项目投资决策方法

上节我们解决了项目投资现金流量的计算问题,那么该如何进一步应用现金流量判断一个项目是否值得投资,投资的报酬率是多少呢?当有两个或两个以上项目均具备投资可行性时,因资金总量受限,投资者又该如何抉择呢?

项目投资的决策方法很多,按是否考虑货币时间价值,可以分为贴现法和非贴现法两大类。贴现法是指考虑了货币时间价值因素的决策方法,又称动态分析法。动态分析法计算较复杂,但更贴近实际,更为科学合理,主要包括净现值法、现值指数法、净现值率法和内部报酬率法。非贴现法是指没有考虑货币时间价值因素的决策方法,又称静态分析法。该方法计算简单,便于理解,主要包括平均报酬率法和投资回收期法。

5.3.1 非贴现法

1)平均报酬率(Average Rate of Return,ARR)法

(1)平均报酬率法的决策标准

平均报酬率,又称投资利润率,是指投资项目的年平均利润与原始投资额的百分比。采用平均报酬率法对投资项目进行分析评价时,需要事先确定企业所希望达到的期望报

酬率,以便与项目的平均报酬率进行比较,从而决定取舍。

对相互独立的备选方案进行决策时,如果平均报酬率大于或等于期望报酬率,则方案可行;如果平均报酬率小于期望报酬率,则方案不可行。

对相互排斥的备选方案进行决策时,如果有两个或两个以上方案的平均报酬率都大于或等于期望报酬率,应选择平均报酬率最大的方案。

(2)平均报酬率的计算公式

$$平均报酬率(ARR)=\frac{年平均利润}{原始投资额}\times 100\%$$

【例 5-4】 商科企业有一个投资方案,投资总额为 100 万元,当年投产当年开始盈利,生产经营期为 8 年,每年预测利润见表 5-3,该企业希望达到的期望报酬率为 8%。

表 5-3　　**预测利润表**　　单位:元

年份	金额
1	85 000
2	107 000
3	110 000
4	133 000
5	165 000
6	136 000
7	114 000
8	110 000
合计	960 000

要求:计算该投资方案的平均报酬率,并分析该方案的可行性。

$$平均报酬率(ARR)=\frac{年平均利润}{原始投资额}\times 100\%=\frac{960\ 000\div 8}{1\ 000\ 000}\times 100\%=12\%$$

该方案平均报酬率为 12%,大于该企业的期望报酬率 8%,所以该方案可行。

【例 5-5】 兴商集团准备新投资一个项目,有 A、B 两个备选方案,A 方案投资总额为 106 250 元,B 方案投资总额为 130 000 元。该企业期望的平均报酬率为 11%,其他具体资料见表 5-4。

表 5-4　　单位:元

年份	A 方案		B 方案	
	固定资产投资	利润	固定资产投资	利润
0	-106 250		-130 000	
1		17 000		11 000
2		17 000		15 000
3		17 000		20 000
4		17 000		34 000
5		17 000		40 000
合计		85 000		120 000

要求：计算 A、B 两个投资方案的平均报酬率，评价 A、B 方案的可行性。

$$A\text{ 方案平均报酬率(ARR)} = \frac{17\ 000}{106\ 250} \times 100\% = 16\%$$

$$B\text{ 方案平均报酬率(ARR)} = \frac{120\ 000 \div 5}{130\ 000} \times 100\% = 18.46\%$$

A、B 两个方案的平均报酬率分别为 16% 和 18.46%，都超过了该企业期望的平均报酬率 11%，所以两个方案都具有可行性。由于 B 方案的平均报酬率大于 A 方案的平均报酬率，因此，应选择 B 方案。

(3)平均报酬率法的特征

平均报酬率是一个静态的相对量正指标，它的优点是计算简单，便于理解；它的缺点是没有考虑货币时间价值，对时间跨度大的投资方案，不能反映投资方案的风险程度，所以有时会作出错误的决策。在应用时一般只作为辅助指标。

2)投资回收期(Payback Period，PP)法

(1)投资回收期法的决策标准

投资回收期，是指收回原始投资所需要的时间，一般以年为单位。采用投资回收期法对投资项目进行分析评价时，需要事先确定企业所希望达到的期望回收期，以便与项目的投资回收期进行比较，从而决定取舍。

对相互独立的备选方案进行决策时，如果投资回收期短于或等于期望回收期，则方案可行；如果投资回收期长于期望回收期，则方案不可行。

对相互排斥的备选方案进行决策时，如果有两个或两个以上方案的投资回收期都短于或等于期望回收期，应选择投资回收期最短的方案。

(2)投资回收期的计算方法

在计算投资项目投资回收期时，根据投资项目的现金流量特点，可以分为两种情况：

①当投资项目生产经营期内每年的现金净流量相等时，投资回收期的计算公式是：

$$\text{投资回收期(PP)} = \frac{\text{原始投资额}}{\text{年现金净流量}} + \text{建设期}$$

【例 5-6】 东方公司准备购建一项固定资产，需投资 1 100 万元，按直线法计提折旧，生产经营期为 10 年，期末有固定资产残值 100 万元。预计投产后每年税后利润为 100 万元。假定该固定资产的建设期可忽略不计，企业期望投资回收期为 6 年，该投资项目各年的现金净流量见表 5-5。

表 5-5　　投资项目现金净流量　　单位：万元

年份	原始投资额	税后利润	年折旧额	回收残值	年现金净流量(NCF)
0	-1 100				-1 100
1		100	100		200
2		100	100		200
3		100	100		200
4		100	100		200

续表

年份	原始投资额	税后利润	年折旧额	回收残值	年现金净流量(NCF)
5		100	100		200
6		100	100		200
7		100	100		200
8		100	100		200
9		100	100		200
10		100	100	100	300

要求:计算该方案的投资回收期,并分析该方案的可行性。

该投资项目生产经营期内只有最后一年的现金净流量为 300 万元,其余各年的现金净流量为 200 万元。

投资回收期(PP) = 原始投资额 ÷ 年现金净流量 = 1 100 ÷ 200 = 5.5(年)

因为该方案的投资回收期 5.5 年短于企业期望投资回收期 6 年,所以该投资方案可行。

②当投资项目生产经营期内每年的现金净流量不相等时,用累计现金净流量的方法计算。首先逐年计算累计现金净流量,当累计现金净流量正好为零时,此年限即为投资回收期;当累计现金净流量无法直接为零时,用插值法计算投资回收期。用公式表示为:

$$投资回收期(PP) = 累计现金净流量最后一项负值对应的年限 + \frac{累计现金净流量最后一项负值的绝对值}{下年现金净流量}$$

【例 5-7】 神州企业有 A、B 两个投资方案,它们的具体资料见表 5-6。该企业期望的投资回收期为 4.5 年。

表 5-6　　投资项目现金净流量　　单位:万元

年份	A 方案现金净流量(NCF)	B 方案现金净流量(NCF)
0	-600	-700
1	0	180
2	100	230
3	200	240
4	300	300
5	460	420
6	320	350
7	290	310

要求:计算 A、B 两个投资方案的投资回收期,评价 A、B 方案的可行性。

列表计算 A、B 两个投资方案的累计现金净流量,见表 5-7。

表 5-7　　投资项目累计现金净流量　　单位:万元

年份	A 方案		B 方案	
	现金净流量(NCF)	累计现金净流量	现金净流量(NCF)	累计现金净流量
0	-600	-600	-700	-700
1	0	-600	180	-520
2	100	-500	230	-290
3	200	-300	240	-50
4	300	0	300	250
5	460	460	420	670
6	320	780	350	1 020
7	290	1 070	310	1 330

从表 5-7 中可知,A 方案的投资回收期为 4 年。而 B 方案在表中无法直接找到累计现金净流量为零的年份,但累计现金净流量从第三年到第四年时由负转正,可知投资回收期在 3 年至 4 年之间。可按下面的方法计算:

B 方案投资回收期(PP) = 3 + 50 ÷ 300 = 3.17(年)

由于 A、B 两个投资方案的投资回收期分别为 4 年和 3.17 年,都短于该企业期望的投资回收期 4.5 年,因此两个投资方案都可行。但 B 方案的投资回收期较短,所以应选择 B 方案。

(3)投资回收期法的特征

投资回收期是一个静态的绝对量反指标,在实践中应用较为广泛。它的优点是计算简单,便于理解,在一定程度上反映备选方案的风险程度;它的缺点是没有考虑货币时间价值,没有考虑投资回收期满后的现金流量情况。

5.3.2 贴现法

1)净现值(Net Present Value,NPV)法

(1)净现值的概念

净现值,是指在项目计算期内,按一定贴现率计算的各年营业现金净流量的现值之和与原始投资额的现值之间的差额。

(2)净现值法的决策标准

对相互独立的备选方案进行决策时,如果净现值大于或等于零,则方案可行;如果净现值小于零,则方案不可行。

对相互排斥的备选方案进行决策时,如果有两个或两个以上方案的净现值都大于或等于零,应选择净现值最大的方案。

(3)净现值的计算公式

净现值(NPV) = 经营期各年现金净流量的现值 - 原始投资额的现值

【例 5-8】 华夏公司购入设备一台,价值 400 万元,按直线法计提折旧,项目计算期为

5年,期末无残值。假定贴现率为10%,预计投产后每年可获得税后利润分别为200万元、230万元、300万元、340万元、400万元。

要求:计算该方案的净现值,评价该方案的可行性。

固定资产年折旧额=400÷5=80(万元)

原始投资额的现值=400(万元)

$NCF_1=200+80=280$(万元)

$NCF_2=230+80=310$(万元)

$NCF_3=300+80=380$(万元)

$NCF_4=340+80=420$(万元)

$NCF_5=400+80=480$(万元)

$$NPV=280/(1+10\%)+310/(1+10\%)^2+380/(1+10\%)^3+420/(1+10\%)^4+480/(1+10\%)^5-400$$

$$=280\times0.9091+310\times0.8264+380\times0.7513+420\times0.6830+480\times0.6209-400$$

$$=254.55+256.18+285.49+286.86+298.03-400$$

$$=1\ 381.11-400$$

$=981.11$(万元)

由于该方案的净现值为981.11万元,大于零,因此该方案可行。

【例5-9】 长城企业进行一项固定资产投资,有A、B、C三个投资项目,假定贴现率为10%,A、B、C方案各年现金净流量见表5-8。

表5-8 投资项目现金净流量 单位:万元

年份	A方案现金净流量	B方案现金净流量	C方案现金净流量
0	-200	-200	-100
1	100	0	-100
2	100	100	80
3	100	120	100
4	100	140	110
5	100	150	130
6	100	110	140

要求:计算A、B、C方案的净现值,评价A、B、C三个投资方案的可行性。

由于A方案每年的现金净流量都相等,可以用普通年金求现值:

$$NPV_A=100\times(P/A,10\%,6)-200$$

$$=100\times4.3553-200$$

$$=435.53-200$$

$=235.53$(万元)

$$\begin{aligned} NPV_B &= 100/(1+10\%)^2 + 120/(1+10\%)^3 + 140/(1+10\%)^4 + 150/(1+10\%)^5 + \\ &\quad 110/(1+10\%)^6 - 200 \\ &= 100\times0.8264 + 120\times0.7513 + 140\times0.6830 + 150\times0.6209 + 110\times0.5645 - 200 \\ &= 82.64 + 90.16 + 95.62 + 93.14 + 62.10 - 200 \\ &= 423.66 - 200 \\ &= 223.66(\text{万元}) \end{aligned}$$

$$\begin{aligned} NPV_C &= 80/(1+10\%)^2 + 100/(1+10\%)^3 + 110/(1+10\%)^4 + 130/(1+10\%)^5 + \\ &\quad 140/(1+10\%)^6 - [100 + 100/(1+10\%)] \\ &= 80\times0.8264 + 100\times0.7513 + 110\times0.6830 + 130\times0.6209 + 140\times0.5645 - \\ &\quad (100 + 100\times0.9091) \\ &= 66.11 + 75.13 + 75.13 + 80.72 + 79.03 - (100 + 90.91) \\ &= 376.12 - 190.91 \\ &= 185.21(\text{万元}) \end{aligned}$$

A、B、C 三个投资方案的净现值分别为 235.53 万元、223.66 万元、185.21 万元，都大于零，都可行。又因为 $NPV_A > NPV_B > NPV_C$，所以选择 A 方案。

(4)净现值法的优缺点

净现值法的优点是：第一，充分考虑了货币时间价值；第二，能够利用项目计算期内的全部现金净流量信息。其缺点在于：无法直接反映投资项目的实际收益率水平。

2)现值指数(Profitability Index，PI)法

(1)现值指数的概念

现值指数，又称获利指数，是指项目投产后按一定贴现率计算的在生产经营期内各年现金净流量的现值之和与原始投资额现值的比值。

(2)现值指数法的决策标准

对相互独立的备选方案进行决策时，如果现值指数大于或等于 1，则方案可行；否则，方案不可行。

对相互排斥的备选方案进行决策时，如果有两个或两个以上方案的现值指数都大于或等于 1，应选择现值指数最大的方案。

(3)现值指数的计算公式

$$\text{现值指数(PI)} = \frac{\text{生产经营期各年现金净流量的现值之和}}{\text{原始投资额的现值}}$$

【例 5-10】 根据【例 5-9】的资料计算 A、B、C 三个投资方案的现值指数，并评价 A、B、C 三个投资方案的可行性。

$$\begin{aligned} PI_A &= 100\times4.3553/200 \\ &= 2.18 \end{aligned}$$

$$\begin{aligned} PI_B &= (100\times0.8264 + 120\times0.7513 + 140\times0.6830 + 150\times0.6209 + 110\times0.5645)/200 \\ &= 2.12 \end{aligned}$$

$$PI_C = (80\times0.8264 + 100\times0.7513 + 110\times0.6830 + 130\times0.6209 + 140\times0.5645)/$$

$(100 + 100 \times 0.9091)$

$= 1.97$

A、B、C 三个投资方案的现值指数分别为 2.18、2.12、1.97，都大于 1，都可行。又因为 $PI_A > PI_B > PI_C$，所以选择 A 方案。

(4)现值指数法的优缺点

现值指数法的优点是考虑了货币时间价值，能够真实地反映投资项目的盈亏程度，有利于在原始投资额不同的投资项目之间进行排序；其缺点是无法直接反映投资项目的实际收益率。

3)净现值率(Net Present Value Rate, NPVR)法

(1)净现值率的概念

净现值率，是指投资项目的净现值与原始投资额现值的比值。

(2)净现值率法的决策标准

对相互独立的备选方案进行决策时，如果净现值率大于或等于零，则方案可行；否则，方案不可行。

对相互排斥的备选方案进行决策时，如果有两个或两个以上方案的净现值率都大于或等于零，应选择净现值率最大的方案。

(3)净现值率的计算公式

$$净现值率(NPVR) = \frac{净现值}{原始投资额的现值}$$

【例5-11】 根据【例5-9】的资料计算 A、B、C 三个投资方案的净现值率，并评价 A、B、C 三个投资方案的可行性。

$NPVR_A = 235.53/200 = 1.18$

$NPVR_B = 223.66/200 = 1.12$

$NPVR_C = 185.21/(100 + 100 \times 0.9091) = 0.97$

A、B、C 三个投资方案的净现值率分别为 1.18、1.12、0.97，都大于零，都可行。又因为 $NPVR_A > NPVR_B > NPVR_C$，所以选择 A 方案。

(4)净现值率法的优缺点

净现值率法的优点是考虑了货币时间价值，能够真实地反映投资项目的盈亏程度；其缺点是无法直接反映投资项目的实际收益率。

由【例5-10】和【例5-11】可知：

$PI_A = NPVR_A + 1 = 1.18 + 1 = 2.18$

$PI_B = NPVR_B + 1 = 1.12 + 1 = 2.12$

$PI_C = NPVR_C + 1 = 0.97 + 1 = 1.97$

所以，净现值率与现值指数有如下关系：现值指数 = 净现值率 + 1。

4)内部报酬率(Internal Rate of Return, IRR)法

(1)内部报酬率的概念

内部报酬率，又称内含报酬率，是指投资项目实际可望达到的报酬率，即能使投资项

目的净现值等于零时的贴现率。

(2)内部报酬率法的决策标准

对相互独立的备选方案进行决策时,如果内部报酬率大于或等于企业的资金成本率或期望报酬率,则方案可行;否则,方案不可行。

对相互排斥的备选方案进行决策时,如果有两个或两个以上方案的内部报酬率都大于或等于企业的资金成本率或期望报酬率,应选择内部报酬率最大的方案。

(3)内部报酬率的计算方法

根据内部报酬率的概念可知,内部报酬率应满足下列等式:

$$\sum_{t=0}^{n} NCF_t(P/F, IRR, t) = 0$$

式中:NCF_t 表示第 t 年的现金净流量;IRR 表示内部报酬率;n 表示项目计算期。

根据投资项目各年现金净流量的特点不同,内部报酬率的求解方法可以分为:

①若生产经营期内各年现金净流量相等,且全部投资均于建设起点一次投入,建设期为零,则:

生产经营期每年相等的现金净流量×年金现值系数(P/A,IRR,n)-投资总额=0

内部报酬率具体计算的程序:

首先,计算年金现值系数。

$$年金现值系数 = \frac{投资总额}{生产经营期每年相等的现金净流量}$$

其次,根据计算出来的年金现值系数与已知的年限 n,查年金现值系数表,确定内部报酬率的范围。在系数表上找到同期略大于和略小于该系数的两个临界值及所对应的两个折现率。

最后,用插值法求出内部报酬率。

【例 5-12】 宏达企业拟购建一项固定资产,需投资 1 000 万元,按直线法计提折旧,使用寿命为 10 年。预计投产后每年可获得现金净流量 200 万元。假定贴现率为 10%。

要求:计算该方案的内部报酬率,评价该方案的可行性。

$$年金现值系数 = \frac{投资总额}{经营期每年相等的现金净流量} = 1\,000 \div 200 = 5$$

查 n=10 的年金现值系数表可知:

(P/A,15%,10)=5.0188

(P/A,16%,10)=4.8332

贴现率	年金现值系数
15%	5.0188
IRR	5
16%	4.8332

采用插值法计算内部报酬率:

$$\frac{IRR - 15\%}{16\% - 15\%} = \frac{5.0188 - 5}{5.0188 - 4.8332}$$

则：$IRR=15\%+\frac{5.0188-5}{5.0188-4.8332}\times(16\%-15\%)=15.10\%$

由于该方案的内部报酬率 IRR = 15.10% > 10%，所以该方案可行。

②若投资项目在生产经营期内各年现金净流量不相等，必须采用逐次测试的方法，计算能使净现值等于零的贴现率，即内部报酬率。其计算程序如下：

首先，估计一个贴现率，用它来计算净现值。如果净现值为正数，说明方案的实际内部报酬率大于预计的贴现率，应提高贴现率，再进一步测算；如果净现值为负数，说明方案的内部报酬率小于预计的贴现率，应降低贴现率，再进行测算。如此反复测算，找出使净现值由正到负或由负到正且接近零的两个贴现率，如假设 $NPV_1>0$，对应的贴现率为 i_1，$NPV_2<0$，对应的贴现率为 i_2。

其次，根据上述相邻的两个贴现率用插值法求出该方案的内部报酬率。计算公式如下：

$$IRR=i_1+\frac{NPV_1}{NPV_1-NPV_2}(i_2-i_1)$$

【例 5-13】豫财集团进行一项固定资产投资，投入资金为 30 000 元，贴现率为 12%，项目计算期为 6 年，各年现金净流量见表 5-9。

表 5-9　　投资项目现金净流量　　单位：元

年份	现金净流量
0	-30 000
1	8 000
2	8 000
3	9 000
4	9 000
5	10 000
6	11 000

要求：计算该方案的内部报酬率，评价该方案的可行性。

由于该方案的各年现金净流量不相等，因此，必须逐次进行测算，测算过程见表 5-10。

表 5-10　　投资项目内部报酬率测算　　单位：元

年份	现金净流量	贴现率 = 16%		贴现率 = 18%		贴现率 = 20%	
		现值系数	现值	现值系数	现值	现值系数	现值
0	-30 000	1	-30 000	1	-30 000	1	-30 000
1	8 000	0.8621	6 896.8	0.8475	6 780	0.8333	6 666.4
2	8 000	0.7432	5 945.6	0.7182	5 745.6	0.6944	5 555.2

续表

年份	现金净流量	贴现率 =16%		贴现率 =18%		贴现率 =20%	
		现值系数	现值	现值系数	现值	现值系数	现值
3	9 000	0.6407	5 766.3	0.6086	5 477.4	0.5787	5 208.3
4	9 000	0.5523	4 970.7	0.5158	4 642.2	0.4823	4 340.7
5	10 000	0.4761	4 761	0.4371	4 371	0.4019	4 019
6	11 000	0.4104	4 514.4	0.3704	4 074.4	0.3349	3 683.9
净现值			2 854.8		1 090.6		-526.5

贴现率	净现值
18%	1 090.6
IRR	0
20%	-526.5

$$IRR = 18\% + \frac{1\ 090.6}{1\ 090.6 + 526.5} \times (20\% - 18\%) = 19.35\%$$

由于该方案的内部报酬率 IRR = 19.35% > 12%，所以该方案可行。

【小思考 5-3】

内部报酬率的实质是什么？内部报酬率是企业项目投资的实际收益率吗？

(4)内部报酬率法的优缺点

内部报酬率法的优点是考虑了货币时间价值，反映了投资项目的实际报酬率；其缺点是计算过程比较复杂，当在生产经营期间进行多次追加投资时，会出现多个内部报酬率，缺乏实际意义。

5)净现值、现值指数、净现值率和内部报酬率之间的关系

当 NPV >0 时，PI >1，NPVR >0，IRR > i；

当 NPV =0 时，PI =1，NPVR =0，IRR = i；

当 NPV <0 时，PI <1，NPVR <0，IRR < i。

【知识链接 5-3】

如何用 Excel 快速计算内部报酬率

项目投资分析指标的计算过程十分复杂，手工计算很难求出结果，有些指标的计算还需要利用插值法或逐步逼近法才能求出其近似值。下面简单介绍一下如何利用 Microsoft Office 提供的常用软件 Excel 解决上述计算难点问题。现以内部报酬率为例说明。

项目的内部报酬率是衡量项目财务效益的重要指标，它在项目财务现金流量表的基础上计算得出，由于计算量大，其计算往往是多种经营项目的可行性研究报告和实施计划编写中令人头痛的工作。用 Excel 不需要计算器和草表，可以自动计算出累计净现值和内部报酬率。

Excel 中的函数 IRR 返回由数值代表的一组现金流的内部报酬率。

语法:IRR(values,guess)

其中,values 为数组或单元格的引用,包含用来计算内部报酬率的数字。函数 IRR 根据数值的顺序来解释现金流的顺序。故应确定按需要的顺序输入了支付和收入的数值。

guess 是为对函数 IRR 计算结果的估计值。在大多数情况下,并不需要为函数 IRR 的计算提供 guess 值。如果省略 guess,假设它为 0.1(10%)。

示例:

假设要开办一家饭店,估计需要 $70 000 的投资,并预期今后 5 年的净收益为 $12 000、$15 000、$18 000、$21 000 和 $26 000。假设在 Excel 的一张工作表中 B 列 B1 到 B6 的一列数值为 -70 000、12 000、15 000、18 000、21 000 和 26 000。将内部报酬率的计算结果放在 B7 单元格中,则:

计算此项投资 5 年后的内部报酬率:B7 = IRR(B1:B6) = 8.66%

或:B7 = IRR(-70 000,12 000,15 000,18 000,21 000,26 000) = 8.66%

5.4 项目投资决策应用

5.4.1 固定资产更新决策

随着科学技术的快速发展,固定资产的更新周期在大大缩短,当科技含量更高的新设备出现后,原来的设备即使仍能使用,但由于消耗大、维修费用高,企业也面临着是否更新设备的问题。因此,固定资产更新的决策成为项目投资决策中的重要内容。

固定资产更新决策中,经常采用差额净现值(ΔNPV)或差额内部报酬率(ΔIRR)的方法判断方案。

一般以投资额大的方案减投资额小的方案,当 ΔNPV≥0 或 ΔIRR≥i 时,投资额大的方案为优;反之,则投资额小的方案为优。

差额净现值或差额内部报酬率的计算过程和计算技巧同净现值或内部报酬率一样,只是所依据的是差额现金净流量(ΔNCF)。

【例 5-14】 万通公司考虑用一台新的、效率更高的设备来代替旧设备,以减少成本,增加收益。旧设备原购置成本为 40 000 元,已使用 5 年,估计还可使用 5 年,已提折旧 20 000 元,假定使用期满后无残值,如果现在销售可得价款 20 000 元,使用该设备每年可获收入 50 000 元,每年的付现成本为 30 000 元。该公司现准备用一台新设备来代替原有的旧设备,新设备的购置成本为 60 000 元,估计可使用 5 年,期满残值为 10 000 元,使用新设备后,每年收入可达 80 000 元,每年的付现成本为 40 000 元。假定该公司的贴现率为 10%,假设所得税税率为 40%,新旧设备均用直线法计提折旧。

要求:作出该公司是继续使用旧设备还是购置新设备的决策。

(1)用差额净现值法求解

①计算差额现金净流量

$\Delta NCF_0 = -60\ 000-(-20\ 000) = -40\ 000$(元)

$\Delta NCF_{1\sim4} = (80\ 000-50\ 000)\times(1-40\%)-(40\ 000-30\ 000)\times(1-40\%)+[(60\ 000-10\ 000)\div5-(40\ 000-20\ 000)\div5]\times40\%$

$=30\ 000\times(1-40\%)-10\ 000\times(1-40\%)+6\ 000\times40\%$

$=14\ 400$(元)

$\Delta NCF_5 = 14\ 400+10\ 000=24\ 400$(元)

②计算差额净现值

$\Delta NPV = 14\ 400\times(P/A,10\%,4)+24\ 400\times(P/F,10\%,5)-40\ 000$

$=14\ 400\times3.1699+24\ 400\times0.6209-40\ 000$

$=20\ 796.52$(元)

差额净现值为20 796.52元,大于零,应更新设备。

(2)用差额内部报酬率法求解

用 $i=25\%$ 测算 ΔNPV:

$\Delta NPV = 14\ 400\times(P/A,25\%,4)+24\ 400\times(P/F,25\%,5)-40\ 000$

$=14\ 400\times2.3616+24\ 400\times0.3277-40\ 000$

$=2\ 002.92$(元)

用 $i=30\%$ 测算 ΔNPV:

$\Delta NPV = 14\ 400\times(P/A,30\%,4)+24\ 400\times(P/F,30\%,5)-40\ 000$

$=14\ 400\times2.1662+24\ 400\times0.2693-40\ 000$

$=-2\ 235.8$(元)

用插值法计算 ΔIRR:

贴现率	净现值
25%	2 002.92
IRR	0
30%	−2 235.8

$$IRR = 25\% + \frac{2\ 002.92}{2\ 002.92+2\ 235.8}\times(30\%-25\%) = 27.36\%$$

差额内部报酬率为27.36%,大于10%,应更新设备。

5.4.2 寿命期限不等的投资决策

对多个经济使用年限不同的备选方案进行决策时,由于投资项目产生的现金流量时间长短不同,因此,不能直接用净现值法、现值指数法、净现值率法和内部报酬率法进行决策,为了使投资项目的评价指标具有可比性,可以采用年等额净现值法和年均成本法,对投资方案作出选择。

1)年等额净现值法

年等额净现值法是指通过比较所有投资方案的年等额净现值指标的大小来选择最优方案的决策方法。在此法下,年等额净现值最大的方案为优。

年等额净现值法的计算步骤如下:

(1)计算各方案的净现值;

(2)计算各方案的年等额净现值,若贴现率为 i,项目计算期为 n,则:

$$年等额净现值 = \frac{净现值}{年金现值系数} = \frac{NPV}{(P/A,i,n)}$$

【例 5-15】 东方企业有两个投资方案,其现金净流量如表 5-11 所示。

表 5-11 单位:元

项目计算期	甲方案		乙方案	
	净收益	现金净流量	净收益	现金净流量
0		-200 000		-120 000
1	20 000	120 000	16 000	56 000
2	32 000	132 000	16 000	56 000
3			16 000	56 000

要求:如果该企业期望达到的最低报酬率为 12%,请作出决策。

①计算甲、乙方案的净现值

$$\begin{aligned} NPV_{甲} &= 120\ 000 \times (P/F,12\%,1) + 132\ 000 \times (P/F,12\%,2) - 200\ 000 \\ &= 120\ 000 \times 0.8929 + 132\ 000 \times 0.7972 - 200\ 000 \\ &= 12\ 378.4(元) \end{aligned}$$

$$\begin{aligned} NPV_{乙} &= 56\ 000 \times (P/A,12\%,3) - 120\ 000 \\ &= 56\ 000 \times 2.4018 - 120\ 000 \\ &= 14\ 500.8(元) \end{aligned}$$

②计算甲、乙方案的年等额净现值

$$甲方案年等额净现值 = \frac{12\ 378.4}{(P/A,12\%,2)} = \frac{12\ 378.4}{1.6901} = 7\ 324.06(元)$$

$$乙方案年等额净现值 = \frac{14\ 500.8}{(P/A,12\%,3)} = \frac{14\ 500.8}{2.4018} = 6\ 037.47(元)$$

③作出决策

因为甲方案年等额净现值 7 324.06 元 > 乙方案年等额净现值 6 037.47 元,所以应选择甲方案。

2)年均成本法

在实际工作中,有些投资项目不能单独计算盈亏,或者投资项目的收入相同或收入基本相同且难以具体计量,一般可采用年均成本法进行投资决策。年均成本是指投资项目在项目计算期内现金流出量的现值之和与年金现值系数的比值。

【例 5-16】神州公司有 A、B 两个投资方案可供选择，A、B 两个投资方案的项目计算期分别为 4 年和 5 年。A 方案的原始投资额为 70 000 元，每年的付现成本分别为 4 200 元、4 500 元、4 600 元和 4 800 元。B 方案的原始投资额为 75 000 元，每年的付现成本均为4 000 元。

要求：如果该公司的贴现率为 8%，试比较哪一个方案最优。

$$\begin{aligned}\text{A 方案的年均成本} &= [70\ 000 + 4\ 200 \times (P/F,8\%,1) + 4\ 500 \times (P/F,8\%,2) + 4\ 600 \times \\ &\quad (P/F,8\%,3) + 4\ 800 \times (P/F,8\%,4)] \div (P/A,8\%,4) \\ &= (70\ 000 + 4\ 200 \times 0.9259 + 4\ 500 \times 0.8573 + 4\ 600 \times 0.7938 + \\ &\quad 4\ 800 \times 0.7350) \div 3.3121 \\ &= 84\ 926.11 \div 3.3121 \\ &= 25\ 641.17(\text{元})\end{aligned}$$

$$\text{B 方案的年均成本} = \frac{75\ 000}{(P/A,8\%,5)} + 4\ 000 = \frac{75\ 000}{3.9927} + 4\ 000 = 22\ 784.28(\text{元})$$

由于 B 方案的年均成本为 22 784.28 元，而 A 方案的年均成本为 25 641.17 元，所以选择 B 方案。

5.4.3 项目投资组合的决策

投资组合决策涉及多个可行性投资方案，由于企业资本总量受到限制，需要在多个备选方案中找出最佳投资组合，使得有限的资金得到充分利用。一般采用现值指数法和内部报酬率法。

【例 5-17】A、B、C、D 四个投资项目均为可行项目，具体资料见表 5-12，假定企业现在只有 2 500 万元可用于投资。

要求：作出投资组合决策。

表 5-12 金额单位：万元

项目	原始投资	净现值	现值指数
A	550	97.89	1.178
B	690	70.24	1.102
C	1 136	217.26	1.191
D	1 550	182.87	1.118

按 A、B、C、D 项目的现值指数从大到小排序见表 5-13。

表 5-13 金额单位：万元

序号	项目	现值指数	净现值	原始投资
1	C	1.191	217.26	1 136
2	A	1.178	97.89	550
3	D	1.118	182.87	1 550
4	B	1.102	70.24	690

企业在2 500万元原始投资额的限制下,可以选择的投资组合有C+A+B、C+A、C+B、A+D、A+B、D+B。最优组合为C+A+B,此时累计投资总额为1 136+550+690=2 376(万元)<2 500(万元),现实的净现值比所有其他组合都多。

【知识链接5-4】

投资和筹资决策要义

企业的长期投资决策主要解决这样几个问题:做什么,即投资方向的选择;做多少,即投资数量的选择;何时做,即投资时机的选择;怎样做,即资产形式和生产经营方式的选择。企业的长期筹资决策主要解决这样几个问题:利用权益资本还是债务资本?通过什么渠道筹措哪种权益资本或债务资本?权益资本与债务资本之间的比例是多少?利用长期资金还是短期资金?它们之间的比例是多少?而企业营运资金管理的重点,则在于保证企业生产经营过程中资金的正常周转,避免支付困境的出现。

本章小结

项目投资是一种以特定建设项目为对象,直接与新建项目或更新改造项目有关的长期投资行为。项目投资的特点是投资金额大、影响时间长、变现能力差、投资风险大,因此,项目投资决策必须严格遵守相应的程序。

现金流量是指与项目投资决策有关的现金流入和现金流出的数量,是评价投资方案是否可行时必须事先计算的一个基础性指标。现金流量包括现金流入量、现金流出量和现金净流量三个具体概念。

项目投资决策方法分为非贴现法和贴现法两大类。非贴现法包括平均报酬率法和投资回收期法。贴现法包括净现值法、现值指数法、净现值率法和内部报酬率法。

项目投资决策以投资项目的财务可行性评价为主。

复习思考题

5.1 什么叫项目投资?项目投资有哪些特点?

5.2 什么叫现金流量?现金流量的内容是什么?

5.3 为什么投资回收期法在现实生活中被广泛应用?

5.4 企业应如何进行项目投资决策?其方法和步骤如何?

第6章

证券投资

学习目标

知识目标：熟悉证券投资的目的和种类；理解证券投资的风险；了解债券投资和股票投资的特点；掌握债券和股票价值及收益率的计算；掌握证券组合投资风险与收益的衡量方法；了解证券组合投资的意义。

能力目标：能正确判断证券投资的风险，并能做好风险规避；能正确估算债券和股票的价值及收益率，并进行有关证券投资的决策；能正确运用组合投资方法，进行证券投资决策分析。

素养目标：能收集决策相关信息，较为客观地分析和评价有关证券的收益与风险，并可设计证券投资组合方案，具备基本的证券投资决策能力。

【案例导入】

天华公司是一家大型家电企业。2013 年年初，公司领导召开会议，集体通过了利用手中多余资金 1 500 万元投资有价证券，以获取投资收益的决定。经分析整理调研资料，拟定可供选择的投资对象如下：

(1)国家发行七年期国债，每年付息一次，且实行浮动利率。第一年利率为 2.63%，以后每年按当年银行存款利率加利率差 0.38% 计算支付利息。

(2)汽车集团发行五年期重点企业债券，票面利率为 10%，每半年付息一次。

(3)A 公司股票，中期预测每股收益为 0.45 元，股票市场价格为 22.50 元/股。总股本 30 631 万股，流通股 7 979 万股。公司主营设计制造空调制冷产品、空调使用红外遥控。该公司财务状况十分稳定，业绩良好，但成长性不佳。2010 ~ 2012 年财务数据及市场表现见表 6-1。

表 6-1　　A 公司 2010 ~ 2012 年财务数据及市场表现

财务指标	2012 年	2011 年	2010 年
主营业务收入(万元)	194 737	191 430.88	16 215
净利润(万元)	26 494	27 528.73	24 966
总资产(万元)	232 372	194 198	136 493

续表

财务指标	2012 年	2011 年	2010 年
股东权益(万元)	153 660	141 690	80 310
每股收益(元)	0.865	1.15	1.57
每股净资产(元)	5.02	6.01	5.07
每股现金流量(元)	0.11	0.51	
净资产收益率(%)	17.24	19.20	31.09

(4)B公司股票,中期预测每股收益为0.40元,股票市场价格为17元/股。总股本29 617万股,流通股21 676万股。公司主营家用电器、电风扇、清洁卫生器具。公司空调产销量居全国第一位,有行业领先优势,尤其是出口增长迅速,经营业绩稳步增长。B公司2010~2012年财务数据及市场表现见表6-2。

表6-2 B公司2010~2012年财务数据及市场表现

财务指标	2012 年	2011 年	2010 年
主营业务收入(万元)	516 564	429 814	345 166
净利润(万元)	22 916	21 508	21 025
总资产(万元)	342 368	292 591	198 158
股东权益(万元)	105 724	95 814	60 225
每股收益(元)	0.705	0.66	1.40
每股净资产(元)	3.25	2.94	4.01
每股现金流量(元)	1.08	1.75	
净资产收益率(%)	21.68	22.45	34.91

面对众多的投资对象,天华公司应如何作出选择呢?

这一案例表明:不同投资对象的收益各不相同,当然风险也不相同。当投资者拟进行证券投资时,既要考虑收益,也要考虑风险。风险与收益是共同存在的,通常高收益也意味着高风险。那么如何来量化一种证券的风险与收益的高低呢?又如何来判断一种证券值不值得投资呢?

通过学习本章的内容,你将掌握有价证券风险和收益的确定方法,并能够以此为依据进行证券投资的决策。

6.1 证券投资概述

6.1.1 证券与证券投资

证券是各类记载并代表一定权利的法律凭证的统称,用以证明持券人有权依其所持证券记载的内容而取得应有的权益。

证券投资是指企业以获取投资收益或控股为目的将资金用于购买股票、债券等金融资产的投资行为。证券投资和实物资产投资不同,实物资产投资是购买固定资产或流动资产等实物资产的投资行为,属于直接投资;证券投资是购买股票、债券等金融资产的投资行为,属于间接投资。

证券投资按其投资对象的不同,主要分为以下几种:

(1)债券投资。债券投资是指企业将资金投入各种债券,如国债、公司债券和短期融资债券等。相对于股票投资,债券投资一般风险较小,能获得稳定收益,但要注意投资对象的信用等级。

(2)股票投资。股票投资是指企业购买其他企业发行的股票作为投资,如普通股、优先股。股票投资风险比较大,收益也相对较高。

(3)基金投资。基金投资是指投资者通过购买投资基金股份或收益凭证来获取收益的投资方式。这种投资方式可使投资者享受专家服务,有利于分散风险,获得较大的投资收益。

(4)组合投资。组合投资是指企业将资金同时投放于债券、股票等多种证券,这样可分散证券投资风险。组合投资是企业证券投资的常用投资方式。

6.1.2 证券投资的目的

(1)充分利用闲置资金。企业在生产经营活动中,有时出现资金短缺,有时出现资金闲置。当出现资金闲置时,可以将闲置资金暂时投资于有价证券;当出现资金短缺时,可以将证券出售换回企业所需的资金。

(2)为了取得对相关企业的控制权。如果股票投资的比例达到国家法律所规定的可以取得被投资企业控制权的股份,那么,投资方就可以取得被投资企业的控制权。

(3)满足季节性经营对现金的需求。从事季节性经营的公司在一年内的某些月份有剩余资金,而在另外几个月份则会出现资金短缺,这些公司通常在资金有剩余时购入证券,而在资金短缺时出售证券。

(4)满足未来的财务需求。假如企业在不久的将来有一笔资金需求,如建一座厂房或归还到期债务,则可将现有资金投资于证券,以便到时出售,满足资金需求。

6.1.3 证券投资的风险

与实物投资相比,证券投资具有流动性强、价格不稳定、交易成本低等特征。证券投资会面临投资风险,证券投资风险是指投资者在证券投资过程中遭受损失或达不到预期收益的可能性。证券投资风险主要来自于以下几个方面:

(1)违约风险。违约风险是指证券发行人无法按期支付利息或偿还本金的风险。一般而言,政府发行的证券违约风险较小,金融机构发行的证券违约风险次之,工商企业发行的证券违约风险较大。造成证券违约的原因有以下几个方面:①政治、经济形势发生重大变动;②发生自然灾害,如水灾、火灾等;③企业经营管理不善,成本高,浪费大;④企业在市场竞争中失败,主要顾客消失;⑤企业财务管理失误,不能及时清偿到期债务。

(2)利率风险。利率风险是指由于利率的变动引起证券价格的波动而使投资者遭受损失的风险。证券的价格随利率变动而变动。一般而言,银行利率下降,证券价格上升;银行利率上升,证券价格下降。因此,即使是没有违约风险的国库券,也会有利率风险。证券的到期时间越长,利率风险越大。

(3)购买力风险。由于通货膨胀而使证券到期或出售时所获得的货币资金的购买力降低的风险,称为购买力风险。在通货膨胀时期,购买力风险对投资者有重要影响。一般而言,预期报酬率会上升的资产,其购买力风险会低于报酬率固定的资产。例如,房地产、普通股等投资受到的影响较小,而收益长期固定的证券受到的影响较大,前者更适合作为减少通货膨胀损失的避险工具。

(4)流动性风险。流动性风险是指在投资者想出售有价证券获取现金时,证券不能立即出售的风险。一种能在短时间内按市价大量出售的资产,是流动性较好的资产,这种资产的流动性风险较小;反之,如果一种资产不能在短时间内按市价大量出售,则属于流动性较差的资产,这种资产的流动性风险较大。例如,购买小公司的债券,想立即出售比较困难,因而流动性风险较大;但若购买国库券,几乎可以立即出售,流动性风险较小。

(5)期限性风险。由于证券期限长而给投资者带来的风险,称为期限性风险。一项投资,到期日越长,投资者遇到的不确定性因素就越多,承担的风险就越大。例如,同一家企业发行的十年期债券要比一年期债券风险大,这便是证券的期限性风险。

【小思考6-1】

证券投资会面临风险,正如专家所提醒的:"股市有风险,入市需谨慎。"那么,投资者为什么会愿意冒风险进行证券投资呢?请查阅有关资料,评价一种股票(或其他证券)的风险。

6.1.4 证券投资的程序

(1)合理选择投资对象。合理选择投资对象是证券投资成败的关键。企业应根据一定的投资原则,认真分析投资对象的收益水平和风险程度,合理选择投资对象,将风险降到最低限度,取得较好的投资收益。

(2)委托买卖。由于投资者无法直接进场交易,买卖证券业务需委托证券商代理。企业可通过电话委托、计算机终端委托、递单委托等方式委托券商代为买卖有关证券。

(3)成交。证券买卖双方通过券商的场内交易员分别出价委托,若买卖双方的价位与数量适合,交易即可达成,这个过程叫成交。

(4)清算与交割。企业委托券商买入某种证券成功后,即应解缴款项,收取证券。清算即证券买卖双方结清价款的过程。

(5)办理证券过户。证券过户只限于记名证券的买卖业务。当企业委托买卖某种记名证券成功后,必须办理证券持有人姓名变更的手续。

【知识链接6-1】

对外投资分类

企业对外投资就是企业在本身经营的主要业务以外,用现金、实物、无形资产方式或以购买股票、债券等有价证券方式向境内外的其他单位进行投资,以期在未来获得投资收益的经济行为。

企业对外投资可以按不同标志进行分类。主要有：

1. 按投资形成的产权关系不同，分为股权投资和债权投资。

2. 按投出资金的收回期限不同，分为短期对外投资和长期对外投资。

3. 按对外投资方式不同，分为实物投资与证券投资。

实物投资又称直接投资，是指用现金、实物、无形资产等投入其他单位，直接形成生产能力，为从事某种生产经营活动创造条件。对外直接投资包括联营投资、兼并投资等形式。

证券投资也称间接投资，是指用现金、实物、无形资产等购买或折价取得其他单位的有价证券（如股票、债券等）。证券投资的证券按其性质分为三类：一是债券性证券，如国库券、金融债券和公司债券；二是权益性证券，如公司股票；三是混合性证券，如优先股。

本章主要介绍企业对外间接投资，即证券投资。

6.2 债券投资

债券投资按照投资的期限，可分为短期债券投资和长期债券投资。企业进行短期债券投资的目的主要是合理利用暂时闲置的资金，调节现金余额并获得收益。企业进行长期债券投资的目的主要是获得稳定的收益。

6.2.1 债券投资的特点

(1)投资风险较低

与股票投资相比，债券投资风险比较低。政府债券有政府的信誉作担保，安全可靠。金融债券由于其发行金融机构资金实力雄厚，一般比较安全。企业债券由于其发行企业需经过严格审批，资信度较高，投资风险也比较低。在企业破产时，企业债券的持有者拥有优先求偿权，优先于股东分得企业资产。

(2)投资收益稳定

债券的收益一般固定不变，发行人必须按照事先约定的利率计算收益并按期支付，而不会因为发行人的经济状况的好坏而变动。因此，债券投资的收益比较稳定。

(3)债券流动性强

许多债券都具有比较好的流动性。企业在资金短缺的情况下，可以随时把所持有的债券在金融市场上迅速出售，获得资金。如一些政府及大企业发行的债券流动性都非常强。

(4)没有经营管理权

债券投资人与债券发行企业之间产生的是债权债务关系。作为债权人，债券投资者没有参与发行企业经营管理的权利。

(5)购买力风险大

由于债券面值和利率是固定的，如果投资期间通货膨胀率较高，则本金和利息的实际购买力降低。

6.2.2 债券的价值

企业要进行债券投资，必须知道债券的价值，只有债券的价值大于购买价格时，企业才值得买入债券。所谓债券的价值,又称债券的内在价值,是指投资者预期可获得的现金流入的现值。债券的价值是进行债券投资决策时使用的主要指标之一。

1)债券价值计算的基本模型

典型的债券是利率固定、每年按复利计算并支付利息、到期归还本金的债券。其计算模型为:

$$P = F \times i \times (P/A,K,n) + F \times (P/F,K,n)$$
$$= I \times (P/A,K,n) + F \times (P/F,K,n)$$

式中:P 为债券价值;i 为债券票面利率;I 为债券利息;F 为债券面值;K 为市场利率或必要收益率;n 为付息总期数。

【例6-1】三商公司2013年1月1日准备购买一张面值为10 000元的债券,其票面利率为6%,于2015年12月31日到期,每年1月1日支付一次利息。当前的市场利率为8%,债券的市价为9 100元,问该公司是否购买该债券。

$$P = F \times i \times (P/A,K,n) + F \times (P/F,K,n)$$
$$= 10\,000 \times 6\% \times (P/A,8\%,3) + 10\,000 \times (P/F,8\%,3)$$
$$= 600 \times 2.5771 + 10\,000 \times 0.7938$$
$$= 9\,484.26(\text{元})$$

因为债券的市价9 100元低于其价值9 484.26元,所以,购买此债券有利可图。

2)一次还本付息的单利债券价值模型

我国很多债券属于一次还本付息、单利计算的债券。其计算模型为:

$$P = F \times (1 + i \times n)/(1 + K)^n$$
$$= F \times (1 + i \times n) \times (P/F,K,n)$$

【例6-2】华商企业拟购买黄河公司发行的债券作为投资,该债券面值为10 000元,期限为7年,票面利率为8%,单利计算,到期还本付息,当前的市场利率为6%。

要求:计算该债券发行价格为多少时企业才能购买。

$$P = F \times (1 + i \times n) \times (P/F,K,n)$$
$$= 10\,000 \times (1 + 8\% \times 7) \times (P/F,6\%,7)$$
$$= 10\,000 \times (1 + 0.56) \times 0.6651$$
$$= 10\,375.56(\text{元})$$

即该债券的价格必须低于10 375.56元企业才能购买。

3)零票面利率的债券价值模型

有些债券以折现方式发行,没有票面利率,到期按面值偿还。其计算模型为:

$$P = F/(1 + K)^n = F \times (P/F,K,n)$$

【例6-3】华商企业拟购买长江公司发行的债券作为投资,该债券面值为3 000元,期限为3年,以折现方式发行,期内不计利息,到期按面值偿还,当前的市场利率为6%。

要求:计算该债券发行价格为多少时企业才能购买。

$$P = F \times (P/F,K,n)$$
$$= 3\,000 \times (P/F,6\%,3)$$

$=3\ 000\times 0.8396$

$=2\ 518.8$(元)

即该债券的价格必须低于 2 518.8 元企业才能购买。

6.2.3 债券的收益率

债券的收益率是进行债券投资时选择债券的重要标准,它可以反映债券投资按复利计算的实际收益率。如果债券的收益率高于投资人要求的必要收益率,则可购进债券;否则,就应该放弃此项投资。

1)短期债券的收益率

短期债券的收益率计算一般比较简单,因为期限较短,所以一般不用考虑货币时间价值因素。其计算模型为:

$$K=\frac{S_1-S_0+I}{S_0}\times 100\%$$

式中:K 为债券投资收益率;S_1 为债券卖出价格;S_0为债券买入价格;I 为债券利息。

【例 6-4】 神龙公司于 2012 年 4 月 5 日以 900 元买入一张面值为 1 000 元的国债,票面利率为 6%,每年年末支付一次利息,于 2013 年 4 月 5 日以 960 元的价格出售。

要求:计算该国债的投资收益率。

$K=(S_1-S_0+I)/S_0\times 100\%$

$=(960-900+1\ 000\times 6\%)\div 900\times 100\%$

$=13.33\%$

即该国债的投资收益率为 13.33%。

2)长期债券的收益率

长期债券的收益率计算比较复杂,因为涉及的时间较长,所以要考虑货币时间价值。它是指购进债券后,一直持有该债券至到期日可获取的收益率。它是能使未来现金流入现值等于债券买入价格的贴现率。它满足以下公式:

$V=I\times(P/A,K,n)+F\times(P/F,K,n)$

式中:V 为债券的购买价格;I 为每年获得的固定利息;F 为债券到期收回的本金或中途出售收回的资金;K 为债券的投资收益率;n 为投资期限。

无法直接计算收益率,必须采用逐步测试法及插值法来计算,即先设定一个贴现率代入上式,如计算出的 V 正好等于债券买价,该贴现率即为收益率;如计算出的 V 与债券买价不等,则须继续测试,再用插值法求出收益率。

【例 6-5】 天商公司 2013 年 1 月 1 日买入一张面值为 1 000 元的国债,买入价格为 1 105 元,票面利率为 8%,每年年末付息一次,5 年后到期。该公司将持有该债券至到期日。

要求:计算该债券的收益率。

该债券的收益率满足下面的公式:

$V=I\times(P/A,K,n)+F\times(P/F,K,n)$

即 $1\ 105=1\ 000\times 8\%\times(P/A,K,5)+1\ 000\times(P/F,K,5)$

转化成净现值为:

$NPV = 1\ 000 \times 8\% \times (P/A,K,5) + 1\ 000 \times (P/F,K,5) - 1\ 105 = 0$

首先令 $K = 8\%$,则:

$NPV = 1\ 000 \times 8\% \times (P/A,8\%,5) + 1\ 000 \times (P/F,8\%,5) - 1\ 105$

$= 80 \times 3.9927 + 1\ 000 \times 0.6806 - 1\ 105$

$= -104.98$(元)

由于 $NPV < 0$,应减少贴现率进一步计算。

令 $K = 6\%$,则:

$NPV = 1\ 000 \times 8\% \times (P/A,6\%,5) + 1\ 000 \times (P/F,6\%,5) - 1\ 105$

$= 80 \times 4.2124 + 1\ 000 \times 0.7473 - 1\ 105$

$= -20.71$(元)

由于 $NPV < 0$,应再减少贴现率进一步计算。

令 $K = 4\%$,则:

$NPV = 1\ 000 \times 8\% \times (P/A,4\%,5) + 1\ 000 \times (P/F,4\%,5) - 1\ 105$

$= 80 \times 4.4518 + 1\ 000 \times 0.8219 - 1\ 105$

$= 73.04$(元)

由于 $NPV > 0$,可以判断,收益率介于 4% ~6% 之间,用插值法求解:

贴现率	净现值
4%	73.04
K	0
6%	-20.71

则:$(K - 4\%)/(6\% - 4\%) = (73.04 - 0)/(73.04 + 20.71)$

$K = 4\% + (73.04 - 0)/(73.04 + 20.71) \times (6\% - 4\%) = 5.56\%$

所以,如果债券的买入价格为 1 105 元,债券的收益率为 5.56% 。

【例 6-6】 东方公司于 2013 年 1 月 1 日平价买入一张面值为 10 000 元的债券,其票面利率为 12%,每年付息一次,6 年后到期。该公司将持有该债券至到期日。

要求:计算该债券的收益率。

该债券收益率满足下面的公式:

$V = I \times (P/A,K,n) + F \times (P/F,K,n)$

即 $10\ 000 = 10\ 000 \times 12\% \times (P/A,K,6) + 10\ 000 \times (P/F,K,6)$

转化成净现值为:

$NPV = 10\ 000 \times 12\% \times (P/A,K,6) + 1\ 000 \times (P/F,K,6) - 10\ 000 = 0$

令 $K = 12\%$,则:

$NPV = 10\ 000 \times 12\% \times (P/A,12\%,6) + 10\ 000 \times (P/F,12\%,6) - 10\ 000$

$= 1\ 200 \times 4.1114 + 10\ 000 \times 0.5066 - 10\ 000$

≈ 0

可见,平价发行的每年付息一次的债券,其投资收益率正好等于票面利率。

如果债券的价格高于面值,则情况发生变化。例如,买价是11 000元,则:

$NPV = 10\ 000 \times 12\% \times (P/A,K,6) + 10\ 000 \times (P/F,K,6) - 11\ 000$

令 $K = 10\%$,则:

$$\begin{aligned} NPV &= 10\ 000 \times 12\% \times (P/A,10\%,6) + 10\ 000 \times (P/F,10\%,6) - 11\ 000 \\ &= 1\ 200 \times 4.3553 + 10\ 000 \times 0.5645 - 11\ 000 \\ &= -128.64(\text{元}) \end{aligned}$$

再令 $K = 9\%$,则:

$$\begin{aligned} NPV &= 10\ 000 \times 12\% \times (P/A,9\%,6) + 10\ 000 \times (P/F,9\%,6) - 11\ 000 \\ &= 1\ 200 \times 4.4859 + 10\ 000 \times 0.5963 - 11\ 000 \\ &= 346.08(\text{元}) \end{aligned}$$

由此可以判断,债券收益率介于9% ~10%之间,用插值法求解:

$$K = 9\% + \frac{128.64}{128.64 + 346.08} \times (10\% - 9\%) = 9.27\%$$

所以,如果债券的买入价格为11 000元时,债券的收益率为9.27%。

用逐步测试法比较麻烦,可用下面的简便算法求得近似结果,即:

$$K = \frac{I + \frac{S_1 - S_0}{N}}{\frac{S_1 + S_0}{2}} \times 100\%$$

式中:K为债券投资收益率;S_1为到期归还的本金;S_0为买入价格;I为年利息;N为年限。

将【例6-6】的数据代入上式,可得债券收益率:

$$\begin{aligned} K &= [I + (S_1 - S_0)/N] \div (S_1 + S_0)/2 \times 100\% \\ &= [1\ 200 + (10\ 000 - 11\ 000)/6] \div (10\ 000 + 11\ 000)/2 \times 100\% \\ &= 9.84\% \end{aligned}$$

【例6-7】 三木公司于2013年1月1日平价买入一张面值为10 000元的债券,其票面利率为8%,按单利计息,5年后到期,一次还本付息。该公司将持有该债券至到期日。

要求:计算该债券的收益率。

$10\ 000 \times (1 + 5 \times 8\%) \times (P/F,K,5) = 10\ 000$

$(P/F,K,5) = 10\ 000 \div 14\ 000 = 0.7143$

查复利现值系数表,$(P/F,7\%,5) = 0.7130$,即该债券的收益率约为7%。

在单利计息的情况下,即使按面值购入,投资人的收益率也会低于票面利率。

【知识链接6-2】

证券投资分析时怎样看年度报告

上市公司年度报告是综合反映年度内经营业绩与财务状况的重要报告,是投资者据以判断证券价格变动趋势的主要依据。年度报告正文包括公司简介、会计数据和业务数据摘要、股本变动及股东情况、股东大会简介、董事会报告、监事会报告、业务报告摘要、重大事项、财务报告、公司的其他有关资料。

分析年报的基础是数据真实、准确、完整。上市公司公开披露的信息如有虚假、严重误导性陈述或者重大遗漏，负责对文件验证的中介机构对此要承担相应的法律责任，公司的全体发起人或者董事也应承担连带责任。分析年报时，比较法很重要，一般包括：

1. 本期的实际指标与前期的实际指标相比较。对比的方式有两种：一是确定增减变动数量；二是确定增减变动率。计算公式如下：

增减变动数量 = 本期实际指标 - 前期实际指标

增减变动率 =（增减变动数量/前期实际指标）×100%

2. 本期的实际指标与预期目标相比较。这样可以考核公司经营者受托责任的完成情况，预期目标完成得好，则表明公司经营者比较成功地把握了市场；还要与长远规划相比较，分析达到长远奋斗目标的可能性。但在进行这种对比中，必须检查计划目标本身的合理性和先进性，否则对比就失去了客观的依据。

3. 本期的实际指标与同类公司同类指标相比较，以便清醒地认识到该上市公司在本行业中的地位，同时结合业绩情况进行分析。

一般而言，分析年报时，我们会注意净值的大小。净值越大，表明公司的经营状况越好。同时还要注意净值与固定资产的比率，净值大于固定资产，表明公司的财务安全性高。由于流动资产减去流动负债之后，余下的即为经营资金，这个数字越大，表明公司可支配的经营资金越多。还要注意负债与净值的关系，负债与净值之比在50%以下，说明公司的经营状况尚好。

当然，分析年报时，还要学会去伪存真，认清有些公司年报中存在的“陷阱”。

一是销售利润率。如果公司经营上无重大变化，它的销售利润率应该是相对稳定的，如果报告期的销售利润率变动较大，则表明公司有可能少计或多计费用，从而导致账面利润增加或减少。二是应收款项目。如有些公司将给销售网的回扣费用计入应收款科目，使利润虚增。三是坏账准备，有些应收账款由于多种原因，长期无法收回，账龄越长，风险越大。由于我国坏账准备金低，一旦收不回来的账款过多，对公司的利润影响将非常大。四是折旧。这是上市公司大有文章可做的地方。有的在建工程完工后不转成固定资产，公司也就免提折旧，有的不按重置后的固定资产提取折旧，有的甚至降低折旧率，这些都会虚增公司的利润。五是退税收入。有的退税收入不是按规定计入资本公积，而是计入盈利，有的是将退税期后推，这都会导致当期利润失真。

6.3 股票投资

6.3.1 股票投资的目的

企业进行股票投资的目的主要有两种：一是获利，即作为一般的证券投资，获取股利收入及股票买卖差价；二是控股，即通过购买某一企业的大量股票达到控制该企业的目的。

6.3.2 股票投资的特点

（1）投资风险较大

股票价格受多种因素的影响，波动的幅度较大。政治因素、经济因素、投资者心理因素、企业的盈利情况和风险情况,都会影响股票价格,也使得股票投资具有较高的风险。

(2)投资报酬较高

股票投资的高风险与其高报酬相辅相成。股票的投资风险大,也意味着投资者有可能获得较高的投资收益。当发行公司的经济效益相当好时,股票投资人有可能获得比债券投资人高得多的股息收入。而且,可以利用股票价格的涨落谋取较大的资本利得报酬。

(3)投资者拥有一定的经营控制权

公司的股东有权监督和控制企业的生产经营情况,投资者对股票发行单位有表决权、参与决策与管理权。投资者可以通过购买股票对其他企业的生产经营方向进行控制。

(4)求偿权居后

企业在破产时,投资者对被投资企业的资产求偿权居于最后,其投资有可能得不到全额补偿。

6.3.3 股票的价值

股票的价值,又称股票的内在价值,是进行股票投资所获得的现金流入的现值。股票带给投资者的现金流入包括两部分,即股利收入和股票出售时的售价。因此,股票的内在价值由一系列的股利和将来出售股票时售价的现值所构成。通常当股票的市场价格低于股票的内在价值时才适宜投资。

1)股票价值的一般模型

在一般情况下,投资者投资于股票,不仅希望得到股利收入,还希望在未来出售时从股票价格的上涨中获得好处。短期持有、未来准备出售的股票的价值模型为:

$$V=\sum_{t=1}^{n}\frac{d_t}{(1+K)^t}+\frac{V_n}{(1+K)^n}$$

式中:V 为股票的内在价值;d_t 为第 t 期的预期股利;K 为投资人要求的必要报酬率;V_n 为未来出售时预计的股票价格;n 为预计持有股票的期数。

【例 6-8】 华豫公司准备购买一种股票,预计其未来两年的股利为 4 元,两年后预计市场价格为 30 元,投资者预期收益率为 12%。

要求:计算该股票的价值。

$$V=\sum_{t=1}^{n}\frac{d_t}{(1+K)^t}+\frac{V_n}{(1+K)^n}$$

$$=\frac{4}{(1+12\%)^1}+\frac{4}{(1+12\%)^2}+\frac{30}{(1+12\%)^2}$$

$$=4\times0.8929+4\times0.7972+30\times0.7972$$

$$=30.68(\text{元})$$

即该股票的价值为 30.68 元。

2)长期持有、股利固定增长的股票价值模型

如果一个公司的股利不断增长,投资人的投资期限非常长,则计算股票的价值非常

困难，只能求得近似数。这种情况下股票的内在价值为：

$$V=\sum_{t=1}^{\infty}\frac{d_0(1+g)^t}{(1+K)^t}$$

带入等比数列前 n 项和公式，当 n→∞ 时，普通股的内在价值模型为：

$$V=\frac{d_0(1+g)}{K-g}=\frac{d_1}{K-g}$$

式中：V 为股票的内在价值；K 为投资人要求的必要报酬率；d_0 为上年股利；d_1 为本年股利；g 为每年股利的增长率。

【例 6-9】 永豫公司拟购买神火集团的股票并准备长期持有，该股票上年每股股利为 3 元，预计股利每年以 4% 的增长率增长，贴现率为 10%。

要求：计算该股票价格为多少元时可以投资。

$$V=\frac{3\times(1+4\%)}{10\%-4\%}=52(\text{元})$$

由计算可知，该股票的价格低于 52 元时才可以投资。

3）长期持有、股利不增长的股票价值模型

股利不增长又称股利零增长，是股利固定增长模型的特例。其股票价值模型为：

$$V=\frac{d}{K}$$

【例 6-10】 神火集团每年分配每股股利 3 元，必要报酬率为 10%。若想长期持有该公司股票，则该股票价格为多少元时可以投资？

$V=d/K=3\div10\%=30(\text{元})$

即该股票的价格低于 30 元时才可以投资。

4）长期持有、股利多阶段增长的股票价值模型

多阶段增长又称非固定增长，有些公司股票的股利，在一段时间里高速增长，在另一段时间里又正常固定增长或固定不变，在这种情况下，就要分段计算才能确定股票的价值。

【例 6-11】 远东公司长期持有三友公司的股票，其必要报酬率为 10%，预计三友公司未来三年股利高速增长，增长率为 20%。此后转为正常增长，增长率为 6%。三友公司最近支付的股利为 3 元。

要求：计算三友公司股票的价值。

首先，计算非正常增长期的股利现值，见表 6-3。

表 6-3　非正常增长期的股利现值　　单位：元

年份	股利	复利现值系数	现值
1	3×1.2=3.6	0.9091	3.2728
2	3.6×1.2=4.32	0.8264	3.5700
3	4.32×1.2=5.184	0.7513	3.8947
合计	—	—	10.7375

其次,计算第三年年底的股票价值:

$V_3 = d_3(1+g)/(K-g)$

$= 5.184 \times (1+6\%)/(10\% - 6\%)$

$= 137.376$(元)

最后,计算股票目前的内在价值:

$V = 137.376 \times (P/F, 10\%, 3) + 10.7375$

$= 137.376 \times 0.7513 + 10.7375$

$= 113.95$(元)

即该股票的价值为 113.95 元。

6.3.4 股票的收益率

股票的收益率是使估计的各期股利及未来股票售价的复利现值之和等于股票买价时的贴现率,即股票投资预计可望达到的内在收益率。股票的收益率是股票投资决策的重要依据之一,如果股票的收益率高于投资人要求的必要收益率,则应投资该股票;否则,就应放弃此项投资。

1)短期持有的股票的收益率

如果投资者持有股票的时间不超过一年,就不用考虑货币时间价值,其收益包括股票投资买卖差价和股利两部分。其收益率公式为:

$$K = \frac{S_1 - S_0 + d}{S_0} \times 100\%$$

式中:K 为股票的收益率;S_0 为股票买价;S_1 为股票售价;d 为股利。

【例 6-12】 2012 年 2 月 1 日,华商公司购买远洋公司每股市价为 20 元的股票。2013 年 1 月,华商公司每股获现金股利 1 元。2013 年 2 月 1 日,华商公司将股票以每股 22 元的价格出售。计算该股票的收益率。

$K = (S_1 - S_0 + d)/S_0 \times 100\%$

$= (22 - 20 + 1)/20 \times 100\%$

$= 15\%$

即该股票的收益率为 15%。

2)长期持有、股利不增长的股票的收益率

$$K = \frac{d}{V} \times 100\%$$

【例 6-13】 火凤凰公司发行的股票,每股市价为 20 元,预期每年支付股利 4 元。计算该股票的收益率。

$K = d/V \times 100\% = 4 \div 20 \times 100\% = 20\%$

即该股票的收益率为 20%。

3)长期持有、股利固定增长的股票的收益率

$$K = \frac{d_1}{V} \times 100\% + g$$

【例 6-14】 四通公司发行的股票，每股市价为 40 元，预期下一年度股利为 2.4 元，预期股利增长率为 6%。计算该股票的收益率。

$K = d_1/V \times 100\% + g = 2.4 \div 40 \times 100\% + 6\% = 12\%$

即该股票的收益率为 12%。

4）短期持有、未来准备出售的股票的收益率

此种情况下，企业进行股票投资可以每年取得股利，股票出售时也可收回一定资金，那么股票投资的收益率是使各期股利及股票售价的复利现值等于股票买价的贴现率。它满足以下公式：

$$V = \sum_{j=1}^{n} \frac{d_j}{(1+K)^j} + \frac{F}{(1+K)^n}$$

式中：V 为股票的买价；d_j 为第 j 期的预期股利；K 为投资收益率；F 为股票出售的价格；n 为持有股票的期数。

【例 6-15】 神州公司于 2010 年 5 月 1 日投资 600 万元，购买某种股票 100 万股，在 2011 年、2012 年和 2013 年的 4 月 30 日分得每股现金股利分别为 0.6 元、0.8 元和 0.9 元，并于 2013 年 4 月 30 日以每股 8 元的价格将股票全部出售。

要求：计算该项投资的收益率。

$600 = 100 \times 0.6/(1+K) + 100 \times 0.8/(1+K)^2 + 100 \times 0.9/(1+K)^3 + 100 \times 8/(1+K)^3$

转化成净现值：

$NPV = 100 \times 0.6/(1+K) + 100 \times 0.8/(1+K)^2 + 100 \times 0.9/(1+K)^3 + 100 \times 8/(1+K)^3 - 600 = 0$

即 $NPV = 60/(1+K) + 80/(1+K)^2 + 90/(1+K)^3 + 800/(1+K)^3 - 600 = 0$

令 K = 20%，则

$$\begin{aligned} NPV &= 60/(1+20\%) + 80/(1+20\%)^2 + 890/(1+20\%)^3 - 600 \\ &= 60 \times 0.8333 + 80 \times 0.6944 + 890 \times 0.5787 - 600 \\ &= 20.59(\text{元}) \end{aligned}$$

由于 NPV > 0，应增大 K，令 K = 24%，则：

$$\begin{aligned} NPV &= 60/(1+24\%) + 80/(1+24\%)^2 + 890/(1+24\%)^3 - 600 \\ &= 60 \times 0.8065 + 80 \times 0.6504 + 890 \times 0.5245 - 600 \\ &= -32.77(\text{元}) \end{aligned}$$

由于 NPV < 0，可知收益率介于 20% ~24% 之间，用插值法求解：

贴现率	净现值
20%	20.59
K	0
24%	−32.77

$$\frac{K-20\%}{24\%-20\%} = \frac{20.59-0}{20.59+32.77}$$

$$K = 20\% + \frac{20.59}{20.59+32.77} \times (24\% - 20\%) = 21.54\%$$

该股票的收益率为21.54%。

【小思考6-2】

请结合实际,分析一家上市公司的股票行情,判断其股票是否值得购买。

【知识链接6-3】

股票投资的技术分析方法

技术分析方法是从市场行为本身出发,运用数理统计和心理学等理论和方法,根据证券市场已有的价格、成交量等历史资料来分析价格变动趋势的方法。

股票投资的技术分析方法以预测市场价格变化的未来趋势为目的,以图表、技术指标为主要手段对市场行为进行研究。在成熟的证券市场中,股票的投资价值一般能从其价格、成交量等方面反映出来,因此,技术分析方法实际上是对市场一段时间的价、量关系作出分析,以预测未来走势的一系列方法。其最终分析的对象是价格、成交量、时间、空间。其中,价格反映了股票市场变化方向;成交量反映了市场对价格变化方向的认同程度;时间是指一种行情或者走势持续的时间跨度;空间是指某一趋势可能达到的高点或者低点,股市行情在高点或低点很可能变盘。时空分析的目的是寻找买卖时机。

决策方法:因为股市行情在高点或低点很可能变盘,因此投资者往往在低点或高点进行股票的买进或卖出。当预计股票价格上升时,投资者会增持股票;当预计股票价格下降时,投资者会售出股票。采用这种方法作出的投资决策往往带有很大的主观性,一旦股价走势预测失误,投资者的投资就会被套牢或发生损失。

6.4 证券组合投资

6.4.1 证券投资组合的意义

证券投资组合又称证券组合,是指在进行证券投资时,不是将所有的资金都投向单一的某种证券,而是有选择地投向一组证券。这种同时投资多种证券的做法就叫证券投资组合。由于证券投资存在着较高的风险,而各种证券的风险大小又不相同,因此,企业在进行证券投资时,不应将所有的资金都集中投资于一种证券,而应同时投资于多种证券,这就形成了证券组合投资。证券组合投资对分散和降低投资风险具有重要的作用。正因为这样,一些国家的法律和制度都规定银行、保险公司、各类共同基金、信托公司等金融机构都必须将其投资分散,以形成高度多元化的投资组合,起到避免风险的作用。从投资者的角度看,某一特定股票价格的涨跌并不重要,重要的是对它们所组成的证券投资组合的风险和收益的影响。证券投资组合是证券投资的重要武器,它可以帮助投资者全面捕捉投资机会,降低投资风险。

6.4.2 证券投资组合的风险与收益

1)证券投资组合的风险

证券投资组合的风险可以分为两种性质的风险:非系统性风险和系统性风险。

(1)非系统性风险

非系统性风险又称可分散风险或公司特有风险,是指某些因素对单个证券造成经济损失的可能性。它源于公司本身的商业活动和财务活动，它表现为个股报酬率的变动脱离整个股市平均报酬率的变动。这种风险可以通过多元化投资来分散，即多买几家公司的股票，其中某些公司的股票的收益可能下降，而另一些公司的股票的收益却上升，从而将风险抵销。因而，这种风险称为可分散风险。

(2)系统性风险

系统性风险又称不可分散风险或市场风险，是指由于某些因素给市场上所有的证券都带来经济损失的可能性。它源于公司之外，如世界能源价格上涨、通货膨胀和经济衰退等，所有公司都会受影响，表现为整个股市平均报酬率的降低。这类风险无法通过有价证券的组合予以分散。对于投资者来说，这种风险是无法消除的。

面对系统性风险，不同股票的反应是不一样的，有的发生剧烈变动，有的只发生较小的变动。系统性风险通常用β系数来计量。β系数是反映个别股票相对于平均风险股票的变动程度的指标，它可以衡量个别股票的市场风险。

作为整体的证券市场的β系数为1。如果某种股票的风险情况与整个市场的风险情况一致，则该股票的β系数等于1；如果某种股票的β系数大于1，说明其风险大于整个市场的风险；如果某种股票的β系数小于1，说明其风险小于整个市场的风险。

单个证券的β系数可以从有关的投资服务机构获得。投资组合的系数是单个证券β系数的加权平均数，权数为各种证券在投资组合中所占的比重。其计算公式为：

$$\beta_p = \sum_{i=1}^{n} \beta_i \cdot W_i$$

式中：β_p为证券投资组合的综合β系数；W_i为证券投资组合中第i种股票所占的比重；β_i为第i种股票的β系数；n为证券投资组合中股票的数量。

【例6-16】某公司持有价值10万元的两种股票，其中A股票6万元，β系数为1.5；B股票4万元，β系数为0.6。则该投资组合的综合β系数为：

$$\beta_p = \frac{6}{10} \times 1.5 + \frac{4}{10} \times 0.6 = 1.14$$

通过计算，说明该投资组合的市场风险是整个市场股票风险的1.14倍。

2)证券投资组合的风险收益

证券投资组合的风险收益是投资者因承担不可分散风险而要求的、超过时间价值的那份额外收益，通常用风险收益率表示。可用以下公式计算：

$$R_p = \beta_p \cdot (R_m - R_F)$$

式中：R_p为证券投资组合的风险收益率；β_p为证券投资组合的β系数；R_m为市场上所有股票组成的证券投资组合的平均收益率，即市场收益率；R_F为无风险收益率，一般用政府公债的利率来衡量。

【例6-17】沿用上例资料，如股票的市场收益率为10%，无风险收益率为7%，则该投资组合的风险收益率为：

$$R_p = 1.14 \times (10\% - 7\%) = 3.42\%$$

在其他因素不变的情况下，风险收益率取决于证券投资组合的β系数，β系数越大，风险收益率越大；β系数越小，则风险收益率越小。

3)风险与收益率的关系

风险与收益率密不可分,风险越大,投资者期望的收益率就越高。在西方金融学和财务管理学中,有许多论述风险与收益关系的模型,其中最重要的一个模型为资本资产定价模型(CAPM),该模型为:

$$R_i = R_F + \beta_i(R_m - R_F)$$

式中:R_i为第 i 种股票或第 i 种证券投资组合的预期投资收益率;R_m 为市场收益率;R_F 为无风险收益率;β_i 为第 i 种股票的 β 系数。

【例 6-18】 某公司股票的系数为 2,无风险收益率为 4%,市场平均收益率为 10%,则该股票的预期投资收益率为多少时投资者才会购买?

$$R_i = 4\% + 2 \times (10\% - 4\%) = 16\%$$

即该公司股票的收益率达到或超过 16%时,投资者才肯进行投资,否则,投资者不会购买该公司的股票。

6.4.3 证券投资组合的策略与方法

1)证券投资组合的策略

在证券投资组合理论的发展过程中,形成了各种各样的组合策略,以下是其中最常见的几种:

(1)保守型策略

该策略认为,最佳证券投资组合策略应当尽量模仿市场现状,将尽可能多的证券包括进来,从而分散掉全部非系统风险,得到与市场所有证券的平均收益相同的收益。这种投资组合具有以下优点:①能分散掉全部可分散风险;②不需要高深的证券投资专业知识;③证券投资的管理费用较低。但这种组合获得的收益不会高于证券市场上所有证券的平均收益。因此,这种策略属于收益不高、风险不大的策略,故称之为保守型策略。

(2)冒险型策略

该策略认为,只要投资组合组合得好,就能取得远高于平均水平的收益。在这种组合中,成长型股票居多,而那些低风险、低收益的股票较少。这种策略属于收益高、风险大的策略,故称之为冒险型策略。

(3)适中型策略

该策略介于保守型策略与冒险型策略之间。持这种策略的投资者认为,证券的价格是由特定企业的经营业绩来决定的。市场上股票价格的一时沉浮并不重要,只要公司业绩好,股票价格一定会反映其本来的价值水平。采用这种策略的人必须具备丰富的投资经验和证券投资的各种专业知识,善于对证券进行分析,通过分析,选择高质量的证券,组成投资组合。采用这种策略风险不太大,收益却比较高。

2)证券投资组合的方法

(1)选择足够数量的证券进行组合

采用这种组合方法时,不是进行有目的的组合,而是随机地选择证券,随着证券数量的增加,非系统风险会逐步减少,当数量足够时,大部分非系统风险都能分散掉。

(2)将风险大、风险中等和风险小的证券放在一起进行组合

这种组合方法又称为1/3法,即将全部资金的1/3投资于风险大的证券,1/3投资于风险中等的证券,1/3投资于风险小的证券。这种组合方法虽不可能获得太高的收益,但也不会承担太大的风险,是一种常见的组合方法。

(3)将投资收益呈负相关的证券放在一起进行组合

一种股票的收益上升而另一种股票的收益下降的两种股票,被称为负相关股票。将投资收益呈负相关的证券组合在一起,能有效地分散风险。

【知识链接6-4】

不懂财务的经理人怎样处理财务?

有这样一个比喻:不懂财务的老板带着公司在市场上和其他公司竞争,就像一个不自量力的人,拎着一把特大的刀和别人打架。除了运气特别好的时候能砍到别人,大多数的时间先砍到的是自己。

这个比喻形象地描绘了中国大部分中小企业的状况,这些企业的经营者或管理者都是从营销起家,本身不熟悉财务知识,甚至不具备较高的文化水平。但是企业规模的一步步壮大,对这些经理人的财务技能提出了要求。不掌握相应的财务知识和技能,是管理不好企业的。那么,他们应该怎么做呢?

☆加强自身的学习

对于公司经理人来说,为了准确地评估公司现状,要能理解最基本的财务语言,识别关键财务指标,看懂几种财务报表。

几个重要的财务名词:资产/负债,账面价值/市场价值,资本性支出,折旧/摊销,会计年度,净利润率,应收项目/应付项目,收入/支出。

几种重要的财务报表:资产负债表——反映公司在某一特定时期(往往是年末或季末)的财务状况的静态报告,反映的是公司的资产、负债(包括股东权益)之间的平衡关系;利润表——一定时期内经营成果的反映,是关于收益和损耗情况的财务报表,反映公司在一定时间的业务经营状况,直接明了地揭示公司获取利润能力的大小和潜力以及经营趋势;现金流量表——反映企业一定期间内的现金流入和流出情况,能评估企业未来产生净现金流的能力、偿还负债的能力、支付股利的能力、向外界融资的能力,以及本期损益与营业活动所产生现金流量的差异。

目前有很多专门的财务管理公司提供这些培训,经理人可以参加。另外也要善于在与财务人员日常接触的过程中向他们求教。

☆正确用人

无论如何,经理人自身都很难成为一个财务管理专家。优秀的财务负责人对企业的发展至关重要,他本身不但要具备极高的业务素养,能制定出有效的内部控制制度和会计控制制度,而且要能为企业经营提供专业的分析和建议。因此,正确使用优秀的财务专业人员,是经理人克服财务技能不足问题的捷径。

用人时,要重点考查专业财务人员的职业道德和人品。切忌任人唯亲,能力平平的

亲戚，通常只能进行最基本的账务处理，无法深刻挖掘数据背后的信息，对企业的长远发展不利。

☆引入外援

如果企业已经发展到一定规模，依靠自身力量无法很好地实现分析数据、预测企业发展状况的功能，可以考虑聘请专门的财务管理顾问帮助解决问题。经验丰富的财务管理顾问拥有各个行业、企业各个发展阶段的丰富实践经验，能帮助企业找准定位，根据行业整体发展状况解决个体问题，并且有时候换个角度看问题，可以更加客观，也更容易发现平常被忽略的细节。

资料来源：中华财会网，2006-12-21.

本章小结

证券投资是指企业以获取投资收益或控股为目的将资金用于购买股票、债券等金融资产的投资行为。证券投资按其投资对象的不同，可以分为债券投资、股票投资、基金投资、组合投资等。

债券投资按照投资的期限，可分为短期债券投资和长期债券投资。企业进行短期债券投资的目的主要是合理利用暂时闲置的资金，调节现金余额并获得收益。企业进行长期债券投资的目的主要是获得稳定的收益。债券的收益率和债券的内在价值是债券投资决策使用的主要指标。

企业进行股票投资的目的主要有两种：一是获利，即作为一般的证券投资，获取股利收入及股票买卖差价；二是控股，即通过购买某一企业的大量股票达到控制该企业的目的。企业应根据不同的投资目的作出与之相应的投资决策。

证券组合投资是证券投资的重要武器，它可以帮助投资者全面捕捉投资机会，降低投资风险。证券组合投资最常见的投资策略有保守型、冒险型、适中型三种。而最常用的证券投资组合的方法有：选择足够数量的证券进行组合；把风险大、中、小的证券放在一起进行组合；把投资收益呈负相关的证券放在一起进行组合。

复习思考题

6.1 什么是证券投资？证券投资的目的是什么？

6.2 债券投资与股票投资的特点是什么？

6.3 股票的内在价值与股票的市场价格有何区别？

6.4 某同学说：“如果发行股票的公司一直不支付股利，则意味着该公司在免费使用投资者的资金。”你认为他说的对吗？

6.5 如何规避证券投资的风险？

第7章 利润分配

学习目标

知识目标:掌握股利分配程序;熟悉公司利润分配的原则;理解股利政策及其影响因素;了解主要股利理论;了解股票分割与回购对公司的影响。

能力目标:能准确计算公司当年应提取的法定盈余公积金金额、可分配利润金额,并根据股东大会通过的利润分配方案计算本年度应向股东分配的利润金额;在特定条件下,能够全面分析影响公司利润分配政策的相关因素;能够理解不同公司在不同条件下确定的利润分配方案的目的。

素养目标:能正确解读利润分配的原则与影响因素,并可以根据企业实际情况确定利润分配程序,进行股利分配决策。

【案例导入】

福耀集团公司于1987年成立,是一家专业生产汽车安全玻璃和工业技术玻璃的中外合资企业。1993年,福耀玻璃(600660)在上海证券交易所挂牌上市,成为中国同行业首家上市公司。目前,该公司是国内规模最大、出口量最大的汽车玻璃生产供应商,产品"FY"商标是中国汽车玻璃行业迄今为止唯一的"中国驰名商标",福耀产品被中国质量协会评选为"全国用户满意产品"。

2009年3月10日,福耀玻璃第六届董事局第五次会议决议公告发布了2008年度股利分配预案:既不进行利润分配,也不进行资本公积金转增股本。方案一出顿时引起比较强烈的反响,外界纷纷对福耀玻璃不分配的"抠门"行为进行质疑。为什么大行慈善的福耀玻璃对股民却变成了一毛不拔的铁公鸡?这样的股利政策是否侵害了股东的利益,是否损害了股东财富最大化的财务管理目标?一时间质疑与批评之声四起。

福耀玻璃第六届董事局第五次会议决议公告宣称,实行不分配政策的理由是为了降低公司资产负债率,补充生产经营所需流动资金,实现公司长期、持续、稳健、高效发展。此外,2009年3月28日,福耀玻璃董事长曹德旺在接受中央电视台《经济半小时》记者采访时对不分配政策也作出了解释:"今年经济这么危机的时候是不能分红的,因为福耀是高负债企业,现在这个时期我们大股东要自觉地跟银行配合,不要把公司的钱挖空,要取信于银行。"

这一案例表明:上市公司是否进行现金股利分配没有绝对的好坏二元划分,需要结合实际情况进行具体分析。

通过学习本章的内容,你会了解影响公司股利政策的因素主要有哪些,不同股利政策有什么特点,对股东和公司的影响是怎样的。

7.1 利润分配概述

利润分配是企业将实现的经营成果按照法律规定和企业权力机构的决议,向投资者进行分配的过程。正确进行利润分配,协调好分配与发展的关系,对企业非常重要。利润分配涉及方面众多,直接关系到各方投资者的切身利益,对企业未来的发展也会产生深远的影响。因此,利润分配必须按照一定的原则进行。

7.1.1 利润分配的原则

企业在进行利润分配时必须遵循以下原则:

1)依法分配原则

企业的收益分配必须依法进行,必须严格按照法律法规和企业规章制度的分配程序和分配比例进行。应按财经法规的要求合理确定税后利润的分配项目、有关分配的顺序及比例,必须按照规定提取最低法定比例的盈余公积金。

2)资本保全原则

合理的利润分配关系必须建立在资本保全的原则基础之上,为此,企业应正确确认一定时期的盈利,确保向投资者分配的利润是投资者资本增值的部分,而不是投资者资本金的返还。

3)兼顾各方面利益原则

企业是经济社会的基本单元,企业的收益分配直接关系到各方面的切身利益。企业除依法纳税外,投资者作为资本额投入者、企业的所有者,依法享有净收益的分配权。企业的债权人,在向企业投入资金的同时也承担了一定的风险,企业的收益分配中应当体现出对债权人利益的充分保护。企业的员工是企业净收益的直接创造者,企业的收益分配应当考虑员工的长远利益。因此,企业进行收益分配时,应当统筹兼顾,维护各利益相关团体的合法权益。

4)分配与积累并重原则

企业所取得的税后利润,在按有关规定进行了抵补、计提后,对剩余利润的分配,应视企业的具体情况而定。若考虑企业的长远发展,则企业应保有适当的留存收益,以备企业扩大经营和扩大再生产所需,否则,可能会导致企业财力不足,影响企业的偿债能力和融资能力。正确处理分配与积累之间的关系,留存一部分净收益以供未来分配之需,还可以达到以丰补歉、平抑收益分配数额波动、稳定投资报酬率的效果。因此,企业在进行收益分配时,应当正确处理分配与积累之间的关系。

5)投资与收益对等原则

企业的收益分配必须遵循投资与收益对等原则,投资与收益对等原则是正确处理投资者利益关系的关键。投资者因其投资行为而享有收益权,投资收益应同其投资比例对等。企业在向投资者分配收益时，应本着平等一致的原则，按照投资者投入资本的比例来进行，不允许发生任何一方随意多分多占的现象，防止大股东侵害小股东的利益。这样才能从根本上实现收益分配中的公开、公平、公正，保护投资者的利益，提高投资者的积极性。

7.1.2 利润分配的项目及顺序

1）利润分配的项目

按照我国《公司法》的规定，利润分配的项目包括以下部分：

（1）法定公积金。法定公积金是从净利润中提取形成的、用于弥补公司亏损或转增资本的积累资金。公司应按照当年税后净利润10%的比例提取法定公积金，当法定公积金累计额达到公司注册资本的50%时，可不再继续提取。任意公积金的提取由股东大会根据需要决定。

（2）股利。股利是指股份有限公司向投资者分配的利润。公司向股东支付股利，是在提取公积金之后。股利的分配应以各股东持有的股份数为依据，股东取得的股利与其持有的股份数成正比。股份有限公司原则上应从累计盈利中分派股利，无盈利不分配。有时公司为维护其股票信誉，在用公积金弥补亏损后，经股东大会特别决议，也可用公积金支付股利，但支付后留存的法定公积金不得低于公司注册资本的25%。

2）利润分配的顺序

根据我国《公司法》的规定，公司利润分配应按以下顺序进行：

（1）弥补企业以前年度亏损。公司的法定公积金不足以弥补以前年度亏损的，在不超过税法规定的弥补期限之内，应当先用当年利润弥补亏损。

（2）缴纳所得税。按照税法的规定，计算缴纳所得税。

所得税税额＝应纳税所得额×所得税税率

（3）弥补在税前利润弥补亏损之后仍存在的亏损。

（4）提取法定公积金。根据《公司法》的规定，法定公积金的提取比例为当年税后利润（弥补亏损后）的10%。法定公积金已达到注册资本的50%时可不再提取。法定公积金可用于弥补亏损、扩大公司生产经营或转增资本，但企业用公积金转增资本后，法定公积金的余额不得低于转增前公司注册资本的25%。

（5）提取任意公积金。根据《公司法》的规定，公司从税后利润中提取法定公积金后，经股东会或者股东大会决议，还可以从税后利润中提取任意公积金。

（6）向股东（投资者）分配股利（利润）。根据《公司法》的规定，公司弥补亏损和提取公积金后所余税后利润，可以向股东（投资者）分配股利（利润），其中有限责任公司股东按照实缴的出资比例分取红利，全体股东约定不按照出资比例分取红利的除外；股份有限公司按照股东持有的股份比例分配股利，但股份有限公司章程规定不按持股比例分配股利的除外。

7.1.3 股利支付的程序及方式

1）股利支付的程序

股利支付的程序是指股份有限公司向股东支付股利的过程，主要涉及股利宣告日、股权登记日、除息日和股利支付日。

(1)股利宣告日。股利宣告日即公司董事会将股利支付情况予以公告的日期。公告中将宣布每股支付的股利、股利支付期限、股利支付日期等事项。

(2)股权登记日。股权登记日即有权领取股利的股东有资格登记截止日期。只有在股权登记日前在公司股东名册上登记的股东,才有权分享股利。

(3)除息日。除息日即股票的所有权和领取股息的权利分离日,所有在这一天购入的股票不能享有已宣布发放的股利。

(4)股利支付日。股利支付日即向股东发放股利的日期。

2)股利支付的方式

常见的股利支付方式有以下几种:

(1)现金股利。支付现金股利亦称派现,现金股利是股份有限公司以货币形式发放给股东的股利,它是股利支付的主要方式。公司支付现金股利除了要有累计盈余,特殊情况下可用弥补亏损后的盈余公积金支付,还要有足够的现金。

(2)财产股利。财产股利是以公司所拥有的其他企业的有价证券,如债券、股票等,作为股利支付给股东。

(3)负债股利。负债股利通常以公司的应付票据支付给股东,有时公司在不得已的情况下也发行公司债券抵付股利。财产股利和负债股利实际上是现金股利的替代,在我国公司实务中很少使用。

(4)股票股利。股票股利是公司以增发的股票作为股利的支付方式。股票股利对于公司来讲,不导致其资产的流出或负债的增加,所以不是公司资金的使用。股票股利不直接增加股东的财富,只是将公司的留存收益转化为股本,也并不因此增加公司的资产,但会引起所有者权益项目的结构发生变化。

【例 7-1】某上市公司在发放股票股利前,资产负债表上的股东权益账户情况如表7-1所示。

表 7-1 单位:元

股东权益	
普通股(面值 1 元,已发行 2 000 000 股)	2 000 000
资本公积	4 000 000
留存收益	9 000 000
股东权益合计	15 000 000

假定该公司宣布发放 10% 的股票股利,当时市场上股票的市价为 10 元/股,并规定现有股东每持 10 股可得 1 股新发放股票。

①公司增发的普通股股数 = 2 000 000 × 10% = 200 000(股)

②从留存收益转出资金 = 200 000 × 10 = 2 000 000(元)

③普通股项目增加资金 = 200 000 × 1 = 200 000(元)

④资本公积项目增加资金 = 2 000 000 - 200 000 = 1 800 000(元)

由于每股面额1元未变，因此，增发200 000股普通股，普通股账户仅增加200 000元，其余1 800 000元作为股票溢价转移到资本公积账户中去了，但该公司股东权益总额未变。发放股票股利后股东权益账户情况如表7-2所示。

表7-2　　单位：元

股东权益	
普通股（面值1元，已发行2 200 000股）	2 200 000
资本公积	5 800 000
留存收益	7 000 000
股东权益合计	15 000 000

由此可见，发放股票股利，不会对公司股东权益总额产生影响，只是引起资金在股东权益各项目间的再分配。

对股东而言，股票股利除了使其所持股票增加外，因为公司的盈利不变，所持股份比例不变，所以，每位股东所持有股票的市场价值总额也保持不变。

【例7-2】 假定上述公司本年盈余为4 000 000元，某股东持有该公司股票100 000股，则股票股利支付对其影响如表7-3所示。

表7-3　　单位：元

项目	发放前	发放后
每股收益（EPS）	4 000 000 ÷ 2 000 000 = 2	4 000 000 ÷ 2 200 000 = 1.82
每股市价	10	10 ÷ (1 + 10%) = 9.09
所持股份比例	(100 000 ÷ 2 000 000) × 100% = 5%	(110 000 ÷ 2 200 000) × 100% = 5%
所持股票总价值	10 × 100 000 = 1 000 000	9.09 × 110 000 ≈ 1 000 000

从表7-3中可以看出，股票股利发放前后，股东所持有的股票的比例没有改变，总的收益也没有增加。随着股票数的增加，必然会引起股票的市场价格下跌，如上例，股票股利发放前，股票的市场价格为每股10元，股票股利发放后，股票的市场价格为每股9.09元。

该股东股票股利分配前所持股份的总价值为1 000 000元，股票股利分配后所持股份的总价值也约为1 000 000元。

发放股票股利不直接增加股东的财富，也不增加公司的价值，但对股东和公司都有特殊的意义。

对股东而言：①有时公司发放股票股利后其股价并不成比例下降，如果发放少量（如2%～3%）股票股利，一般不会引起股价的立即变化。这可使股东得到股票价值相对上升的好处。②通常成长中的公司会发放股票股利。所以如果公司发放股票股利，投资者会认为公司将来会有发展机会，预期利润将会上升，足以抵销增发股票股利带来的消极影响，股票价格甚至会上升。③如果公司在发放股票股利后，还能发放现金股利，且能维持每股现金股利不变，则股东会因所持股数的增加而能得到更多的现金股利。

对公司而言:①发放股票股利可使股东分享公司的盈余而无须分配现金,使公司留存了大量现金,便于进行再投资,有利于公司健康、稳定地发展。②在盈余和现金股利不变的情况下,发放股票股利可以降低每股价值,从而吸引更多的投资者。③发放股票股利会使投资者认为公司有良好的发展前景,在一定程度上稳定股票的价格。但有时发放股票股利也会被认为是公司资金周转不灵的征兆,降低投资者对公司的信心。

7.2 股利政策

股利政策是指在法律允许的范围内,公司是否发放股利、发放多少股利以及何时发放股利的方针及对策。公司的净收益可以支付给股东,也可以留存在公司内部,股利政策的关键问题是确定分配和留存的比例。股利政策会影响股东的财富,会影响公司在资本市场上的形象及企业股票的价格,还会影响企业的长短期利益,因此,合理的股利政策对公司及股东来讲是非常重要的。公司应当确定适当的股利政策,并使其保持连续性,以便股东据以判断其发展的趋势。

7.2.1 股利政策的基本理论

1)股利政策无关论

股利政策无关论是由米勒(Miller)和莫迪格莱尼(Modigliani)首次提出的(所以股利政策无关论又称 MM 理论,以下简称 MM 理论)。MM 理论认为,在完善的资本市场条件下,股利政策不会影响股票的价格或公司的价值,即公司的价值是由公司投资决策所确定的本身获利能力和风险组合所决定的,而不是由公司盈余的分割方式(即股利分配政策)所决定的。

MM 理论以下述四个基本假设为前提:①公司所有的股东均能准确地掌握公司的情况,对于将来的投资机会,投资者与管理者拥有相同的信息(即对称信息)。②不存在个人或企业所得税,对投资者来说,收到股利和资本利得是无差别的。③不存在任何股票发行或交易费用。④公司的资本投资决策独立于其股利政策。

MM 理论是以多种假设为前提的,在现实生活中,这些假设并不存在。例如,股票的交易要付出交易成本、发行股票要支付发行费用、管理当局通常比外界投资者拥有更多的信息、政府对企业和个人都要征收所得税等。因此,关于股利政策无关的结论在现实条件下并不一定有效。

2)股利政策相关论

股利政策相关论认为,公司的股利分配对公司的股票价格会产生影响,进而会影响公司的市场价值。在现实经营中,不存在 MM 理论提出的假设条件,公司的股利分配是在种种制约因素下进行的,公司不可能摆脱这些因素的影响。代表理论有:

(1)“在手之鸟”理论。这一理论的代表人物有麦伦·戈登(M. Gordon)和威廉姆森(Willianms)等人。该理论认为,股票的投资收益包括股利收入和资本利得两个部分,在一般情况下,由于大部分投资者是风险厌恶型的,更倾向于获得股利这一相对稳定的收入。因为不分股利或少分股利,相当于投资者将留存收益留在公司内部,由公司再投资获利,从而使公司股价升高,获取资本利得。但这种收益具有较大的不确定性,且投资的风险会随着时间的推移进一步增加,因此投资者更喜欢现金股利。因此,该理论认为公司应维持较高的股利支付率政策。通常将这种理论称为“在手之鸟”理论,即“数鸟在林,不如一鸟在手”。

(2)差别税收理论。差别税收理论是由李曾伯格(Litzenberger)和雷马斯瓦米(Ramaswamy)提出的。差别税收理论认为,由于股利收入的所得税税率高于资本利得的所得税税率,所以资本利得对股东更有利。即使股利与资本利得按相同的税率征收所得税,由于两者支付的时间不同,股利收入纳税在收取股利的同时发生,而资本利得纳税只在股票出手时才发生,相对于股利收入而言,资本利得在纳税时间的选择上更具有弹性。考虑到货币时间价值和风险价值,将来支付的货币的价值要比现在支付的相同货币的价值小,这种税收延期的特点给资本利得提供了优惠。

(3)代理理论。代理理论认为,股利政策有助于减缓管理者与股东之间的代理冲突。在这个理论中,现金股利被认为可以减少股东和管理者之间冲突的代理成本,公司利用它可以解决代理问题。当公司股权分散时,广泛持股的企业管理者可以将资源配置到自己可以获益但不适宜股东利益最大化的活动中去,所以公司留有过多的现金会导致过度投资。现金股利在解决管理者和股东之间利益问题中的作用是:①通过现金股利的发放减少留在管理者手中的现金,约束过度投资;②吸引机构投资者等大股东,由于这些股东能对管理者进行有效的监管,由此提升了公司的价值。

7.2.2 影响股利分配的因素

公司的股利分配政策有很多制约因素,公司无法摆脱这些因素的影响。影响股利分配的因素有:

1)法律限制

为保护债权人和股东的利益,《公司法》、《证券法》等相关法律对公司股利分配作了一定的限制。

(1)资本保全。资本保全即公司不能用原始投资额发放股利,也就是公司不能因为支付股利而引起资本的减少。这里的原始投资额是指普通股的面值还是公司普通股面值与股本溢价部分,应视具体法规而定。我国法律规定,公司资本公积不能发放股利。股利的发放只能来源于留存收益或当期利润,如果当期出现亏损,一般不得分配股利,即使出于形象的考虑,用以前年度留存收益分配股利,也必须在弥补亏损后进行,以防止侵蚀公司资本。实行这一限制的目的,在于保证公司具有完整的产权基础,以充分维护债权人的利益。

(2)资本积累。《公司法》规定,公司的年度税后利润必须提取10%的法定公积金,根据公司需要,股东大会可决定提取一定比例的任意公积金,只有当公司提取的法定公积金累计额达到注册资本的50%时才不再提取。

(3)偿债能力。偿债能力是企业按期偿还到期债务的能力。若公司无力偿还到期债务或会因支付股利失去偿债能力,则公司为保护债权人的利益,不能支付现金股利。

(4)超额累积利润。有些国家法律规定当公司的留存收益超过法律规定的合理水平，将被加征额外的税款。股东由公司所获得的收益有两个部分：股利收入与资本利得。股利是股东从公司盈利的一部分中按股票份额分配所得到的股息；资本利得是股票市场价格的升值部分。前者的税率一般大于后者的税率，公司会通过少发股利，累积利润，使股价上涨，帮助股东避税。我国法律对公司累积利润未作限制性规定。

2）股东限制

股东出于自身经济利益需要，往往对公司的股利分配产生影响：如收入和避税及控制权的稀释等方面。

（1）收入。前已述及，股东的收益包括两个部分，即股利收入及资本利得。对于要求稳定股利收入的股东而言，出于以下两个方面的考虑，希望多分得股利：①如果公司将较多的收益留存在企业内部，会使其收益减少；②股票交易价格产生的资本利得具有很大的不确定性，与其获得不确定的未来收益，不如得到现实的确定股利。

（2）控制权。当公司为了新的投资机会需筹措资金时，可以举借债务，但除付出一定的代价外，还可能增加公司的财务风险。若通过新募集股本的方式筹集资金，长期以来形成的控制格局可能被打破，股东就会倾向于较低的股利支付水平，以便从内部的留存收益中取得所需资金。

（3）税负。政府对企业利润在征收所得税后，还要对个人股东就投资所得征个人所得税。许多国家的个人所得税税率采用累进税率。属于高收入阶层的股东为了避税往往反对公司发放较多的股利，属于低收入阶层的股东因个人税负较轻，则欢迎公司多分股利。

3）公司自身因素

公司出于自身财务因素的考虑，往往也存在一些限制股利分配的因素：

（1）盈余能力及稳定性。公司的股利政策在很大程度上受其盈利能力及其稳定性的限制。一般而言，盈利能力较强的公司，通常采取较高的股利政策；而盈利能力较弱的公司，通常采取较低的股利政策；盈利相对稳定的公司，因其能够较好地把握自己，通常采取较高的股利政策；盈利不稳定的公司，一般采取较低的股利政策。

（2）变现能力。保有一定的现金和其他适当的流动资产，是维持公司正常经营的重要条件。较多地支付现金股利会减少公司的现金持有量，降低公司资产的流动性。而保持一定的资产流动性，是公司经营所必需的。

（3）举债能力。举债能力较强的公司因为能够及时筹措到所需的资金，往往采取较松的股利政策；而举债能力较弱的公司则不得不多留滞利润，往往采取较紧的股利政策。

（4）资金成本。在公司筹措资金时，会采取较低的资金成本。与发行新股相比，以利用留存收益作为内部筹资的方式，不须支付筹资费，是一种较经济的筹资渠道。当公司筹措大量资金时，通常采取较低的股利政策。

（5）投资机会。公司的股利政策与其所面临的投资机会相关。如果公司有良好的投资机会，必然需要大量的资金支持，所以会将大部分盈余用于投资，因而少发股利；缺乏良好投资机会的公司，保留大量现金会造成资金的闲置，往往倾向于支付较高的股利。所以,处于成长中的公司多采取低股利政策,处于经营收缩中的公司多采取高股利政策。

4)其他因素

(1)契约约束。股利支付水平高,留存收益减少,公司财务风险加大,就会损害到债权人的利益。因此,为了保证自己的利益不受损害,债权人通常会在公司借款合同里加入关于股利支付的限制性条款,如流动资金低于一定标准时,不得支付股利,利息保障倍数低于一定标准时,不得支付股利等,从而使公司只能采取低股利政策。

(2)通货膨胀。在通货膨胀的情况下,公司固定资产折旧基金的购买力水平下降,会导致没有足够的资金来源重置固定资产。这时盈余会被当作弥补折旧基金的资金来源,因此通货膨胀时期公司股利政策往往偏紧。

7.2.3 股利政策及其选择

由于股利政策受多种因素影响,因此企业在实际财务管理的过程中,要综合考虑不同时期的特点及各因素的影响程度,确定适合自身的股利政策,以增加企业价值。

1)剩余股利政策

剩余股利政策是指企业将股利的分配与资本结构联系起来,当企业有好的投资项目时,净收益首先应满足公司的资金需求,如果还有剩余,则派发股利,如果没有剩余,则不派发股利,即股利政策不应当破坏公司最佳资本结构。

根据这一政策,企业一般按如下步骤确定其股利分配额:

(1)根据企业的投资计划确定企业的最佳资本结构,即权益资金与债务资金的比例;

(2)预计企业最佳资本结构下的权益资本数额;

(3)尽可能用留存收益来满足资金需求中所需增加的权益资金数额;

(4)留存收益在满足公司股东权益增加需求后,如果有剩余再用来发放股利。

【例7-3】某公司假定上年税后利润为1 000万元,今年年初,公司决定股利分配数额。预计今年需要增加投资资本700万元。公司的目标资本结构是权益资本占60%,债务资本占40%,今年继续保持。公司采用剩余股利政策,筹资的优先顺序是留存收益、借款和增发股份。公司应分配多少股利?

①投资方案所需的自有资金 = 700 × 60% = 420(万元)

投资方案所需从外部借入资金 = 700 − 420 = 280(万元)

②在保持目标资本结构的前提下,执行剩余股利政策:

应分配的现金股利 = 1 000 − 420 = 580(万元)

应用剩余股利政策,应注意:①资本结构的限制。保持目标资本结构,是指需要补充的投资资本应按事先确定的资金成本最低、企业价值最大时的资本结构的比例筹集资金。②应用经济的原则。出于经济原则的考虑,筹集资金要在确定目标资本结构的前提下,首先使用留存收益,其次使用长期借款,最后选择增发股份。

公司采用剩余股利政策的原因是为了保持理想的资本结构,使综合资金成本最低。在盈利水平一定的情况下,投资机会越多,股利就越少;投资机会越少,股利就越多。投资机会一定时,盈利越多,股利越多;盈利越少,股利越少。在这种政策下,股利变动较大，因此很少有人会机械地照搬剩余股利理论，有许多公司只是运用这种理论来帮助建立一个长期目标发放率。

2）固定或稳定增长的股利政策

固定的股利政策是指企业将每年派发的股利额固定在某一特定水平上并在较长的时间内不变，只有当公司认为未来盈余会显著地、不可逆转地增长时，才提高年度的股利发放额。

这一政策在实务中为许多公司所采用。这种股利政策的一个重要原则是不要降低年度股利发放额。近年来，为了避免通货膨胀对股东收益的影响，从而达到吸引投资者的目的，绝大多数公司转而实行稳定增长的股利政策。即为了避免股利的实际波动，公司在支付某一固定股利的基础上，又制定了一个目标增长率，如每年增长3%，并努力按这个幅度增长。

固定或稳定增长的股利政策向股票市场或投资者传递了公司经营状况稳定、管理层对未来充满信心的信号，这有利于公司在资本市场上树立良好的形象、增强投资者的信心，有利于稳定公司的股价。尤其对于那些有长期投资愿望的股东，这部分股东希望其所投资的股票成为其稳定的经济来源，以便于安排各种消费和其他支出，固定或稳定增长的股利政策符合这部分投资者的需求。

固定或稳定增长的股利政策股利支付与公司盈利相脱离，不论公司盈利多少，均要按固定或增长的比率派发股利。在公司出现财务困境时，如果仍然执行固定或稳定增长的股利政策，则可能出现派发的股利金额大于公司实现的盈利，侵蚀了公司的留存收益甚至资本，给公司带来财务压力，最终影响公司正常的生产经营。因此，公司确定的固定股利额不应太高，以免公司陷于无力支付的被动局面。固定或稳定增长的股利政策适用于经营比较稳定或处于成长期的企业，但一般也不应长期采用。

【例7-4】 以【例7-3】的资料为例，在不考虑目标资本结构的前提下，如果该公司执行固定股利政策，分配现金股利600万元，则可用于投资的留存收益和需额外筹集的资金为多少？

①可用于投资的留存收益＝1 000－600＝400（万元）

②需额外筹集的资金＝700－400＝300（万元）

3）固定股利支付率政策

固定股利支付率政策是指企业将每年净收益的固定百分比作为股利分派给股东。这一百分比通常称为股利支付率，股利支付率一经确定，不得随意变更。固定股利支付率越高，企业留存的净收益越少。在这一股利政策下，只要企业的税后利润一经计算确定，所派发的股利也就相应确定了。

采用固定股利支付率政策，股利与企业盈余紧密地配合，体现了“多盈多分、少盈少分、无盈不分”的股利分配原则。由于企业的获利能力在年度间是经常变动的，因此，每年的股利也应当随着企业收益的变动而变动，并保持分配与留存收益间的一定比例关系。

由于经营情况的变动，企业每年的收益很难保持稳定不变，由此导致了每年股利分配额的频繁变化。而股利通常被认为是企业未来前途的信号传递,那么波动的股利向市场传递的信息就是企业未来收益前景不明确、不可靠等,很容易给投资者带来企业经营状况不稳定、投资风险较大的不良印象。当公司盈利状况较好,按股利支付率支付股利时,可能会给公司带来较大的财务负担,因为盈利状况好并不代表公司有充足的现金流。同时,不管公司处于哪个阶段,都必须按照固定股利支付率支付股利,丧失了公司运用股利政策实现公司财务管理目标这一手段,缺乏财务弹性。

固定股利支付率政策适用于那些处于稳定发展阶段且财务状况也较稳定的公司,在实际中,长期采用一种固定股利支付率政策的公司是不多见的。

【例7-5】 以【例7-3】、【例7-4】的资料为例,在不考虑目标资本结构的前提下,如果该公司执行固定股利支付率政策,计算该公司的股利支付率和应分配的现金股利。

①该公司的股利支付率 $=600 \div 1\ 000 \times 100\% =60\%$

②应分配的现金股利 $=60\% \times 1\ 000 =600$(万元)

4)低正常股利加额外股利政策

低正常股利加额外股利政策是指公司事先设定一个较低的正常股利额,每年除了按正常股利额向股东发放现金股利外,还在公司盈利情况较好、资金较为充裕的年度向股东发放高于每年正常股利的额外股利。

低正常股利加额外股利政策使企业在股利分配上具有一定的灵活性,企业具有较大的财务弹性。企业每年可以根据自身的具体情况,选择不同的股利发放水平,以完善企业的资本结构,进而实现企业的财务管理目标。由于企业每年固定派发的股利维持在一个较低的水平上,在企业盈利较少或需用较多的留存收益进行投资时,仍然能够按照既定的股利水平派发股利,使投资者保持一个固有的收益保障,这有助于维持公司股票的现有价格。所以低正常股利加额外股利政策对稳定股价、增强投资者的信心起到良好的作用。而当企业盈利状况较好且有剩余现金时,就可以在正常股利的基础上再派发额外股利,而额外股利信息的传递则有助于企业股票的价格上涨,增强投资者的信心,增强企业在资本市场上的筹资能力。

当公司在较长时期持续发放额外股利后,可能会提高股东对股利派发的期望水平,而一旦取消了这部分额外股利,传递出去的信号可能会使股东认为这是公司财务状况恶化的表现,进而可能引起公司股价下跌的不良后果。

这种股利政策适合那些盈利水平随着经济周期而波动较大的企业。

【小思考7-1】

股份有限公司分派的股利必须来源于当年的税后盈利吗?

【知识链接7-1】

股权激励机制

所谓股权激励,是一种职业经理人通过一定形式获取公司一部分股权的长期性激励制度,使经理人能够以股东的身份参与企业决策、分享利润、承担风险,从而勤勉尽责地为公司的长期发展服务。

在国际上,股权激励计划是上市公司比较普遍采用的做法。一般观点认为,股权激励计划可以把职业经理人、股东的长远利益和公司的长期发展结合在一起，可以在一定程度上防止经理人的短期经营行为，以及防范“内部人控制”等侵害股东利益的行为。

此外，现代企业理论和国外实践证明，股权激励对于改善公司治理结构、降低代理成本、提升管理效率、增强公司凝聚力和市场竞争力起到非常积极的作用。

股权激励包括股票期权计划、员工持股计划、限制性股票激励计划和管理层收购(MBO)。股权激励机制的重要形式之一是股票期权计划。

● 股权激励风起云涌

目前，有100多家上市公司表示将推出股权激励计划，其中30多家已提出具体方案，部分公司甚至已进入实施阶段，如万科、苏泊尔等。日前，中兴通讯(000063)发布重大事项公告称，公司董事会将于近日召开董事会会议，审议股权激励计划。在公告发布前一个交易日，中兴通讯的股票价格创下了近期新高。而在此之前，西飞国际(000768)也公布了股票期权激励计划，其股票来源为向激励对象定向发行的新股。这一消息公布当日，西飞国际即涨停，可谓被市场视为重大利好。

是否提出了股权激励计划就会导致公司股价大涨呢？有分析师认为，股权激励在不同的阶段对公司股价的影响并不相同，而且还会受到方案具体激励方式的影响。虽然股权激励的出发点都是促使公司业绩得到一个长期的提升，但各公司的方案却可能存在很大差异，而一个方案的好坏将会直接影响到激励的有效性。

● 对股价影响长短不一

从一般逻辑分析，实施股权激励计划对公司股票价格的影响，主要应表现为提升投资者对上市公司的业绩预期和推动上市公司实际业绩增长两方面。平安证券研究员蔡大贵认为，在股权激励计划的不同阶段，投资者的预期不同导致了对股价的不同影响。他表示，一般来说，在公司准备并即将实施股权激励计划的初期阶段，因为投资者预期激励会提高公司业绩，股票价格逐渐走高。股权激励计划实施一定阶段以后，由于投资者预期已稳定，且股价已充分反映了激励带来的业绩提升预期，此后股价要看激励产生的真实效果。而统计数据显示，在公布股权激励计划董事会预案后，A股相关公司股价升幅多数大于同类或同板块公司股价的平均升幅。不过，也有市场人士认为，股权激励计划对公司股价的影响主要应体现在一个较长的时间段内，以一种长期上升的形态表现出来，而对短期股价的波动影响极为有限，即使一时有所震动，这种影响也会很快过去。

不同的股权激励方式对股价影响也不同。这种不同是由于限制性股票的授予价格并没有规定，这就使得股票期权和限制性股票的影响不同。在行权价格既定的情况下，股票期权的预期收益主要取决于未来股票上涨空间，因此是一种看涨期权，适应于成长型企业；限制性股票股权激励的收益来自于股价与授予价格之间的差额，由于上市公司可以自行决定授予价格，经营者既可以通过提高股价来扩大预期收益，也可以通过降低授予价格来扩大预期收益，因此对于经历了高速成长而进入业绩相对稳定成熟期的公司来说，股价缺乏大幅成长空间，限制性股票成为较佳选择。

● 股权激励需防范道德风险

实施股权激励能给一个公司带来的好处十分明显。从本质来看，有利于完善法人治理,在企业的所有者和企业的经营者之间建立利益共享、责任共担的分配机制;直接地看,有利于提高上市公司经营水平与业绩。20世纪90年代美国相关统计数据表明,在性质相同的企业之间,实施了认股证计划的公司与没有实施认股证计划的公司相比,前者带来的股东投资回报率比后者平均高出两个百分点。

实施股权激励的目的在于保护公司利益和股东利益,但在看到其优点的同时,投资者也应注意其带来的道德风险,这主要体现在可能引发经营者寻租等行为。在激励计划实施过程中,一方面,某些公司可能会"挪移利润"以稳定获取期权增值利益,即在授权时段隐瞒报表利润,打低股价,最大限度地降低期权认购成本,在行权时段又释放隐瞒利润,制造业绩行情,行权兑现暴利。据悉,在美国的股权激励实践中,这种现象就较为普遍。另一方面,可能引发会计造假。因为如果经营者预计难以完成业绩目标,而又难以抗拒股权激励的诱惑,就有可能通过会计的方式来达到实施股权激励所必需的条件,最典型的例子当属美国的安然公司。

此外,当公司某年实际业绩超出目标业绩时,经营者也可能存在压制利润,留至以后年度的倾向,目的在于保证未来满足激励条件,这样公司年度之间业绩就会出现一个与实际情况相背离的平滑。还有,当一个公司人事变动频繁时,经营者也可能存在牺牲长期利益以换取短期利益的倾向。

分析师表示,在实际操作中,很难控制上述这些道德风险,企业只有通过建立严格而完善的内部控制机制和考核机制,加强信息披露规范,以尽可能地防范此类风险。

资料来源:龙可.2006-10-20.30多家公司提出激励方案 股权激励风起云涌[N].证券时报.

7.3 股票分割和股票回购

7.3.1 股票分割

1)股票分割的含义

股票分割,又称股票拆细,指将面值较大的股票拆成面值较小的股票的行为。如将一股股票交换成两股股票。股票分割不属于某种股利,但其产生的效果与发放股票股利非常相近。实务中,如果上市公司认为自己公司的股票市场价格太高,不利于其良好的流动性,有必要将其降低,就可能进行股票分割,以推动股价下调。

股票分割对公司的资本结构不会产生影响,一般只会使发行在外的股票总数增加、每股面值降低,由此使每股市价下跌,但资产负债表中的股东权益各账户(股本、资本公积、留存收益)的余额都保持不变,股东权益的总额也保持不变。股东权益的总额不变这一点,股票分割与股票股利非常相似,都是在不增加股东权益总额的情况下增加了股票的数量,所不同的是,股票股利虽不会引起股东权益总额的改变,但其股东权益构成项目之间的比例会发生变化,而股票分割之后,股东权益总额及其构成项目的金额都不会发生任何变化,变化的只是股票面值。

【例7-6】某上市公司在发放股票股利前,资产负债表上的股东权益账户情况如下:

表 7-4　　　　　　　　　　　　　　　　　　　　　　　　　　单位:元

股东权益	
普通股(面值1元,已发行4 000 000股)	4 000 000
资本公积	6 000 000
留存收益	60 000 000
股东权益合计	70 000 000

(1)假定该公司宣布按每10股送1股的方案发放股票股利,股票股利的金额按面值计算,股票市价为10元/股,要求分析完成这一分配方案后的股东权益各项目金额及每股净资产有何变化。

(2)如果按每1股换2股的比例进行股票分割,要求分析完成这一方案后的股东权益各项目金额以及每股净资产有何变化。

发放股票股利:

发放股票股利的普通股股数 =4 000 000×(1÷10) =400 000(股)

发放股票股利的普通股股本 =400 000×1 = 400 000(元)

发放股票股利形成的资本公积 =10×400 000 -400 000 =3 600 000(元)

发放股票股利后的留存收益 =60 000 000 -4 000 000 =56 000 000(元)

发放股票股利后的股东权益 =(4 000 000 +400 000) +(6 000 000 +3 600 000) +56 000 000 =70 000 000(元)

发放股票股利前的每股净资产 =70 000 000 ÷4 000 000 =17.5(元)

发放股票股利后的每股净资产 =70 000 000 ÷4 400 000 =15.91(元)

股票分割:

股票分割后的普通股股数 =4 000 000×2 =8 000 000(股)

股票分割后的普通股股本 =0.5×8 000 000 =4 000 000(元)

股票分割后的资本公积 =6 000 000(元)

股票分割后的留存收益 =60 000 000(元)

股票分割后的股东权益 =4 000 000 +6 000 000 +60 000 000 =70 000 000(元)

股票分割后的每股净资产 =70 000 000 ÷8 000 000 =8.75(元)

股票分割后,股东权益总额不变,各项目不变,每股净资产降低。

2)股票分割的作用

(1)股票分割可以促进股票的流通和交易。股票分割会使公司股票每股市价降低,从而吸引更多的投资者,易于增加该股票在投资者之间的转换,并且可以使更多的资金实力有限的潜在股东变成持股股东。

(2)股票分割可使股东获得更多的现金股利。股票分割后各股东持有的股数增加,但持股比例不变,持有的股票总价值不变。只要股票分割后每股现金股利的下降幅度小于股票分割幅度,股东仍能多获现金股利。

(3)股票分割可以向投资者传递公司经营良好的信息。股票分割往往是成长中的公司的行为，所以有助于提高投资者对公司的信心。

(4)股票分割带来的股票流通性的提高和股东数量的增加，会在一定程度上加大对公司股票恶意收购的难度。

尽管股票分割与发放股票股利都能达到降低公司股价的目的，但只有在公司股价暴涨且预期难以下降时，才采用股票分割的办法降低股价。如果公司股价上涨幅度不大，往往通过发放股票股利将股价维持在理想的范围内。

有时公司认为其股票的价格过低，不利于其在市场上的声誉和未来的再筹资，为提高其股票价格，会采取反分割措施，就是将公司流通在外的股票数进行合并。反分割显然会降低股票的流通性，在其他因素不变的条件下，股票的反分割宣布日前后价格有大幅度的下跌。

7.3.2 股票回购

1)股票回购的含义及法律规定

股票回购，是指上市公司出资将其发行的流通在外的股票以一定价格购买回来予以注销或作为库藏股的一种资本运作方式。

我国《公司法》规定，公司不得收购本公司股份。但是，有下列情形之一的除外：

(1)减少公司注册资本；

(2)与持有本公司股份的其他公司合并；

(3)将股份奖励给本公司职工；

(4)股东因为对股东大会作出的公司合并、分立持有异议，要求公司收购其股份。

2)股票回购的动机

在证券市场上，股票回购的动机主要有以下几点：

(1)现金股利的替代

对公司来讲，派发现金股利会对公司产生未来的派现压力，而股票回购属于非正常股利政策，不会对公司产生未来的派现压力。对股东来讲，需要现金的股东可以选择出售股票，不需要现金的股东可以选择继续持有股票。因此，当公司有富余资金，但又不希望通过派现方式进行分配的时候，股票回购可以作为现金股利的一种替代。

(2)改变公司的资本结构

股票回购可以改变公司的资本结构，提高财务杠杆水平。无论是用现金回购股份还是举债回购股份，都会提高财务杠杆水平，改变公司的资本结构。在现金回购股份的情况下，假定公司的负债规模不变，那么股票回购之后的权益资本在公司资本结构中的比重下降，公司的财务杠杆水平提高；而在举债回购股份的情况下，一方面是公司负债规模扩大，另一方面是权益比重下降，公司财务杠杆水平更会明显提高。因此，公司在认为权益资本在资本结构中所占比重较大时，会为了调整资本结构而进行股票回购，从而在一定程度上降低整体资金成本。

(3)传递公司的信息以稳定或提高公司的股价

由于信息不对称和预期差异，证券市场上的公司股票价格可能被低估，而过低的股价将会对公司产生负面影响。因此，如果公司认为自己的股价被低估，可以进行股票回购，以向市场和投资者传递公司的真实的投资价值，稳定或提高公司的股价。这时，股票回购就是公司管理层向市场和投资者传递公司内部信息的一种手段。一般情况下，投资者会认为股票回购意味着公司认为其股票价值被低估而采取的应对措施。

（4）防止敌意收购

股票回购有助于公司管理者避开竞争对手企图收购的威胁，因为它可以使公司流通在外的股份数变少，股价上升，从而使收购方要达到控制公司的法定股份比例变得更为困难。而且，股票回购可能会使公司的流动资金大大减少，财务状况恶化，这样的结果也会减少竞争对手收购公司的兴趣。

（5）满足转换条款和认股权证的行使

在企业发行可转换债券、认股权证的情况下，公司通过回购股票可满足债券持有人或认股权证持有人以特定的价格转换股票或认购股票的要求，不必另发新股。

采取股票回购的方式既不会稀释每股收益，又能满足认股权证的行使。

（6）用于企业兼并与收购

在进行企业兼并与收购时，产权交换的支付方式包括现金购买及换股两种。如果公司有库藏股，则可以用公司的库藏股来交换被并购公司的股权，这样可以减少公司的现金支出。

3）股票回购的影响

（1）股票回购对上市公司的影响

①容易造成资金紧张。股票回购需要大量资金支付回购成本，影响公司的后续发展。公司进行股票回购必须以拥有的资金实力为前提，否则资产流动性低，负债率高，再进行股票回购，将使公司流动性进一步恶化，偿债能力降低，将使公司面临巨大的偿债压力，公司的正常生产经营活动及后续发展将会受到影响。

②削弱了对债权人利益的保障。公司进行股票回购，使公司资本减少，产权比率增加，债权人利益的保障受到影响。

③股票回购容易导致公司操纵股价。公司回购自己的股票，容易导致其利用内幕消息进行炒作，或操纵财务信息，加剧公司行为的非规范化，使投资者蒙受损失。

（2）股票回购对股东的影响

对投资者而言，与现金股利相比，股票回购不仅可以节约个人税收，而且具有更大的灵活性。因为股东对公司派发的现金股利没有是否接受的可选择性，而对股票回购则具有可选择性，需要现金的股东可选择卖出股票，而不需要现金的股东则可继续持有股票。如果公司急于回购相当数量的股票，而对股票回购的出价太高，以致偏离均衡价格，那么会不利于选择继续持有股票的股东，因为回购行动后，股票的价格会出现回归性下跌。

4）股票回购的方式

股票回购包括公开市场回购、要约回购及协议回购三种方式。

（1）公开市场回购

公开市场回购，是指公司在股票的公开交易市场上以等同于任何潜在投资者的地位，按照公司股票当前市场价格回购股票。这种方式的缺点是在公开市场回购时很容易推高市价,从而增加回购成本,另外交易税和佣金也是不可忽视的成本。

(2)要约回购

要约回购,是指公司在特定期间向市场发出以高出股票当前市场价格的某一价格回购既定数量股票的要约,以回购本公司股票。这种方式赋予所有股东向公司出售其所持股票的均等机会。与公开市场回购相比,要约回购通常被市场认为是更积极的信号,原因在于要约价格存在高出股票当前价格的溢价。但是,溢价的存在也使得要约回购的执行成本较高。

(3)协议回购

协议回购,是指公司以协议价格直接向一个或几个主要股东回购股票。协议价格一般低于当前的股票市场价格,尤其是在卖方首先提出的情况下。但是有时公司也会以超常溢价向其认为有潜在威胁的非控股股东回购股票,显然,这种过高的回购价格将损害继续持有股票的股东的利益,公司有可能为此而涉及法律诉讼。

本章小结

利润分配是企业将实现的经营成果按照法律规定和企业权力机构的决议,向投资者进行分配的过程。正确进行利润分配,关系到各方投资者的切身利益,对企业的发展也影响深远。因此,利润分配必须按照一定的原则与程序进行。

股利政策是指在法律允许的范围内,公司是否发放股利、发放多少股利以及何时发放股利的方针及对策。股利政策会影响股东的财富,会影响公司在资本市场上的形象及企业股票的价格,还会影响企业的长短期利益。

股票分割,又称股票拆细,指将面值较大的股票拆成面值较小的股票的行为。股票回购,是指上市公司出资将其发行的流通在外的股票以一定价格购买回来予以注销或作为库藏股的一种资本运作方式。股票分割与股票回购对股东和公司会产生不同的作用与影响。

复习思考题

7.1 利润分配的程序是怎样的?

7.2 影响股利分配政策的因素有哪些?

7.3 各类型股利政策有什么特点?

7.4 股票股利与股票分割的异同点有哪些?

第8章 财务预算与控制

学习目标

知识目标:理解财务预算的概念和财务预算在全面预算控制体系中的地位及意义;熟悉编制预算的资料来源;掌握日常业务预算、特种决策预算、现金预算与预计财务报表编制的基本内容;掌握财务预算的编制方法;了解财务控制的意义;熟悉与理解财务控制的种类及财务控制的方法;掌握责任中心控制的内容。

能力目标:能够根据企业编制不同财务预算的要求,收集相关资料;能够根据企业财务管理需要和不同预算的特点,正确选择预算的编制方法;能够正确依据相关资料,按一定的程序和方法,编制各类不同业务的预算;能组织、建立企业内部预算基本控制体系;能进行基本的责任预算、责任报告和业绩考核内部预算责任控制。

素养目标:能够形成企业财务活动"一盘棋"的管理理念;能够以企业财务预算为主线,全方位地综合计划好企业各方面的经济活动,使企业纷繁复杂的财务活动有条有理地协调展开并实施相应的控制。

【案例导入】

潍坊亚星集团公司目前拥有两个控股子公司、三个全资子公司和十几个分支机构。近年来,亚星集团逐步建立和完善了一套切合本企业实际的以企业全面预算控制体系为中心的基本制度。在内容上,全面预算控制体系具体包括八项预算:资本性支出预算、销售预算、产量预算、采购预算、成本预算、各项费用预算、现金预算和总预算。

全面预算控制体系紧紧围绕资金收支两条线,将产供销、人财物全部纳入预算范围,涉及企业生产经营活动的方方面面,每个环节疏而不漏。全面预算确定后,层层分解到各分厂、车间、部门、处室,各部门再落实到每个人,从而使每个人都紧紧围绕预算目标各负其责,各司其职。

这一案例表明:企业盈利,源自事先周密部署,于运筹帷幄中把握住事态发展的趋势。"吃不穷,穿不穷,计划不周才受穷",说的就是在花钱之前要认真做好计划,预算本身就是计划的数量化的表述,可见预算功能的重要作用。

通过学习本章的内容,你将了解和掌握企业该如何全面地进行资金收支预算与控制。

8.1 财务预算

企业的生产经营是一个复杂的动态系统,在确定了经营目标后,就必须制定一个能够协调企业内部各部门工作的全面计划,即企业全面预算。企业全面预算包括日常业务预算、特种决策预算与财务预算三大类内容。日常业务预算又叫经营预算,是指对企业日常经营活动进行计划的各种预算,该类预算中既有实物量指标,又有价值量和时间量指标。特种决策预算又叫专门决策预算,是指企业根据特定决策而编制的一次性预算。财务预算亦称总预算,包括现金预算与预计财务报表,主要从价值方面总括地反映决策预算与业务预算的结果,在企业预算体系中占有举足轻重的地位。

8.1.1 财务预算的概念与作用

1)财务预算的概念

财务预算是企业以货币形式表示的关于未来一定预算期间内财务方面的经营目标及有关实现该目标的财务活动计划。

财务预算的内容在理解上有狭义与广义之分。狭义的财务预算内容主要包括现金收支预算、预计资产负债表、预计利润表等。广义的财务预算内容还应包括销售预算、生产预算、直接材料预算等,因为离开了这些预算,狭义的财务预算就失去了编制的依据。

2)财务预算的作用

财务预算必须服从企业总体经营目标的要求,使企业总体经营目标具体化、系统化、定量化,编制财务预算的作用主要表现在以下几个方面:

(1)明确财务目标。财务预算反映了预算期内企业的各项财务目标,其中利润目标是企业的核心目标。为实现这一目标,其他财务预算目标的完成就成为必要的保障。通过编制财务预算,可以使企业各部门既了解企业的总目标,也知道本部门应完成的目标以及在实现企业目标中应起的作用和应负的责任。

(2)控制财务活动。财务预算的编制是对企业财务活动、财务状况和经营成果进行的最合理的设想与计划。因此,实际中脱离财务预算的不正常、不合理的变动都是不能容许的,通过对预算执行情况的及时检查,就可以及时控制和纠正有关不正常、不合理的经济活动或财务问题,保证企业经营目标的实现。

(3)协调财务关系。由于企业内部的分工,各部门承担不同的职能、履行不同的责任,因此,各部门间往往会出现工作努力方向不一致的现象。通过编制财务预算,可以使每一部门了解其他部门的目标,明确自身与其他部门的协作关系,减少和消除可能出现的矛盾,为实现共同目标而自觉地协同作战。

(4)建立绩效评估体系与标准。编制财务预算的同时,也是企业建立绩效评估体系及绩效评估标准的过程。在预算期内将实际经营活动结果与预算相比较,既可让管理者找出差异,分析原因,改善经营活动,又可通过对预算执行情况的分析,正确评价各部门管理者或有关责任人的工作能力、水平和业绩,做好绩效评估工作。

8.1.2 预算的基本编制方法

常用的预算，根据与企业业务的适应性不同，可分为固定预算与弹性预算；根据编制预算的依据不同，可分为增量预算与零基预算；根据所编预算的期间特性不同，可分为定期预算与滚动预算。

1）固定预算与弹性预算

（1）固定预算

①固定预算的含义

固定预算又称静态预算，是指在编制预算时，只以预算期内计划实现的某一固定业务量（如生产量、销售量）水平作为基础来编制的预算。

固定预算的编制方法较为简单，预算指标可根据有关因素及其与业务量的数量关系直接计算确定。例如，销售收入预算指标、产品成本预算指标、利润预算指标可按以下公式计算确定：

销售收入预算指标＝预计销售量×预计销售单价

产品成本预算指标＝预计生产量×预计单位成本

利润预算指标＝预计销售量×（预计销售单价－预计单位成本）

【例 8-1】通达公司 2013 年预计销售甲产品 1 000 件，单价为 200 元，单位成本为 100 元，其中：直接材料 50 元、直接人工 30 元、制造费用 20 元，按固定预算法可编制产品销售利润预算如表 8-1 所示。

表 8-1　　通达公司 2013 年产品销售利润预算　　单位：元

项目	预算指标
销售收入	200 000
销售成本	
直接材料	50 000
直接人工	30 000
制造费用	20 000
销售利润	100 000

②固定预算法的讨论

从【例 8-1】中可见，固定预算的基本特征是：以预算期内固定的计划业务量水平为基础，再结合其他因素确定相应的预算数据。因此，固定预算法有以下两个缺点：

一是预算的适应性差。固定预算法没有考虑预算期内业务量水平可能发生的变动，不论未来预算期内实际业务量水平是否发生变动，仅以事先计划确定的一种业务量水平作为编制预算的基础，因此，固定预算法使预算难以适应指导、控制实际经营活动的要求。

二是预算的可比性差。当实际业务量与编制预算所依据的计划业务量发生较大差异时，有关预算指标的实际数与预算数之间就会因业务量基础不同而失去可比性。

对于那些业务量水平不稳定的企业来说，如果采用固定预算法，就可能会对企业预算的业绩考核和评价产生扭曲甚至误导作用。因此,在按照固定预算法编制预算控制、考核和评价企业预算的实际执行情况时,往往需要按实际业务量对原预算指标先行调整,然后才能进行科学、合理的对比分析和评价。

【例8-2】如果通达公司2013年实际销售甲产品1 300件,单价为210元,单位成本为98元,其中:直接材料48元、直接人工30元、制造费用20元,则通达公司产品销售利润预算执行业绩报告如表8-2所示。

表8-2 产品销售利润预算执行业绩报告表 单位:元

项目	预算指标		实际指标	差异	
	原预算	按实际产量调整		实际与原预算指标	实际与调整后指标
销售收入	200 000	260 000	273 000	73 000	13 000
销售成本					
直接材料	50 000	65 000	62 400	12 400	-2 600
直接人工	30 000	39 000	39 000	9 000	0
制造费用	20 000	26 000	26 000	6 000	0
销售利润	100 000	130 000	145 600	45 600	15 600

从表8-2中可以看出,在产量从1 000件增加到1 300件的情况下,如果不按变动后的产量对原预算指标进行调整,就会因业务量不一致而导致实际指标与原预算指标之间缺乏可比性,如果将实际指标直接与原预算指标相比,因其中包含了业务量变动的影响,所以不能科学、合理地反映收入、耗费对企业利润的影响及耗费变动(节约或浪费)的合理性。只有在按实际产量对原预算指标进行调整后,再将实际指标与调整后的预算指标相比,才能科学、合理地反映收入、耗费对企业利润的影响及耗费变动的合理性。

只有在有关各预测因素相当稳定时,所编制的固定预算才有较高的指导、控制实际经营活动的可靠性。所以说,固定预算法只适用于业务量水平较为稳定的企业或非营利性组织编制预算时采用。

(2)弹性预算

①弹性预算的含义

弹性预算也称变动预算,是指以业务量、成本和利润之间的依存关系为依据,以企业预算期不同业务量水平为基础,编制的能够反映随业务量水平变动而变动的一组预算。

在企业经营过程中,企业的业务量目标不是一成不变的。随着企业的外部经营环境的变化,企业的业务量目标也会随之发生变化。为了更好地控制企业的经营业务和财务活动,就需要根据预计的各种业务量水平,编制不同水平的预算,利用弹性预算科学、合理地评价和考核实际成本。

②编制弹性预算的基本步骤

第一步,选择和确定业务量。编制弹性预算所依据的业务量可以是产量、销售量、材料消耗量、直接人工工资或直接人工工时、机器工时等。

第二步，根据预测确定可能达到的各种业务量水平。弹性预算的业务量范围应视企业或部门的业务量变化情况而定，应使所确定的业务量水平处在适当的范围之内。一般在正常能力的70% ~110%之间进行确定，也可以历史上最高业务量和最低业务量为限。

第三步，确定各预算项目指标与业务量之间的数量关系，计算各项目不同业务量水平上的预算指标。

在实务中，应用弹性成本费用预算和弹性利润预算的频率较高，也常编制弹性制造费用、销售费用等间接费用预算。在弹性预算法用于编制弹性成本费用预算和弹性利润预算时，要根据成本性态和业务量之间的依存关系，将所有的成本划分为变动成本和固定成本两个类别。变动成本按单位成本确定其预算成本总额；固定成本因与业务量水平无直接关系，所以其预算指标直接确定；预算成本总额根据成本性态和业务量综合确定；其他相应的现金流量也依此推定。弹性预算数据基本测算模式可列示如下：

销售收入预算指标 = 预计销售量 × 预计销售单价

成本预算指标 = 预计固定成本总额 + 预计销售量 × 预计单位变动成本

利润预算指标 = 预计销售量 × 预计销售单价 －（预计固定成本总额 + 预计销售量 × 预计单位变动成本）

③编制弹性预算的实务

A. 弹性收入、成本和利润预算的编制

【例8-3】 通达公司2013年预算年度内生产乙产品，预计最高年销售量为300台，预计单位变动成本为300元，其中：直接材料成本180元、直接人工成本30元、单位变动制造费用90元，预计固定制造费用总额为11 000元，预计销售单价为400元。根据上述资料，按弹性预算法编制业务量为最高年销售量100%、80%、70%的不同业务量水平下的收入、成本和利润预算如表8-3所示。

表8-3 通达公司2013年收入、成本和利润预算 单位：元

项目 \ 业务量	300台（年销售量的100%）	240台（年销售量的80%）	210台（年销售量的70%）
销售收入	120 000	96 000	84 000
减：变动成本	90 000	72 000	63 000
贡献边际	30 000	24 000	21 000
减：固定成本	11 000	11 000	11 000
销售利润	19 000	13 000	10 000

上述方法也称弹性预算编制的因素法，业务量间距的选择上，间隔太大了会失去弹性预算的优点，即对实际经营活动的指导、控制性降低；间隔小，对实际经营活动的指导、控制会更准确一些，但会增加编制预算的工作量。在以预算成本评价实际成本时，除要考量实际业务量与预算的差异外，更要注意成本与业务量之间内在的相关关系。

在企业实际经营过程中，一般都经营多个产品品种，在实际工作中，既要分别按品种逐一编制弹性收入、成本和利润预算，又要按全部经营产品或按产品大类编制综合弹性

收入、成本和利润预算。在此种要求下,业务量通常以全部产品的销售额表示,业务量间距的选择则以全部产品销售额的百分比表示。

【例 8-4】通达公司 2013 年生产甲、乙等七种产品,全部产品的年度销售收入预算为 1 000 000 元,预计变动成本总额为 750 000 元,预计固定成本总额为 75 000 元。如要求根据所述资料为通达公司编制弹性利润预算,结合该公司近几年产品销售市场趋好的情况,则我们可在预算完成的 80% ~120% 范围内,以 10% 的间隔编制弹性收入、成本和利润预算如表 8-4 所示。

表 8-4　　通达公司 2013 年收入、成本和利润预算　　单位:元

业务量 项目	80%	90%	100%	110%	120%
销售收入	800 000	900 000	1 000 000	1 100 000	1 200 000
减:变动成本	600 000	675 000	750 000	825 000	900 000
贡献边际	200 000	225 000	250 000	275 000	300 000
减:固定成本	75 000	75 000	75 000	75 000	75 000
销售利润	125 000	150 000	175 000	200 000	225 000

上述方法也称弹性预算编制的百分比法,应用百分比法的前提条件是销售收入必须在相关范围内变动,要注意成本与业务量之间内在的相关关系,即销售收入的变化不会影响企业的成本(单位变动成本和固定成本总额)水平,因为当销售量超过一定数量界限时,有可能引起固定成本总额的增加。

B. 弹性费用预算的编制

在实际生产经营管理中,弹性预算也广泛地应用于制造费用、管理费用、销售费用等间接费用的预算编制中。

【例 8-5】通达公司 2013 年预计直接人工工时为 90 000 ~120 000 工时,公司财务人员将制造费用按成本习性划分为固定成本、混合成本(由不受业务量变动影响的固定成本和受业务量变动影响的变动成本所构成)、变动成本三大类,各类成本的预测量如表 8-5 所示。

表 8-5　　通达公司 2013 年制造费用各项目预测表

项目	固定成本总额(元)	单位变动成本(元/工时)
固定成本:		
管理人员工资	200 000	
设备租金	130 000	
混合成本:		
辅助材料	60 000	0.25
修理费	80 000	0.20
水费	9 000	0.30

续表

项目	固定成本总额(元)	单位变动成本(元/工时)
变动成本:		
材料费		0.15
辅助人员工资		0.25
其他费用		0.40
制造费用合计	479 000	1.55

根据上述资料,我们可以采用 10 000 工时为间隔,为通达公司编制弹性制造费用预算如表 8-6 所示。

表 8-6　通达公司 2013 年制造费用预算　单位:元

直接人工工时(工时)	90 000	100 000	110 000	120 000
固定成本:				
管理人员工资	200 000	200 000	200 000	200 000
设备租金	130 000	130 000	130 000	130 000
小计	330 000	330 000	330 000	330 000
混合成本:				
辅助材料	82 500	85 000	87 500	90 000
修理费	98 000	100 000	102 000	104 000
水费	36 000	39 000	42 000	45 000
小计	216 500	224 000	231 500	239 000
变动成本:				
材料费	13 500	15 000	16 500	18 000
辅助人员工资	22 500	25 000	27 500	30 000
其他费用	36 000	40 000	44 000	48 000
小计	72 000	80 000	88 000	96 000
制造费用合计	618 500	634 000	649 500	665 000

注:1. 某混合成本预算指标 = 该混合成本的固定成本总额 + 业务量 × 该混合成本的单位变动成本
　　2. 某变动成本预算指标 = 业务量 × 单位变动成本

上述方法也称弹性费用预算列表法,业务量间距也可根据以往的经验选择更小的间隔(如 5 000 工时)。列表法的主要优点是可以直接从表中查得各种业务量下的费用预算水平,便于预算执行情况的控制和考核,但这种方法工作量较大,且不能包括所有业务量条件下的费用预算。为避免列表法的缺陷,方便地推算出在允许业务量范围内任何水平上的各项费用预算指标,还可采用更简捷、方便的公式法确定费用弹性预算指标。

公式法是指通过确定成本公式 $Y = a + bX$ 中的 a 和 b 来编制弹性预算的方法。在成本习性分析的基础上,任何成本都可用 $Y = a + bX$ 来表示,其中 a 表示固定成本,b 表示单位变动成本,X 表示业务量水平。如果确定了业务量 X 的水平,只要根据有关成本项目的 a 和 b

参数,就可很快地计算出业务量在允许范围内任何水平上的各项成本预算指标Y。

【例8-6】 根据【例8-5】中“通达公司2013年制造费用各项目预测表”(见表8-5),当公司业务量为95 000工时时,就可按Y=a+bX分别确定辅助材料、其他费用、管理人员工资、制造费用合计等预算指标如下:

辅助材料预算指标=60 000+0.25×95 000=83 750(元)

其他费用预算指标=0+0.40×95 000=38 000(元)

管理人员工资预算指标=200 000+0×95 000=200 000(元)

制造费用合计预算指标=479 000+1.55×95 000=626 250(元)

④弹性预算法的优点

与固定预算法相比,弹性预算法具有如下两个显著的优点:

一是预算范围宽、适用性强。按弹性预算法编制的预算是反映预算期内与多种业务水平相对应的一组预算,从而扩大了预算的适用范围,使弹性预算能适应多种业务量水平控制与考核的需要,增强了预算的适用性。

二是可比性强。弹性预算的编制,是以成本习性分析为基础,根据成本性态和业务量之间的依存关系确定预算指标的,因而增强了实际指标和与实际业务量相应的预算指标之间的可比性,从而能够使预算执行情况的评价与考核建立在客观和可比的基础上,有利于更好地发挥预算的控制作用。

2)增量预算与零基预算

(1)增量预算

①增量预算的含义

增量预算又称增(减)量预算或调整预算,是指以基期业务活动的成本费用水平为基础,根据预算期内的业务量水平、有关影响因素的未来可能变动情况和可采取的降低成本费用的措施,对基期的成本费用水平进行适当调整而编制的预算。

②增量预算编制的假定

其一,预算期的业务活动是企业上期业务活动的继续,维持企业所继续进行的业务活动,才能使企业的经营过程得到正常发展,因此,为维持企业所继续进行的每项业务活动而发生的支出就是必要的。

其二,维持企业所继续进行的每项业务活动而发生的支出是必要的,但企业原有每项业务活动的各项支出不一定都是合理的,在新的预算期是可以得到改进或纠正的。

其三,根据以上两个方面,企业未来的预算可以在上期成本费用水平的基础上,结合预算期内的业务量水平等有关影响因素进行适当调整而编制。

③编制增量预算的实务

【例8-7】 通达公司2012年存货平均占用资金300万元,其中不该发生的项目支出和过度的不合理占用额共为25万元。预算年度业务量将比上年增长7%,价格上涨3%,存货资金周转速度提高8%。根据所述资料,通达公司2013年预算年度存货资金预算额可按下式测定:

预算年度存货资金预算额=(基期存货资金实际平均占用额-其中不该发生的项目

支出和过度的不合理占用额）×（1＋预算年度业务量比基期增长百分比）×（1＋预算年度价格增长百分比）×（1－预算年度存货周转速度提高百分比）

预算年度存货资金预算额＝（300－25）×（1＋7%）×（1＋3%）×（1－8%）

＝278.83（万元）

④增量预算法的优缺点

优点：增量预算法以基期的实际支出为基础，在制定预算指标时比较容易找到参照标准，通过对基期的实际支出进行增减调整即可确定预算期的预算内容与预算指标，所以这种预算方法比较简便。

缺点：增量预算法是一种传统的预算编制方法，因其以过去的经验为基础，不可避免地要受基期结果和心理定式的影响，沿袭以前的陋习，主要表现在：

第一，受原有费用项目及支出限制，可能使原来不合理的费用开支继续存在下去；

第二，不利于调动各部门降低费用的积极性，易产生调增预算容易、调减预算困难的问题；

第三，易忽略基期不存在但对企业未来发展有利的成本费用项目，不能及时地将其纳入预算中，从而对企业未来的发展产生不利影响。

增量预算法适用于预算期仍进行原有业务活动的预算的编制，但采用这种方法，需要：对基期的业务活动进行充分科学的分析，剔除原来不合理的项目和保留项目中所存在的过度开支的费用；对未来进行科学合理的预测，及时增设未来实际需要开支的项目，使预算既能控制企业的成本费用支出，又能具有前瞻性，以利于企业未来的发展。

（2）零基预算

①零基预算的含义

零基预算又称零底预算，是指根据预算期的全部业务量，对所有有关预算指标的数值不考虑以往会计期间所发生的费用项目或费用数额，直接从预算期实际出发，逐项进行分析确定并以此来编制的预算。

②零基预算的特点

与增量预算相比，零基预算有以下三个基本特点：

一是预算基础不同。增量预算的预算基础是前期结果，本期的预算额是根据前期结果调整确定的。零基预算的预算基础是零，本期的预算额是根据本期经济活动的重要性及资金的可供量确定的。

二是预算编制分析的对象不同。增量预算重点对新增添的业务活动进行成本效益分析，而对将要进行的原有业务活动，则不再作分析。零基预算则要求对列入预算的一切业务活动都进行成本效益分析。

三是预算的着眼点不同。增量预算主要以金额高低的调整为重点，着重从货币角度控制预算金额的增减。零基预算除重视金额高低外，还从业务角度考虑问题，即按照业务工作的重要程度来分配有限的资金。

③编制零基预算的基本步骤

第一步，根据企业预算期内的总体目标，确定企业内部各个职能部门业务活动水平。

第二步,由各个职能部门提出与其业务活动内容和水平相适应的成本费用预算。

第三步,由企业领导和各有关人员组成预算委员会,按可否避免及成本—效益原则评价每项预算支出的重要程度并划分等级。

第四步,协调企业各职能部门预算,按轻重缓急,分级依次安排预算项目资金并形成企业总预算。企业总预算形成后再逐级、逐项下达到有关责任单位、责任部门或责任人贯彻执行。

④编制零基预算的实务

【例 8-8】 通达公司 2013 年预算年度可用于销售费用的资金总额为 200 万元,销售部门提出的销售费用预算总额为 238 万元,具体项目如表 8-7 所示。

表 8-7　销售部门销售费用预算(草案)　单位:元

项目	金额
销售人员工资	700 000
广告费	600 000
差旅费	220 000
保险费	160 000
办公费	200 000
培训费	100 000
销售佣金	400 000
合计	2 380 000

通达公司预算委员会根据上述资料,按销售费用可否避免和轻重缓急将上述项目分为三个等级。

一级费用(不可避免成本):销售人员工资、保险费和销售佣金,总额为 126 万元;

二级费用(可避免成本,成本效益较高):广告费和培训费,总金额为 70 万元;

三级费用(不可避免但不足部分部门内可想办法解决的成本,成本效益较低):差旅费和办公费,总金额为 42 万元。

一级费用为不可避免成本,必须全部予以保证。公司可用于 2013 年度销售费用的资金总额为 200 万元,在扣除一级费用后,资金尚余 74 万元。二级费用虽可避免,但其开支的多少决定着企业未来的销售潜力,意义重大,因此应尽量保证。但 70 万元的二级费用如果全部予以满足,所余资金 4 万元(74 - 70)就难以保证正常销售管理活动的进行。权衡后,决定将扣除一级费用后剩余的 74 万元资金的 70% 用于满足二级费用需要,即 51.8 万元(74 × 70%),其中:广告费 444 000 元(600 000 × 518 000 ÷ 700 000),培训费 74 000 元(100 000 × 518 000 ÷ 700 000)。三级费用预算额则定为 22.2 万元(200 - 126 - 51.8),不足部分通过部门内提高工作效率、精打细算、挖掘节约潜力、量入为出的办法予以解决。最终编制的销售部门销售费用预算如表 8-8 所示。

表 8-8　　　　　　　　销售部门销售费用预算　　　　　　　　单位：元

项目	预算(草案)	最终预算
一级费用：		
销售人员工资	700 000	700 000
保险费	160 000	160 000
销售佣金	400 000	400 000
小计	1 260 000	1 260 000
二级费用：		
广告费	600 000	444 000
培训费	100 000	74 000
小计	700 000	518 000
三级费用：		
办公费	200 000	105 800
差旅费	220 000	116 200
小计	420 000	222 000
合计	2 380 000	2 000 000

零基预算特别适用于产出效益较难确认的服务性部门费用预算的编制。

⑤零基预算法的优缺点

优点：由于零基预算不以原有的成本费用水平为基础，而是如同初次进行经营活动一样，一切以零为起点，所以其优点主要表现在如下三个方面：

第一，可以促使企业合理有效地进行资源分配，将有限的资金用在刀刃上，提高资金的利用效果。

第二，能够调动企业各部门降低费用的积极性、主动性和创造性，促进各预算部门精打细算，量力而行，合理使用资金。

第三，由于这种方法不再以历史资料为基础考虑成本费用的安排，因此有助于企业对一切费用一视同仁，有利于企业面向未来发展考虑预算问题。

缺点：零基预算对一切费用都需以零为基础逐一重新测算，因此，势必耗费大量的人力、物力和财力进行调查研究和分析等，造成预算工作的浩繁。

3)定期预算与滚动预算

(1)定期预算

①定期预算的含义

定期预算是指在编制预算时,即将整个预算期内每个期间的预算指标全部详细确定下来而编制的预算。

②定期预算的特点

定期预算为便于将实际执行结果同预算数进行对比分析,通常以会计年度为单位进行定期编制,在所编制的预算中,年度内的各季、各月预算指标均详细确定完毕。

③定期预算的优缺点

优点:定期预算通常于每一会计年度的最后一个季度着手编制下一年度的预算,这种预算编制方法的优点主要是预算可一次性编制完成,各期预算指标明确,便于分析对比,发现实际与预算的差异。

缺点:定期预算也有其不足,主要表现在两个方面:

其一,预算的指导性差。由于预算期较长,特别是对整个预算期的后期阶段,难以作出较为准确的预测,因而所编后期阶段预算往往会与实际产生较大的偏离,从而给预算的执行带来种种困难,导致预算的指导性降低。

其二,预算的适应性差。定期预算由于对整个预算期内的各个期间的预算指标均详细制定完毕,因此,在预算执行过程中难以根据实际情况适时进行调整,并且,在预算的执行过程中,管理人员仅注重剩余预算期期间预算指标的完成,缺乏较长远的打算,不利于企业长期稳定地发展。

(2)滚动预算

①滚动预算的含义

滚动预算又称连续预算或永续预算,是指以一个固定的时间长度(一般为 12 个月)为预算的编制期,以每三个月为一个分期(也可以每月为一个分期),按各分期与现时的远近,制定详细程度不同的预算指标,每结束一个分期,即再续上一个分期的预算编制方法。

②滚动预算的特点

滚动预算的主要特点表现在三个方面:一是整个预算的预算期始终保持固定的时间长度,每结束一个分期,即再续上一个分期;二是在预算指标制定上,按每一个分期由近及远,预算指标由详细到粗略;三是随着时间的推移,各分期的预算指标由原来比较粗略到不断详细化,以此往复,不断滚动。滚动预算可如图 8-1 所示。

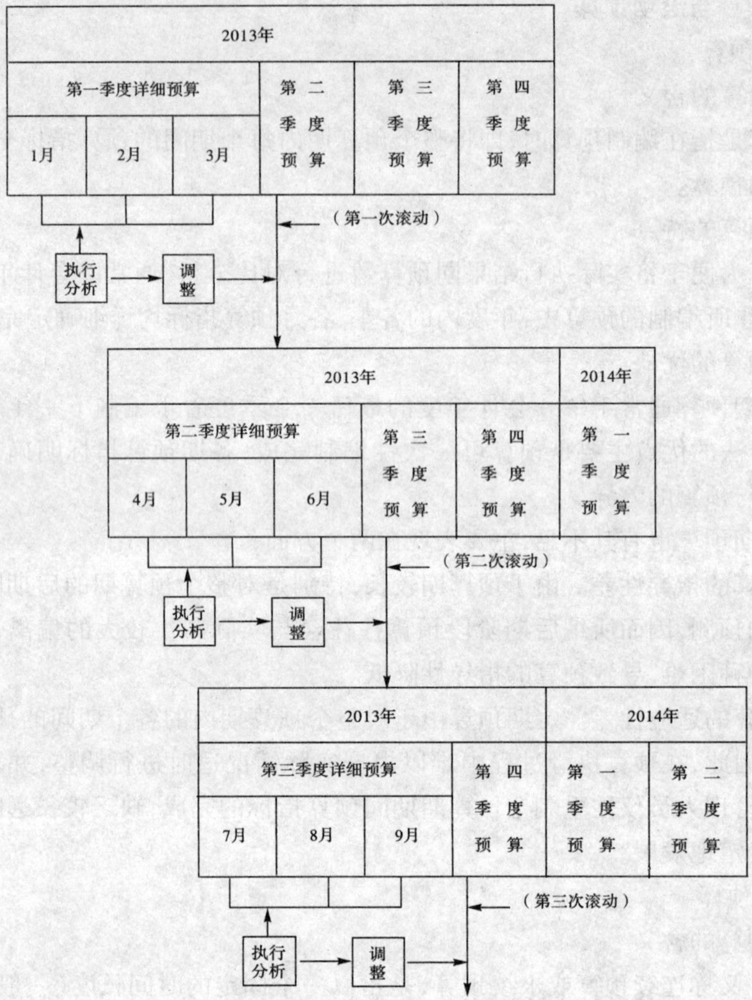

图 8-1　滚动预算示意图

③滚动预算的方式

滚动预算按滚动的时间单位不同可分为逐季滚动、逐月滚动和混合滚动三种方式。

方式一:逐季滚动方式。逐季滚动方式是指以一个季度为预算的编制和滚动单位,或者说以一个季度为一个预算分期,每结束一个季度预算期就调整一次预算的方法。

例如,编制 2013 年预算,第一季度编制详细预算,其后第二至第四季度分季编制较为粗略的概算,在预算执行过程中,当 2013 年第一季度预算期将要结束时,需要在第一季度末根据当季预算执行情况,修订细化第二季度预算及充实第三至第四季度的概算内容,同时再续上一个新的季度分期预算,即 2014 年第一季度的概算。以后每一个季度预算期将要结束时均以此类推。

编制逐季滚动预算比编制逐月滚动预算工作量小,但预算精确度略低。

方式二:逐月滚动方式。逐月滚动方式是指以一个月份为预算的编制和滚动单位,或者说以一个月份为一个预算分期,每结束一个月份预算期就调整一次预算的方法。

例如,编制 2013 年预算,1 月份编制详细预算,其后 2 月份至 12 月份分月编制较为粗略的概算,在预算执行过程中,当 2013 年 1 月份预算期将要结束时,需要在 1 月末根据当月预算执行情况,修订细化 2 月份预算及充实 3 至 12 月份的分月概算内容,同时再续上一个新的月份分期预算,即 2014 年 1 月份的概算。以后每一个月份预算期将要结束时均以此类推。

编制逐月滚动预算工作量大,但比较精确。

方式三:混合滚动方式。混合滚动方式是指在逐季滚动预算的基础上,同时使用月份作为预算编制分期的方法。

例如,编制 2013 年预算,第一季度分月编制详细预算,其后第二至第四季度分季编制较为粗略的概算,在预算执行过程中,当 2013 年第一季度预算期将要结束时,需要在第一季度末根据当季预算执行情况,修订细化第二季度分月预算及充实第三至第四季度的概算内容,同时再续上一个新的季度分期预算,即 2014 年第一季度的概算。以后每一个季度预算期将要结束时均以此类推。

图 8-1 滚动预算示意图也是混合滚动方式预算示意图。

④滚动预算的优缺点

与传统的定期预算相比,滚动预算具有以下优点:

第一,及时性、衔接性强。由于滚动预算是根据前一期预算的执行情况和实际经营活动状况而编制的,所以能根据企业实际情况的变化,及时作出不断的修正与调整,使预算与实际情况更相适应,因而能够使预算更加切合实际并与日常经营活动管理紧密衔接,更有利于充分发挥预算的指导和控制作用。

第二,连续性、前瞻性好。企业的生产经营活动是连续不断的,而滚动预算在时间上突破了自然年度的限制,保持了预算的连续性,使预算能够近期、远期相结合地规划未来的经营活动,有利于企业从动态角度把握住近期的任务目标和远期的规划目标。

其缺点在于,采用滚动预算法编制预算,预算的编制工作比较繁重。

由于编制滚动预算工作量较大,所以,滚动预算一般用于较为重大的事项的预算控制。

8.1.3 企业日常业务预算和特种决策预算的内容与编制方法

企业财务预算是由一系列存在内在联系的、内容不同的预算所构成的有机整体,不同内容的预算,反映了不同的预算目的和要求。在企业实际预算管理中,通常要编制的预算可分为三大类:一是日常业务预算;二是特种决策预算;三是财务预算,包括现金预算与预计财务报表。日常业务预算和特种决策预算是编制现金预算与预计财务报表的基础。

1)日常业务预算的内容与编制方法

企业日常业务预算是针对企业日常业务活动并需要定期编制的预算,包括销售预算、生产预算、直接材料预算、应交税金及附加预算、直接人工预算、制造费用预算、产品成本预算、期末存货预算、销售费用预算、管理费用预算、财务费用预算等。

(1)销售预算的编制

销售预算是关于预算期内产品销售收入及其现金收入的目标计划。

销售预算是编制生产预算、成本预算、期间费用预算和现金收支预算的基础。编制销售预算,首先应根据企业预算期的经营目标以及具体的市场销售条件与生产能力确定最佳的销售量目标,再结合销售价格等其他可靠的预测资料来编制销售预算。其编制程序如下:

第一步,计算产品的预计不含税销售收入,计算公式为:

某种产品预计不含税销售收入 = 该产品预计不含税单价 × 该产品预计销售量

如果企业生产销售多种产品,则所有产品的预计不含税销售收入总额计算公式为:

预计预算期不含税销售收入总额 = ∑某种产品预计不含税销售收入

第二步,预计在预算期发生的与销售收入相关的增值税销项税额,计算公式为:

某期增值税销项税额 = 该期预计不含税销售收入总额 × 该期适用的增值税税率

第三步,预计预算期含税销售收入,计算公式为:

某期含税销售收入 = 该期预计不含税销售收入 + 该期预计增值税销项税额

第四步,为了便于编制财务预算,在编制销售预算的同时,还应反映各季及全年现销和回收应收账款的现金收入,以反映与销售收入有关的经营现金收入情况。某预算期的经营现金收入的计算公式为:

某期经营现金收入 = 该期现销含税收入 + 该期回收上期的应收账款

其中,现销含税收入和回收上期的应收账款的计算公式分别为:

某期现销含税收入 = 该期含税销售收入 × 该期预计现销率

式中的现销率是指一定期间现销含税收入占该期含税销售收入总额的百分比,通常为已知的经验数据。

某期回收上期的应收账款 = 上期含税销售收入 - 上期现销含税收入

【例 8-9】宝强公司 2013 年度(预算年度)计划生产和销售 A 产品,经销售预测四个季度的预计销售量分别为 500 件、600 件、800 件、700 件,预计销售单价(不含税)为 400 元,公司适用的增值税税率为 17%,各季度销售货款的 80% 于当季度收到,其余 20% 在下季度收到。2012 年年末的应收账款余额为 20 000 元,预计在预算期第一季度收到现金。

要求:为宝强公司编制 2013 年度的销售预算及经营现金收入预算。

解:根据已知资料,编制该公司的销售预算及经营现金收入预算如表 8-9 所示。

表 8-9 宝强公司 2013 年度销售预算及经营现金收入预算 金额单位:元

项目	一季度	二季度	三季度	四季度	全年合计
预计销售量(件)	500	600	800	700	2 600
预计销售单价	400	400	400	400	—
预计不含税销售收入	200 000	240 000	320 000	280 000	1 040 000
预计增值税销项税额	34 000	40 800	54 400	47 600	176 800
预计含税销售收入	234 000	280 800	374 400	327 600	1 216 800

续表

项目		一季度	二季度	三季度	四季度	全年合计
预计经营现金收入	收到本期销售收入	187 200	224 640	299 520	262 080	973 440
	收到上期销售收入	20 000	46 800	56 160	74 880	197 840
	现金收入合计	207 200	271 440	355 680	336 960	1 171 280

此外,按下列公式还可以计算出宝强公司 2013 年预算期期末的应收账款余额:

预算期期末应收账款余额 = 预算期初应收账款余额 + 该期含税销售收入 - 该期经营现金收入

根据表 8-9 中的数据,计算宝强公司 2013 年预算期期末的应收账款余额为:

2013 年年末应收账款余额 = 20 000 + 1 216 800 - 1 171 280

或 = 327 600 × 20%

= 65 520(元)

(2)生产预算的编制

生产预算是关于预算期内产品生产量的目标计划。

生产预算是根据以销定产原则、销售预算而编制的产量计划。该预算为进一步编制有关成本和费用预算提供产品实物量依据,是所有日常业务预算中唯一只使用实物量计量单位的预算,其主要内容包括与每期计划销售量相适应的产品产量生产进度计划和必要的产品储备量计划。在编制生产预算时,应按品种分别编制。由于企业的生产和销售不能做到"同步同量",因此,应注意保持生产量、销售量、存货量之间合理的比例关系,以避免储备不足,造成产销脱节或超储积压等问题的产生,必须要把握好产品销售量、生产量、存货量三者之间的如下关系:

某种产品预计生产量 = 预计销售量 + 预计期末存货量 - 预计期初存货量

上式中,预计销售量是以销售预算中的相应数据为依据的。

【例 8-10】 宝强公司 2012 年年末 A 产品存货量为 40 件,2013 年预算年度的 A 产品销售量计划见表 8-9,经公司生产销售管理部门分析,预计 2013 年各季度末产成品存货占本季度销售量的 10%。

要求:为宝强公司编制 2013 年度生产预算。

解:依题意,编制该公司的生产预算如表 8-10 所示。

表 8-10　　宝强公司 2013 年度生产预算　　单位:件

摘要	一季度	二季度	三季度	四季度	全年合计
预计销售量	500	600	800	700	2 600
加:预计期末存货量	50	60	80	70	70
减:预计期初存货量	40	50	60	80	40
预计产品生产量	510	610	820	690	2 630

在企业年度生产预算编好以后，还应根据企业的具体情况排出生产进度日程表。生产进度既可以在整个预算期均衡安排，也可以采取集中突击方式安排，但均衡生产通常对企业最为有利。

(3)直接材料预算的编制

直接材料预算是关于预算期内为满足产品生产需要而编制的有关材料耗用量、材料采购量及材料采购支出的计划。

直接材料预算应以生产预算为基础，结合企业所制定的材料消耗定额，预计材料采购单价及期初、期末材料存货水平等信息来编制。

直接材料预算从满足企业预算管理要求上来看，其具体内容应包括直接材料需用量预算、直接材料采购预算和材料采购现金支出预算三个方面的内容。直接材料需用量预算，用以反映企业为满足生产预算中的预计产品生产量需要而应准备的材料实物量；直接材料采购预算，是企业在直接材料需用量预算基础上，结合期初、期末材料存货的状况和需要而编制的用以反映应对外采购材料的实物量及材料采购所需资金的预算；材料采购现金支出预算，用以反映企业对外采购材料过程中支付现金的需要量。

①直接材料需用量预算的编制程序如下：

第一步，分产品计算对各种材料的需用量，计算公式为：

预计某产品的某种直接材料需用量 = 该产品耗用该材料的消耗定额 × 该产品预算期的预计生产量

第二步，预计预算期某种直接材料的全部需用量，计算公式为：

预计某种直接材料全部需用量 = Σ预计某产品的该直接材料需用量

【例 8-11】 某公司预算年度以甲材料、乙材料生产 A、B 两种产品。A 产品预算产量为 600 台，所使用的甲、乙材料消耗定额分别为 400 千克/台、300 千克/台；B 产品预算产量为 1 400 台，所使用的甲、乙材料消耗定额分别为 450 千克/台、150 千克/台。根据资料：

首先，计算预算期每一产品对各种材料的需用量。

A 产品甲材料预计需用量 = 600 × 400 = 240 000(千克)

A 产品乙材料预计需用量 = 600 × 300 = 180 000(千克)

B 产品甲材料预计需用量 = 1 400 × 450 = 630 000(千克)

B 产品乙材料预计需用量 = 1 400 × 150 = 210 000(千克)

其次，汇总预算期某一材料的全部需用量。

预计甲材料全部需用量 = 240 000 + 630 000 = 870 000(千克)

预计乙材料全部需用量 = 180 000 + 210 000 = 390 000(千克)

②直接材料采购预算的编制程序如下：

第一步，预计直接材料采购量。在确定直接材料采购量时，必须要把握好材料采购量、满足产品产量预算的材料需用量和材料储备量三者之间的关系，按每种材料分别测算，计算公式为：

预计某种材料采购量 = 预计该材料需用量 + 预计该材料期末结存量 - 预计该材料期初结存量

上式中，预计材料期末结存量通常按经验数据确定。

第二步，计算预算期每一种直接材料的采购成本，计算公式为：

预计某种材料采购成本 = 该材料单价 × 该材料预计采购量

上式中，材料单价一般按不含增值税价格确定。

第三步，计算确定预算期全部直接材料采购总成本，计算公式为：

预计材料采购总成本 = ∑预计某种材料采购成本

第四步，计算预算期与直接材料采购成本相关的增值税进项税额，计算公式为：

预计增值税进项税额 = 预计材料采购成本 × 企业适用的增值税税率

第五步，计算预算期直接材料采购所需资金总额，计算公式为：

预计材料采购所需资金总额 = 预计材料采购总成本 + 预计增值税进项税额

③材料采购现金支出预算的编制程序如下：

为了满足材料采购过程中资金支出的需要，并保证资金的及时供应，还需要编制材料采购现金支出预算，预计材料采购现金支出的计算公式为：

预计材料采购所需现金支出 = 预计本期采购材料现金支出 + 预计本期支付上期未付材料账款

预计本期采购材料现金支出的计算公式为：

预计本期采购材料现金支出 = 预计本期材料采购所需资金总额 × 预计本期付现率

上式中，预计本期付现率是指本期预计材料采购现金支出额占本期预计材料采购所需资金总额的百分比。

预计本期支付上期未付材料账款的计算公式为：

预计本期支付上期未付材料账款 = 上期未付材料账款 × 预计本期对上期未付账款支付率

上式中，预计本期对上期未付账款支付率是指上期未付账款在本期支付的现金额占上期未付账款总额的百分比。

在编制预算中，付现率和支付率通常为已知的经验数据。

【例 8-12】 宝强公司 2013 年生产预算见表 8-10，若宝强公司 2013 年生产 A 产品只需用甲材料，A 产品甲材料消耗定额为 20 千克/件，单价为 6 元/千克；2013 年年初甲材料库存量为 2 000 千克，2013 年内各季末甲材料按本季度生产需要量的 10% 储备；2013 年第一季度需支付上年应付购料款余额为 6 000 元，预计 2013 年各季度材料采购款于当季度以现金支付 70%，其余 30% 下季度再以现金付讫（即后期对上期未付账款支付率为 100%）。

要求：依据资料，为宝强公司编制 2013 年度的直接材料需用量预算、直接材料采购预算和材料采购现金支出预算。

解：依题意，可分别编制宝强公司 2013 年度直接材料需用量预算、直接材料采购预算和材料采购现金支出预算如表 8-11、表 8-12 和表 8-13 所示。

表 8-11　　　　宝强公司 2013 年度直接材料需用量预算

摘要	一季度	二季度	三季度	四季度	全年合计
预计产品生产量(件)	510	610	820	690	2 630
单位产品材料消耗定额(千克)	20	20	20	20	20
预计材料生产需用量(千克)	10 200	12 200	16 400	13 800	52 600

表 8-12　　　　宝强公司 2013 年度直接材料采购预算

摘要	一季度	二季度	三季度	四季度	全年合计
预计材料生产需用量(千克)	10 200	12 200	16 400	13 800	52 600
加:预计材料期末结存量(千克)	1 020	1 220	1 640	1 380	1 380
减:预计材料期初结存量(千克)	2 000	1 020	1 220	1 640	2 000
预计材料采购量(千克)	9 220	12 400	16 820	13 540	51 980
材料价格(元/千克)	6	6	6	6	6
预计材料采购成本(元)	55 320	74 400	100 920	81 240	311 880
加:预计材料增值税进项税额(元)	9 404	12 648	17 156	13 811	53 019
预计采购材料所需资金总额(元)	64 724	87 048	118 076	95 051	364 899

表 8-13　　宝强公司 2013 年度材料采购现金支出预算　　单位:元

<table>
<tr><th colspan="3">摘要</th><th>一季度</th><th>二季度</th><th>三季度</th><th>四季度</th><th>全年合计</th></tr>
<tr><td colspan="3">预计采购材料所需资金总额</td><td>64 724</td><td>87 048</td><td>118 076</td><td>95 051</td><td>364 899</td></tr>
<tr><td rowspan="9">预计所需现金支出</td><td rowspan="2">一季度支付</td><td>上期未付材料款</td><td>6 000</td><td></td><td></td><td></td><td>6 000</td></tr>
<tr><td>本季采购材料款</td><td>45 307</td><td></td><td></td><td></td><td>45 307</td></tr>
<tr><td rowspan="2">二季度支付</td><td>上期未付材料款</td><td></td><td>19 417</td><td></td><td></td><td>19 417</td></tr>
<tr><td>本季采购材料款</td><td></td><td>60 934</td><td></td><td></td><td>60 934</td></tr>
<tr><td rowspan="2">三季度支付</td><td>上期未付材料款</td><td></td><td></td><td>26 114</td><td></td><td>26 114</td></tr>
<tr><td>本季采购材料款</td><td></td><td></td><td>82 653</td><td></td><td>82 653</td></tr>
<tr><td rowspan="2">四季度支付</td><td>上期未付材料款</td><td></td><td></td><td></td><td>35 423</td><td>35 423</td></tr>
<tr><td>本季采购材料款</td><td></td><td></td><td></td><td>66 536</td><td>66 536</td></tr>
<tr><td colspan="2">本期现金支出合计</td><td>51 307</td><td>80 351</td><td>108 767</td><td>101 959</td><td>342 384</td></tr>
<tr><td colspan="3">应在下期支付的本期货款</td><td>19 417</td><td>26 114</td><td>35 423</td><td>28 515</td><td>28 515</td></tr>
</table>

宝强公司 2013 年度材料采购现金支出预算还反映了宝强公司 2013 年度预算期期末的应付账款余额。

年末应付账款余额 = 95 051 × 30% = 28 515(元)

或 = 6 000 + 364 899 − 342 384 = 28 515(元)

(4)应交税金及附加预算的编制

应交税金及附加预算是关于预算期内应交增值税、消费税、营业税、资源税、城市维护建设税和教育费附加及支付的预算。但应交税金及附加预算中不包括预交所得税和直接计入管理费用的印花税等。

编制应交税金及附加预算的基本依据包括销售预算、直接材料采购预算和相关的适用税率。预计应交税金及附加的计算公式是:

预计某期应交税金及附加 = 预计该期应交增值税 + 预计该期营业税金及附加

编制应交税金及附加预算的步骤如下:

第一步,预计应交增值税。预计应交增值税的方法有两种。

方法一:常规法,是指按照增值税的实际计税方法进行应交增值税的估算。计算公式为:

预计某期应交增值税 = 预计该期应交增值税销项税额 − 预计该期应交增值税进项税额

常规法的优点是与实际工作中关于增值税的会计核算相一致,缺点是需要分别估算销项税额和进项税额,比较麻烦。

方法二:简捷法,是指按照应交增值税税额占不含税销售收入百分比的经验数据估算应交增值税税额。计算公式为:

预计某期应交增值税 = 预计该期不含税销售收入 × 预计应交增值税占不含税销售

收入百分比

预计应交增值税占不含税销售收入百分比,可根据以往一定期间内的实际情况进行估算确认。这种方法比较简单,可以直接估算出某期的应交增值税,缺点是存在一定误差。

【例 8-13】 宝强公司 2013 年产品销售和材料采购预算资料见表 8-9、表 8-12。

要求:①根据上述资料按常规法测算该公司的应交增值税;

②根据上述资料按简捷法测算该公司的应交增值税;

③比较两种方法测算应交增值税的差异。

解:①按常规法测算该公司的应交增值税如表 8-14 所示。

表 8-14　宝强公司常规法应交增值税计算表　单位:元

项目	一季度	二季度	三季度	四季度	全年合计
预计不含税销售收入	200 000	240 000	320 000	280 000	1 040 000
预计增值税销项税额	34 000	40 800	54 400	47 600	176 800
预计增值税进项税额	9 404	12 648	17 156	13 811	53 019
预计应交增值税	24 596	28 152	37 244	33 789	123 781

②按简捷法测算该公司的应交增值税如表 8-15 所示。

应交增值税估算率 $=123\ 781 \div 1\ 040\ 000 \times 100\% = 11.90\%$,各季度应交增值税预算如表 8-15 所示。

表 8-15　宝强公司简捷法应交增值税计算表　金额单位:元

项目	一季度	二季度	三季度	四季度	全年合计
预计不含税销售收入	200 000	240 000	320 000	280 000	1 040 000
应交增值税估算率(%)	11.90	11.90	11.90	11.90	11.90
预计应交增值税	23 800	28 560	38 080	33 320	123 760

③比较两种方法测算应交增值税的差异如表 8-16 所示。

表 8-16　两种方法测算应交增值税差异比较表　单位:元

项目	一季度	二季度	三季度	四季度	全年合计
常规法预计应交增值税	24 596	28 152	37 244	33 789	123 781
简捷法预计应交增值税	23 800	28 560	38 080	33 320	123 760
差异	796	-408	-836	469	21

从表 8-16 中可以看出,如果能够掌握企业应交增值税与销售收入的基本比例,利用简捷法估算应交增值税是比较方便的,虽然两种方法估算的各季度应交增值税数额存在差异,但从全年看基本相等,是能够满足预算管理要求的。因此,在企业实际预算中常常运用简捷法并根据相关资料来进行应交增值税的估算。

【例 8-14】 某企业 2013 年一至四季度预计每季度的产品不含税销售额分别为88 000 元、100 000 元、140 000 元、122 000 元。适用的增值税税率为 17%、预计销售利润率为 20%、预计材料成本占总成本的75%，预计企业生产所使用的材料都是在当期内采购的。

要求：根据上述资料按简捷法测算该企业的应交增值税。

解：按简捷法测算该企业的应交增值税如下：

2013 年预计增值税销项税额 = 450 000 × 17% = 76 500（元）

2013 年预计产品总成本 = 450 000 ×（1 − 20%）= 360 000（元）

2013 年预计材料采购成本 = 360 000 × 75% = 270 000（元）

2013 年预计增值税进项税额 = 270 000 × 17% = 45 900（元）

2013 年应交增值税税额 = 76 500 − 45 900 = 30 600（元）

应交增值税估算率 = 30 600 ÷ 450 000 × 100% = 6.8%

编制企业应交增值税预算如表 8-17 所示。

表 8-17　某企业应交值增税预算　金额单位：元

项目	一季度	二季度	三季度	四季度	全年合计
预计不含税销售额	88 000	100 000	140 000	122 000	450 000
应交增值税估算率（%）	6.8	6.8	6.8	6.8	6.8
预计应交增值税	5 984	6 800	9 520	8 296	30 600

第二步，预计营业税金及附加。预计某期发生的营业税金及附加计算公式如下：

预计发生的营业税金及附加 = 预计应交营业税 + 预计应交消费税 + 预计应交资源税 + 预计应交城市维护建设税 + 预计应交教育费附加

上式中，预计应交城市维护建设税和预计应交教育费附加等于预计应交营业税、预计应交消费税和预计应交增值税之和与适用的附加税率和征收率的乘积。

【例 8-15】 宝强公司 2013 年预计不会发生营业税、消费税和资源税，可能发生的增值税资料见表 8-14，公司适用的城市维护建设税税率为 7%，教育费附加的征收率为 3%。

要求：根据上述资料测算宝强公司 2013 年预计的营业税金及附加。

解：各季度预计营业税金及附加预算如表 8-18 所示。

表 8-18　宝强公司 2013 年营业税金及附加预算　单位：元

项目	一季度	二季度	三季度	四季度	全年合计
预计应交城市维护建设税	1 721.72	1 970.64	2 607.08	2 365.23	8 664.67
预计应交教育费附加	737.88	844.56	1 117.32	1 013.67	3 713.43
预计营业税金及附加	2 459.60	2 815.20	3 724.40	3 378.90	12 378.10

第三步，编制应交税金及附加预算。该预算是在应交增值税预算、营业税金及附加预算编制完成的基础上，编制的综合反映全部应交税费的预算。在编制应交税金及附加预算时，由于每期的税金需在下期期初规定的时限内及时清缴，因此，也可将预算期内的各项应交税金及附加列为当期的现金支出。

【例 8-16】 宝强公司 2013 年预计应交增值税的资料见表 8-14，预计应交营业税金及附加的资料见表 8-18。

要求:根据上述资料编制宝强公司2013年应交税金及附加预算。

解:编制宝强公司2013年应交税金及附加预算如表8-19所示。

表8-19　　宝强公司2013年应交税金及附加预算　　单位:元

项目		一季度	二季度	三季度	四季度	全年合计
预计应交增值税		24 596	28 152	37 244	33 789	123 781
预计营业税金及附加	应交营业税、应交消费税、应交资源税					
	应交城市维护建设税	1 721.72	1 970.64	2 607.08	2 365.23	8 664.67
	应交教育费附加	737.88	844.56	1 117.32	1 013.67	3 713.43
	小计	2 459.60	2 815.20	3 724.40	3 378.90	12 378.10
合计		27 055.60	30 967.20	40 968.40	37 167.90	136 159.10
预计现金支出		27 055.60	30 967.20	40 968.40	37 167.90	136 159.10

(5)直接人工预算的编制

直接人工预算是关于预算期内为完成产品产量生产计划而编制的有关人工工时的劳动量和直接人工成本的计划。

直接人工成本包括直接工资和按直接工资的一定比例计算的其他直接人工费用(如应付福利费等)。

直接人工预算应根据生产预算中的预计生产量以及企业制定的单位工时工资率、单位产品工时定额、其他直接人工费用计提标准等资料进行编制。直接人工预算的编制程序如下:

第一步,预计每种产品的直接人工工时总数,计算公式为:

预计某种产品直接人工工时总数 = 单位产品工时定额 × 预计该产品生产量

第二步,预计每种产品直接工资成本,计算公式为:

预计某种产品直接工资成本 = 单位工时工资率 × 预计该产品直接人工工时总数

第三步,预计每种产品的其他直接人工费用,计算公式为:

预计某种产品其他直接人工费用 = 预计该产品直接工资成本 × 其他直接人工费用计提标准

第四步,计算每种产品的预计直接人工成本总额,计算公式为:

预计某种产品直接人工成本总额 = 预计该产品直接工资成本 + 预计该产品其他直接人工费用

第五步,预计全部产品直接人工成本总额的现金支出。各期人工成本中的直接工资成本一般当期用现金开支,而应付福利费等其他直接人工费用则不一定在提取的当期用现金开支,计算公式如下:

预计某期直接人工成本总额的现金支出 = 该期预计产品直接工资成本 + 该期预计其他直接人工费用的现金支出

上式中，该期预计其他直接人工费用的现金支出可按下式计算：

该期预计其他直接人工费用的现金支出 = 该期预计其他直接人工费用 × 该期预计其他直接人工费用现金支用率

预计其他直接人工费用现金支用率，等于一定时期内用现金支用的其他直接人工费用占同期预计全部其他直接人工费用的百分比，它是一个经验数据。

【例 8-17】宝强公司 2013 预算年度生产预算见表 8-10。单位 A 产品工时定额为 10 小时/件，小时工资率为 7 元/小时，其他直接人工费用（福利费）计提比例为 14%；工资均在当季以现金支付，预计其他直接人工费用现金支用率为 60%。

要求：为宝强公司编制 2013 年度直接人工预算（计算结果保留整数）。

解：依题意，宝强公司 2013 年度直接人工预算编制如表 8-20 所示。

表 8-20　宝强公司 2013 年度直接人工预算

摘要		一季度	二季度	三季度	四季度	全年合计
预计产品生产量（件）		510	610	820	690	2 630
单位产品工时定额（小时）		10	10	10	10	10
直接人工工时总数（小时）		5 100	6 100	8 200	6 900	26 300
单位工时的工资额（元/小时）		7	7	7	7	7
预计产品直接工资成本（元）		35 700	42 700	57 400	48 300	184 100
其他直接人工费用计提比例（%）		14	14	14	14	14
预计其他直接人工费用（元）		4 998	5 978	8 036	6 762	25 774
预计直接人工成本总额（元）		40 698	48 678	65 436	55 062	209 874
预计现金支出	直接工资成本现金支出（元）	35 700	42 700	57 400	48 300	184 100
	其他直接人工费用现金支出（元）	2 999	3 587	4 822	4 057	15 465
	合计	38 699	46 287	62 222	52 357	199 565

由表中资料也可计算出单位工时直接人工成本如下：

$$单位工时直接人工成本 = \frac{209\ 874}{26\ 300} = 7.98 \approx 8（元）$$

（6）制造费用预算的编制

制造费用预算是关于预算期内为完成产品产量生产计划而编制的间接生产成本计划。

制造费用是除直接材料和直接人工以外发生的其他间接性生产费用。通常将制造费用划分为变动性制造费用和固定性制造费用两部分，并以此作为编制制造费用预算的基础。编制步骤如下：

第一步，预估全年产品生产中各项固定性制造费用总额及需支付现金的状况。

固定性制造费用可在上年的基础上加以适当修正进行预计。

第二步，将预估的全年产品生产中固定性制造费用分配到各季。

通常将预计的全年产品生产中的固定性制造费用平均分配到各季。

第三步，预估全年产品生产中各项变动性制造费用总额及需支付现金的状况。

变动性制造费用可在上年的基础上，结合本年业务量与上年相比的增减程度等因素进行调整预计。

第四步，计算变动性制造费用分配率（即单位工时变动性制造费用）并据此将变动性制造费用分配到各季。

各季变动性制造费用可根据变动性制造费用分配率乘以该季预计的分配标准量进行预计，其中，变动性制造费用分配率的计算公式为：

$$变动性制造费用分配率=\frac{变动性制造费用预算总额}{预计分配标准总量}$$

预计分配标准总量可在生产量或直接人工工时总数中选择，多品种条件下，一般按后者进行分配。

第五步，预估全年制造费用需支付现金的状况。

为便于对编制现金预算提供必要的资料，制造费用预算也应包括现金支出预算部分。在计算现金支出时，对于固定资产折旧费等非付现成本项目，首先应予剔除。

【例 8-18】 宝强公司财务及有关人员，经分析预测的 2013 年产品生产中的制造费用资料见表 8-21，2013 年公司的制造费用（不含折旧这一非付现成本项目）均需当期付现，公司以工时为变动性制造费用的分配标准，有关工时资料见表 8-20。

表 8-21　　预算年度固定性制造费用和变动性制造费用预测表　　单位：元

固定性制造费用	金额	变动性制造费用	金额
人工费	30 000	间接人工费	60 000
维修费	20 000	间接材料费	40 000
折旧费	60 000	水电费	50 000
材料费	40 000	材料处理费	40 000
水电费	20 000	搬运清理费	30 000
其他	10 000	其他	16 700
合计	180 000	合计	236 700

要求：为宝强公司编制 2013 年度的制造费用及现金支出预算（计算结果中分配率保留四位小数，其他保留整数）。

解：根据前述有关资料编制制造费用预算如表 8-22 所示。

表 8-22　　宝强公司 2013 年度制造费用预算　　金额单位:元

项目	分配率(元/小时)	一季度	二季度	三季度	四季度	全年合计
直接人工小时总数(小时)		5 100	6 100	8 200	6 900	26 300
固定性制造费用						
其中:人工费		7 500	7 500	7 500	7 500	30 000
维修费		5 000	5 000	5 000	5 000	20 000
折旧费		15 000	15 000	15 000	15 000	60 000
材料费		10 000	10 000	10 000	10 000	40 000
水电费		5 000	5 000	5 000	5 000	20 000
其他		2 500	2 500	2 500	2 500	10 000
合计	6.8441	45 000	45 000	45 000	45 000	180 000
变动性制造费用						
其中:间接人工费	2.2814	11 635	13 916	18 707	15 742	60 000
间接材料费	1.5209	7 757	9 278	12 471	10 494	40 000
水电费	1.9011	9 696	11 597	15 589	13 118	50 000
材料处理费	1.5209	7 757	9 278	12 471	10 494	40 000
搬运清理费	1.1407	5 817	6 958	9 354	7 871	30 000
其他	0.6350	3 239	3 873	5 207	4 381	16 700
合计	9.0000	45 901	54 900	73 799	62 100	236 700
制造费用总计		90 901	99 900	118 799	107 100	416 700
减:折旧费		15 000	15 000	15 000	15 000	60 000
预计现金支出额		75 901	84 900	103 799	92 100	356 700

由表 8-22 可知:单位工时固定性制造费用 = 180 000 ÷ 26 300 = 6.8441 ≈ 7(元)

单位工时变动性制造费用 = 236 700 ÷ 26 300 = 9(元)

(7)产品成本预算的编制

产品成本预算是关于预算期内所生产产品的单位成本、总成本、销售成本等项内容的计划。

产品成本预算应在生产预算、直接材料预算、直接人工预算和制造费用预算的基础上,以其中的有关资料为依据而编制,并且应划分产品分别进行编制。产品成本预算的编制步骤如下:

第一步,预计每种产品的单位生产成本,计算公式为:

某种产品预计单位生产成本 = 该产品单位产品直接材料成本 + 该产品单位产品直接人工成本 + 该产品单位产品变动性制造费用 + 该产品单位产品固定性制造费用

单位产品某种直接材料成本 = 该材料该期平均采购单价 × 该材料单位产品消耗定额

材料的平均采购单价与单位产品消耗定额,可以在直接材料采购预算中找到;单位产品直接人工成本等于单位工时直接人工成本与单位产品工时定额的乘积,根据直接人工预算中的资料计算得到;单位产品变动性制造费用等于变动性制造费用分配率与产品工时定额的乘积,有关资料可在制造费用预算中找到;单位产品固定性制造费用等于单位工时固定性制造费用与产品工时定额的乘积,有关资料可在制造费用预算中找到。

第二步,预计每种产品的生产成本总额,其计算公式为:

某种产品预计生产成本总额 = 该产品直接材料成本总额 + 该产品直接人工成本总额 + 该产品变动性制造费用总额 + 该产品固定性制造费用总额

上式中,该产品直接材料成本总额等于该产品预计耗用各种直接材料成本之和;该产品直接人工成本总额等于单位产品直接人工成本与产品预计产量的乘积,需根据直接人工预算中的资料计算得到;该产品变动性制造费用总额等于单位产品变动性制造费用与产品预计产量的乘积,有关资料可在制造费用预算中找到;该产品固定性制造费用总额等于单位产品固定性制造费用与产品预计产量的乘积,有关资料可在制造费用预算中找到。

第三步,预计每种产品的完工产品生产成本,计算公式为:

某种产品某期完工产品生产成本 = 该产品预计生产成本总额 + 该产品在产品成本期初余额 - 该产品在产品成本期末余额

当在产品成本期初和期末余额为零时,预计某种产品的完工产品生产成本等于该产品预计生产成本总额。

第四步,预计每种产品成本,如果企业采用先进先出法核算存货,则计算公式为:

预计本期产品成本 = 产成品成本期初余额 + 预计本期完工产品生产成本 - 产成品成本期末余额

【例 8-19】 宝强公司 2013 年年初结存的产成品成本总额为 12 000 元,单位成本为 300 元;生产预算、直接材料需用量预算、直接材料采购预算、直接人工预算和制造费用预算分别见表 8-10、表 8-11、表 8-12、表 8-20 和表 8-22;产成品按先进先出法计价。

要求:为宝强公司编制 2013 年度的产品成本预算(单位成本保留两位小数,其他计算结果保留整数)。

解:根据资料编制的产品成本预算如表 8-23 所示。

表 8-23　　宝强公司 2013 年度产品成本预算

成本项目	单位价格	单位产品分配标准	单位成本(元)	生产总成本(产量 2 630 件)(元)
直接材料成本	6 元/千克	20 千克	120	315 600
直接人工成本	8 元/小时	10 小时	80	210 400

续表

成本项目	单位价格	单位产品分配标准	单位成本（元）	生产总成本(产量2 630 件)(元)
变动性制造费用	9 元/小时	10 小时	90	236 700
固定性制造费用	6.844 元/小时	10 小时	68.44	180 000
预计产品生产成本总额(元)			358.44	942 700
加:期初在产品、半成品成本余额			0	0
减:期末在产品、半成品成本余额			0	0
预计完工产品生产成本			358.44	942 700
加:期初结存产成品成本余额			300	12 000
减:期末结存产成品成本余额			358.44	25 091
预计本期产品销售成本(预计销售量为 2 600 件)			357.54	929 609

在实际工作中产品成本预算也可按变动成本法编制,即在编制产品成本预算时不把制造费用中的固定性制造费用包括进来,制造费用中的固定性制造费用作为期间成本直接列入利润表内作为收入的扣除项目。但要注意,编制产品成本预算时制造费用中固定性制造费用的处理方法不同,将导致企业预计利润不同。

(8)期末存货预算的编制

期末存货预算是关于一定预算期期末在产品、产成品和原材料等预计成本水平的计划。

编制期末存货预算,不仅受存货成本水平高低的影响,也受存货计价方法的影响。当采用先进先出法计价时,期末存货预算编制的方法与步骤是:

第一步,分别计算每种存货的期末余额,计算公式为:

某种存货预计期末余额 = ∑预计某批该存货期末结存实物量 × 该批该存货入库时的预计单位成本

第二步,汇总各项存货的期末余额,计算公式为:

期末预计存货余额 = 预计在产品存货期末余额 + 预计产成品存货期末余额 + 预计原材料存货期末余额

【例 8-20】宝强公司 2013 预算年度拟对存货按先进先出法计价,公司的生产预算、直接材料采购预算和产品成本预算分别见表 8-10、表 8-12 和表 8-23;为简化存货预算的编制,在产品和半成品视为零。

要求:为宝强公司编制 2013 年度的年末存货预算(计算结果保留整数)。

解:根据资料编制宝强公司 2013 年度年末存货预算如表 8-24 所示。

表 8-24　　宝强公司 2013 年度年末存货预算

项目	名称	单位成本(元)	期末结存量	期末结存成本(元)
材料存货	A 材料	6	1 380 千克	8 280
	小计			8 280
产成品存货	甲产品	358.44	70 件	25 091
	小计			25 091
在产品等存货			0	0
期末存货成本合计				33 371

(9)销售费用预算的编制

销售费用预算是关于预算期内企业为组织产品销售而发生各项费用的计划。

编制销售费用预算可参照编制制造费用预算的方法进行,可根据销售费用与销售量之间所存在的依存关系,将销售费用划分为变动性销售费用和固定性销售费用两部分。一定期间某种产品预计发生的变动性销售费用可按下式计算:

某种产品预计变动性销售费用 = 该产品单位变动性销售费用 × 该产品预计销售量

上式中的单位变动性销售费用为已知数据,通常可根据以往实际资料分析调整确定。

固定性销售费用通常也是根据以往实际资料分析调整直接确定的。

在销售费用预算中也要反映其相应的现金支出预算情况。关于销售费用的现金支出预算可以采取两种处理方法:一是将全年固定性销售费用扣除其中的非付现成本(如销售机构的折旧费),然后再将差额在年内各季度平均分摊。这种方法可简化编制的复杂性,但因为固定性销售费用中存在某期一次性支付全年的广告费或销售保险费等费用项目的情况,这些付现成本项目的开支时间与受益期间不一致,所以,所编制的现金支出预算准确性较差。二是根据固定性销售费用中具体的付现成本项目的预计发生期间分季度编制预算。这种方法所编制的现金支出预算准确性较高,但编制过程繁杂。本书采用第一种方法。

【例 8-21】 宝强公司 2013 年度销售预算见表 8-9。公司财务及有关人员经对上年销售费用进行分析后,测算的公司 2013 年销售费用合理开支的基本数据如表 8-25 所示,变动性销售费用和固定性销售费用均需当期付现。

表 8-25　　宝强公司 2013 年销售费用合理开支测算表　　金额单位:元

变动性销售费用			固定性销售费用	
项目	单位产品变动性销售费用		项目	全年总额
	A 产品		管理人员工资	3 000
佣金	1.15 元/件		专设机构经费	4 000

续表

变动性销售费用			固定性销售费用	
运杂费	0.77 元/件		广告宣传费	4 000
其他	0.38 元/件		销售保险费	1 500
			其他	500
合计	2.3 元/件		合计	13 000

要求:为宝强公司编制 2013 年的销售费用及现金支出预算(计算结果保留整数)。

解:根据已知资料,编制的宝强公司 2013 年销售费用及现金支出预算如表 8-26 所示。

表 8-26　　宝强公司 2013 年销售费用及现金支出预算

项目		一季度	二季度	三季度	四季度	全年合计
单位产品变动性销售费用(元/件)	A 产品	2.3	2.3	2.3	2.3	2.3
预计产品销售量(件)	A 产品	500	600	800	700	2 600
变动性销售费用(元)	A 产品	1 150	1 380	1 840	1 610	5 980
	小　计	1 150	1 380	1 840	1 610	5 980
固定性销售费用(元)		3 250	3 250	3 250	3 250	13 000
预计销售费用合计(元)		4 400	4 630	5 090	4 860	18 980
预计现金支出(元)		4 400	4 630	5 090	4 860	18 980

(10)管理费用预算的编制

管理费用预算是关于预算期内为组织、管理企业生产经营活动而发生各项费用的计划。

管理费用预算的编制,类似于制造费用预算或销售费用预算的编制,但因为管理费用大多为固定性费用,为简化预算编制,此处不再进行变动性管理费用和固定性管理费用的划分。

在编制管理费用预算时,所预计的管理费用发生额通常也是根据以往实际资料分析调整直接确定的。在管理费用预算中也要反映其相应的现金支出预算情况,其处理方法比照销售费用的现金支出预算。

【例 8-22】 宝强公司财务及有关人员预计:公司 2013 年须付现的管理费用支出均须

当期支付。经对上年管理费用进行分析、测算后，编制的宝强公司 2013 年管理费用及现金支出预算如表 8-27 所示。

表 8-27　　宝强公司 2013 年管理费用及现金支出预算　　单位：元

费用项目	年度预算金额	各季平均额
公司经费	8 000	2 000
无形资产摊销	6 000	1 500
交际费	4 000	1 000
折旧费	4 000	1 000
审计费	800	200
劳动保险费	3 000	750
其他	200	50
管理费用合计	26 000	6 500
减：折旧费	4 000	1 000
无形资产摊销	6 000	1 500
预计现金支出	16 000	4 000

(11)财务费用预算的编制

财务费用预算是关于预算期内因筹集和使用资金而发生各项费用的计划。

为简化财务费用预算的编制，通常也是根据以往实际资料分析调整直接确定，然后再在年内各季度平均分摊。财务费用预算中也要反映其相应的现金支出预算情况，一般按当期付现处理。

【例 8-23】 宝强公司财务及有关人员预计：公司 2013 年财务费用支出均须当期付现。经对上年财务费用进行分析及对 2013 年度资金筹集和使用的有关费用预测后，编制的宝强公司 2013 年财务费用及现金支出预算如表 8-28 所示。

表 8-28　　宝强公司 2013 年财务费用及现金支出预算　　单位：元

费用项目	年度预算金额	各季平均额
利息净支出	400	100
汇兑净损失	600	150
其他	500	125
财务费用合计	1 500	375
预计现金支出	1 500	375

2)特种决策预算的内容与编制方法

特种决策预算通常是企业为解决、满足或贯彻某一决策问题的需要而编制的预算，因其在决策问题产生时才需要编制，所以是一种不需要定期编制的非日常业务预算。企业特种决策预算主要分为经营决策预算和投资决策预算。

(1)经营决策预算的编制

经营决策预算是关于短期经营决策的预算。短期经营决策是企业为合理地利用或调配企业经营活动，根据自身和市场的变化所进行的经常性的经营策略的选择与调整。例如，企业耗用的某种零件取得方式的改变、企业产品赊销策略的改变、企业短期借款期限与数量的调整等。经营决策预算是在短期经营决策所确定的最优方案的基础上编制的，该预算的编制将影响到材料采购预算、生产预算或产品成本预算等，要注意它们之间的衔接与调整。

(2)投资决策预算的编制

投资决策预算又称资本支出预算，是关于项目投资决策的预算。投资决策预算应根据项目投资决策所确定的最优方案编制。由于项目投资与企业日常经营业务关联度不大并经常跨年度，因此，除个别项目外该预算的编制对材料采购预算、生产预算或产品成本预算等不产生直接影响。

【例 8-24】 宝强公司决定 2013 年度投资一条新的生产线并于年末交付使用，以开发形成 B 产品(新产品)的生产能力。该项目投资决策的项目投资额为 12 000 元，其中 1 086元将于第四季度用于追加流动资金，为下年生产 B 产品采购乙材料所用。公司财务及有关人员根据工程进度等资料编制的公司 2013 年度 B 产品生产线投资决策预算如表 8-29 所示。

表 8-29　　**宝强公司 2013 年度 B 产品生产线投资决策预算**　　单位:元

项目	一季度	二季度	三季度	四季度	全年合计
勘察设计费	914				914
土建工程费	2 000				2 000
设备购置费		3 000	2 000		5 000
安装工程费			1 000	1 000	2 000
其他				1 000	1 000
购置固定资产支出小计	2 914	3 000	3 000	2 000	10 914
追加流动资金				1 086	1 086
合计	2 914	3 000	3 000	3 086	12 000

在表 8-29 的预算中，由于乙材料采购涉及前述日常业务预算，在实际工作中，应对所涉及的有关已编制完成的日常业务预算进行相应的调整。此处为简化过程，就不再作相应的调整了。

8.1.4 现金预算与预计财务报表的编制

现金预算与预计财务报表是企业编制的综合性预算，分别从不同的角度来反映企业日常业务预算、特种决策预算的执行可能对企业财务成果和财务状况产生的影响。

1)现金预算的编制

现金预算是关于预算期内现金收入、现金支出、现金余额及不足部分筹集的计划。

现金预算是财务管理的一个极其重要的工具,它能够以货币的形态综合反映前述各项预算的主要内容,概括反映企业在整个预算期内现金收支的可能情况及现金筹集的来源渠道与运用去向的可能情况。通过编制现金预算,可以预测预算期内企业现金来源是否有超过需要或不足的状况,保持企业正常的支付能力,预防企业财务危机的发生。

现金预算在构成内容上主要包括现金收入、现金支出、现金余额和现金调剂(现金筹措与运用)四个组成部分。

(1)现金收入。现金收入是指预算期内流入企业的现金,包括预算期期初现金余额和本期的现金收入。现金收入的主要来源是销售收入、财产租金收入、投资中获取的利息和股利、上期应收账款的收回和本期借款等。

(2)现金支出。现金支出是指预算期内流出企业的现金,包括预算期内发生的一切现金支出。现金支出的具体内容很多,如以现金上缴税金、购入固定资产、采购材料、支付现金股利和工资等。

(3)现金余额。现金余额是指现金收入总额与现金支出总额的差额。如果收入大于支出,称为现金剩余,说明企业现金充裕,是企业财务状况良好的一种表现;如果支出大于收入,即现金不足,说明企业资金支付能力等状况不容乐观。

(4)现金调剂。现金调剂是指根据现金余缺的预算状况和预算期内最佳货币资金持有量,对现金的筹集和运用作出科学合理的调节计划。

现金不足,反映企业资金支付能力等状况不容乐观;过多的现金剩余,意味着资金没有得到良好的运用。因此,应该对短缺的现金作出相应筹资安排计划,或对过多的剩余现金作出运用安排计划。

【例 8-25】 宝强公司 2013 年预算年度期初货币资金余额为 260 000 元,预算期内最佳货币资金持有量为 80 000 元。经预测:在预算期内因其他收入而发生的现金流入每季平均为 120 000 元,相应的成本现金流出为 40 000 元;每季需预缴所得税 7 000 元;5 月份以现金支付上年股利 120 000 元;第一季度末和第三季度末将分别偿还上年流动资金借款本金 100 000 元和 200 000 元。其他有关现金收支预算资料分别见销售预算及经营现金收入预算的表 8-9、材料采购现金支出预算的表 8-13、应交税金及附加预算的表 8-19、直接人工预算的表 8-20、制造费用预算的表 8-22、销售费用及现金支出预算的表 8-26、管理费用及现金支出预算的表 8-27、财务费用及现金支出预算的表 8-28、投资决策预算的表 8-29。

要求:为宝强公司编制 2013 年度现金预算(计算结果保留整数)。

解:根据已知资料,编制的宝强公司现金预算如表 8-30 所示。

表 8-30　　宝强公司 2013 年度现金预算　　单位:元

项目	一季度	二季度	三季度	四季度	全年	资料来源及计算依据
①期初现金余额	260 000	80 548	81 078	84 497	260 000	
经营性现金收入						
其中:销售收入	207 200	271 440	355 680	336 960	1 171 280	表 8-9
其他收入	120 000	120 000	120 000	120 000	480 000	本例给出
②经营性现金收入合计	327 200	391 440	475 680	456 960	1 651 280	
③可用现金合计	587 200	471 988	556 758	541 457	1 911 280	①+②
经营性现金支出						
其中:直接材料采购支出	51 307	80 351	108 767	101 959	342 384	表 8-13
支付增值税、营业税金及附加	27 056	30 967	40 968	37 168	136 159	表 8-19
支付直接人工	38 699	46 287	62 222	52 357	199 565	表 8-20
支付制造费用	75 901	84 900	103 799	92 100	356 700	表 8-22
支付销售费用	4 400	4 630	5 090	4 860	18 980	表 8-26
支付管理费用	4 000	4 000	4 000	4 000	16 000	表 8-27
支付财务费用	375	375	375	375	1 500	表 8-28
支付其他收入的成本	40 000	40 000	40 000	40 000	160 000	本例给出
预交所得税	7 000	7 000	7 000	7 000	28 000	本例给出
支付股利		120 000			120 000	本例给出
④经营性现金支出合计	248 738	418 510	372 221	339 819	1 379 288	
资本性现金支出						
其中:购置固定资产支出	2 914	3 000	3 000	2 000	10 914	表 8-29
追加流动资金支出				1 086	1 086	表 8-29
⑤资本性现金支出合计	2 914	3 000	3 000	3 086	12 000	
⑥现金支出总计	251 652	421 510	375 221	342 905	1 391 288	④+⑤

续表

项目	一季度	二季度	三季度	四季度	全年	资料来源及计算依据
⑦现金节余(不足)	335 548	50 448	181 537	198 552	519 992	③-⑥
现金筹措与运用						
现金筹措						
其中:流动资金借款						
发行公司债券						
出售有价证券		30 000	99 000		129 000	根据最佳货币资金持有量调节出售,设为季末出售
⑧现金筹措小计		30 000	99 000		129 000	
现金运用						
其中:归还流动资金借款	100 000		200 000		300 000	本例给出
支付利息		-600	-3 960		-4 560	出售证券利息收入,证券年利率为8%
购入有价证券	155 000			118 000	273 000	根据最佳货币资金持有量调节购入,设为季末购入
⑨现金运用小计	255 000	-600	196 040	118 000	568 440	
⑩期末现金余额	80 548	81 078	84 497	80 552	80 552	⑦+⑧-⑨

2）预计利润表的编制

预计利润表是关于预算年度要实现利润的计划。

预计利润表以货币形式综合地反映了预算期内企业经营活动成果（包括利润总额、净利润）的计划水平。该预算以销售预算、产品成本预算和期间费用预算等日常业务预算为基础编制。

【例 8-26】 宝强公司 2013 预算年度有关编制预计利润表的资料分别见销售预算及经营现金收入预算的表 8-9、应交税金及附加预算的表 8-19、制造费用预算的表 8-22、产品成本预算的表 8-23、销售费用及现金支出预算的表 8-26、管理费用及现金支出预算的表 8-27、财务费用及现金支出预算的表 8-28 和【例 8-25】。

要求：按变动成本法为宝强公司编制 2013 年度预计利润表（计算结果保留整数）。

解：根据已知资料，编制的宝强公司 2013 年度的预计利润表如表 8-31 所示。

表 8-31 宝强公司 2013 年度预计利润表 单位：元

项目	金额	资料来源及计算依据
营业收入	1 040 000	表 8-9
减：营业成本	749 609	表 8-23（929 609 - 180 000）
营业税金及附加	12 378	表 8-19
贡献边际总额（生产阶段）	278 013	
加：其他业务利润	320 000	【例 8-25】
减：变动性销售费用	5 980	表 8-26
贡献边际总额（销售阶段）	592 033	
减：固定性制造费用	180 000	表 8-23
固定性销售费用	13 000	表 8-26
管理费用	26 000	表 8-27
财务费用	1 500	表 8-28
利润总额	371 533	
减：所得税（税率 25%）	92 883	
净利润	278 650	

为了满足进一步编制预计资产负债表的需要，还应在预计利润表的基础上编制预计利润分配表。

【例 8-27】 宝强公司 2013 预算年度期初未分配利润为 24 000 元，预算年度计提法定盈余公积金、任意盈余公积金的比例分别为 10%、5%，股利分配率预计为 30%。

要求：为宝强公司编制 2013 年度的预计利润分配表（计算结果保留整数）。

解：根据已知资料，编制的宝强公司 2013 年度预计利润分配表如表 8-32 所示。

表 8-32　　宝强公司 2013 年度预计利润分配表　　单位:元

项目	金额
年初未分配利润	24 000
加:本年预计实现净利润	278 650
减:提取法定盈余公积金	27 865
提取任意盈余公积金	13 932
可供投资者分配的利润	260 853
减:向投资者分配股利	83 595
年末未分配利润	177 258

3)预计资产负债表的编制

预计资产负债表是关于预算年度预计资产、负债、所有者权益要素可能达到状态的预算。

预计资产负债表中年初数为已知,应是企业上年年末的实际数,期末数则均应在前述各项日常业务预算和专门决策预算的基础上分析填列。

【例 8-28】 宝强公司 2013 预算年度的经营预算、投资决策预算、现金预算和预计利润分配表等如前所述,年初数均根据上年度资产负债表确定。

要求:为宝强公司编制 2013 年度预计资产负债表(计算结果保留整数)。

解:根据已知资料,编制的宝强公司 2013 年度预计资产负债表如表 8-33 所示。

表 8-33　　宝强公司 2013 年度预计资产负债表　　单位:元

资产	年初数	年末数	资料来源及计算依据
流动资产			
货币资金	260 000	80 552	表 8-30
应收票据	200 000	200 000	
交易性金融资产	155 000	299 000	表 8-30
应收账款	20 000	65 520	【例 8-9】
存货	28 000	33 371	表 8-24
流动资产合计	663 000	678 443	
固定资产			
固定资产原值	1 980 000	1 980 000	
减:累计折旧	450 000	514 000	表 8-22、表 8-27
固定资产净值	1 530 000	1 466 000	
在建工程	600 000	610 914	表 8-29
固定资产合计	2 130 000	2 076 914	

续表

资产	年初数	年末数	资料来源及计算依据
无形资产及其他长期资产			
无形资产	180 000	174 000	表 8-27
其他长期资产			
无形资产及其他长期资产合计	180 000	174 000	
资产总计	2 973 000	2 929 357	
负债及所有者权益	年初数	年末数	资料来源及计算依据
流动负债			
短期借款	300 000	0	表 8-30
应付账款	6 000	28 515	表 8-13
应付债券	100 000	100 000	
应交税费		64 883	【例 8-25】、表 8-31(92 883 − 28 000)
应付股利	120 000	83 595	【例 8-25】、表 8-32
应付职工薪酬	90 700	101 009	表 8-20
其他			
流动负债小计	616 700	378 002	
非流动负债			
长期借款	45 000	45 000	
应付债券			
非流动负债小计	45 000	45 000	
负债合计	661 700	423 002	
所有者权益			
实收资本	1 863 000	1 863 000	
资本公积	160 000	160 000	
盈余公积	264 300	306 097	表 8-32
未分配利润	24 000	177 258	表 8-32
所有者权益合计	2 311 300	2 506 355	
负债及所有者权益总计	2 973 000	2 929 357	

【小思考 8-1】

企业日常业务预算包括哪些预算？

【知识链接 8-1】

预算管理职能间的关系：企业预算管理有两项职能，即管理决策和管理控制，不同职能对预算管理体系的设计提出了不同要求。如在销售预算的制定过程中，根据专业分工所造成的各专业部门之间信息的不对称性,销售部门掌握着企业未来销售情况,如果预算仅仅是为了发挥管理决策职能(如以销定产),销售部门就会毫无保留地拿出其掌握的信息,与各部门共享;但如果预算的目标之一是发挥管理控制职能(如作为业绩评价标准),销售部门就可能会有意低估未来的销售收入,从而有利于其业绩评价。然而,低估会相应造成生产计划量的减少,企业生产就不能达到效率最高的状态。因此,如何把握好不同预算管理职能间的关系,是企业预算管理实践中的难题和应予以重视的问题。

8.2 财务控制

财务管理包括财务预决策、财务预算、财务控制等各个环节,财务预决策、财务预算指明了财务管理的方向与目标,财务控制则是保证实现财务管理目标的关键。如果没有财务控制,其他财务管理环节就会失去管理质量上的保障。财务控制借助责任预算、责任报告等手段,通过价值指标不仅可以将各种不同性质的业务综合起来进行监管,而且可以将不同层次、不同部门的业务综合起来进行监管,具有保证、促进、监督、协调企业资金活动和经营活动等重要作用。

8.2.1 财务控制的含义与要素

1)财务控制的含义

财务控制是指以企业财务决策、财务预算为依据,按照一定的程序和方法,将企业的财务收支等活动约束于事先确定的范围之内,以确保全面落实和实现企业经营目标的一种管理活动。

企业根据最终的经营目标,运用科学的方法,编制出完整的企业预算,在预算的实际执行过程中,还必须采取各种方法和措施保证预算的实现,这就是控制。企业的生产经营活动和财务收支活动是极其复杂的,如果不对其实际运行情况进行控制,它就会偏离计划,达不到预定的经营目标。

财务控制是企业经济控制系统中的一个子系统,它具有以下特征:

(1)以财务预算内容为控制对象。财务控制是以实现财务预算为目标的,因此,财务预算所反映的企业经济活动、财务收支活动的内容与预算水平就是财务控制的对象。

(2)以价值控制为手段。企业的现金预算、预计利润表和预计资产负债表都是以价值形式予以反映的。财务控制必须借助价值手段,才可以将不同岗位、不同部门、不同层次的业务活动综合起来进行控制。

2)财务控制的要素

财务控制的要素是指决定和影响企业财务控制活动的基本条件和因素。财务控制是企业内部控制的一个重要方面,构成企业财务控制的基本要素主要有控制环境、目标设定、事件识别、风险评估、风险应对等五个方面。

(1)控制环境

控制环境,是指影响企业建立和实施财务控制的各种客观条件和因素的统称。例如,国家对企业的有关法规、企业的组织结构、企业授予权力和责任的方式、企业风险管理观念与文化、董事会或审计委员会的组成、经营方式以及经营策略等。控制环境是决定财务控制目标能否实现的关键因素。

(2)目标设定

目标设定,是指对财务控制目标与水平的确定。企业财务控制目标的设定,应主要考虑:如何保证实现企业价值最大化;如何保证企业资产的安全与完整;如何保证企业财务信息的可靠性;如何保证有关财务会计法规和企业业已制定的财务会计政策得到遵循。

(3)事件识别

事件,是指可以影响企业财务目标实现的事项。事件识别,是指对事件的存在与发生或变动可能形成积极影响或消极影响的判断与划分。

(4)风险评估

风险评估,是在事件识别的基础上采用定性与定量相结合的方法,评估事件对企业的影响程度,尤其是对潜在不利事项的风险进行评估。

(5)风险应对

风险应对,是指就如何规避风险、降低风险或接受风险而提出的解决方案和措施等。在选择风险应对方案的过程中,应对风险的成本和效益是管理者要考虑的一个重要因素。

财务控制是由确保企业经营目标和财务目标得以实现的一系列控制要素所构成的,除以上五个方面的要素外,还包括财务监控机制与运行、财务控制信息与沟通等控制活动。

8.2.2 财务控制的方式与种类

1)财务控制的方式

财务控制的方式是指财务控制所采用的手段与方法,根据控制的目的与对象不同,可以划分为六个方面的内容。

(1)授权与批准控制

①授权控制。授权是指授予某一管理机构或管理者对某一大类业务或某项具体业务作出决策的权力。授权控制即如何科学、合理地赋予企业职能部门或管理者一定的决策权力。

授权通常分为一般授权和特别授权两种方式。一般授权主要是对日常业务活动的授权,这类授权通常是对各职能部门权限范围和职责的规定,规定了一般性交易办理的条件、范围和对该交易的责任关系。一般授权适用于经常发生的交易,如赊销时的价格浮动与信用额度。特别授权主要是对涉及特定经济业务处理的授权,这种授权通常是对非常规交易权限范围和职责的规定。特别授权适用于个别交易,如对资产处置、对外投资、资产重组、收购兼并、关联交易、担保抵押、财务承诺等重要经济业务事项。

②批准控制。批准是指有决策权的管理机构或管理者,在其权限内对将要进行的交易作出的认可或同意。批准控制即企业将要执行的业务必须经过批准以及对有决策权的管理机构或管理者如何行使权力的要求。

授权是权力的赋予，是一定范围内权力的赋予；批准是权力的行使，是一定范围内权力的行使。一个企业的授权与批准控制体系，从其完整性来看，应包括四个方面的内容：关于企业所有财务活动的授权与批准；按经济活动的重要性和金额大小不同确定的授权批准层次；对每一类经济业务规定的审批程序；关于授权批准人员应承担的责任。

一个企业的授权与批准控制应做到：企业所有人员不经授权，不能行使相应权力；经过授权的人应在规定的权限范围内行事，不得越权；企业所有的业务未经批准不能执行。

(2)职务分离控制

职务分离，是指将处理某种经济业务所涉及的职责分派给不同的机构和人员。职务分离控制即通过职务的分离，使不同的机构和人员之间在工作中形成一种自动的相互检查、相互制约的控制机制。

在企业中，如果可以在一项职务中通过舞弊行为来掩盖另一项职务中的错误和舞弊行为，这两项职务就称为不相容职务。不相容职务必须分离，也就是说，一个部门或一个人不能同时兼任不相容职务，如业务授权与执行职务相分离、财产保管与记录职务相分离、现金出纳与总账核算职务相分离等。职务分离控制，可以有效地预防和及时发现有关机构和人员在履行职责过程中发生的错误和舞弊行为。

(3)全面预算控制

全面预算控制是以货币形式，通过对企业财务收支和现金流量的规划所进行的价值控制。

实行全面预算控制的主要环节有：建立预算体系，包括确定预算的内容、目标和程序；预算的编制和审定；预算指标的下达及落实；预算的授权与执行；预算执行的检查与监督；预算差异的分析与调整；预算业绩的考核。

(4)财产保全控制

财产保全，是指保证企业所拥有的资产不受侵蚀。财产保全控制是企业最传统的财务控制手段与方法。具体包括：

①限制接触财产。建立必要的防护措施，限制非授权人接触未经授权的某项资产。例如，严格规定接触企业现金和易变现资产（包括股票、债券等有价证券，存货），以及重要的票据（如支票）等企业财产的人员和部门。

②实施财产的盘点和核对。对企业的财产物资实行定期和不定期的盘点和账实核对，并明确盘点差异的处理方法和处理权限，以及相应人员的责任。

③建立健全财产登记制度，不断改进财产核算方法。建立全面、完整的资产记录档案，对资产的增减变动及时全面予以记录。改进低值易耗品等财产的核算方法，尽可能将企业的资产价值都纳入企业财务报表体系内。另外，还应加强企业产权的管理，以适应现代企业管理的需要。

④积极参加财产保险。通过参加商业保险，增加企业财产遭受事故而得到受损补偿的机会。

(5)独立检查控制

独立检查控制又称内部稽核，是指由企业业务执行者以外的机构或人员对已执行业务的正确性进行验证。

一个有效的独立检查控制应当满足两个基本条件：

①独立检查工作应由和被检查对象相对无关的人员独立执行；

②检查人员能够独立向有关管理层报告所发现的错误或问题，有关的错误或问题也能迅速地传达给有关业务执行人员，以便纠正。

(6)业绩评价与奖罚控制

业绩评价，是指按一定的评价标准，对企业各部门和人员的实际业绩及水平作出优劣、高低的判断。

奖罚控制是企业激励机制的核心内容，财务控制的最终效率取决于奖罚控制是否得以合理贯彻实施。科学合理的业绩评价是企业激励机制得以贯彻实施的基础；奖罚制度合理的贯彻实施又会进一步强化企业的财务控制。

业绩评价与奖罚控制的基本内容有：

①建立严密的业绩评价体系。企业的业绩评价体系应包括业绩评价机构、业绩评价程序、业绩评价指标的设立等。

②按公平、合理的原则确定各责任中心的业绩目标，并相应明确奖罚的要求与标准。

③定期进行各责任中心的业绩评价与奖罚。在进行业绩评价与奖罚时，应注意将过程考核与结果考核相结合，将即时奖罚与期间奖罚相结合，以便充分发挥奖罚的激励作用。

2)财务控制的种类

财务控制可以从不同的角度加以考查，从而作出不同的分类。一般来讲，财务控制可以按照以下不同的标准分类：

(1)按照财务控制的内容分类

按照财务控制的内容可将财务控制分为一般控制和应用控制两类。

①一般控制，亦称基础控制或环境控制，是指对企业财务活动赖以进行的内部环境所实施的控制。一般控制包括组织结构、人员构成、业绩评价体系、财务记录等项内容的控制。这类控制具有间接性的特征，即通过对企业财务活动赖以进行的内部环境控制，间接地对企业财务控制质量等产生影响。

②应用控制，亦称业务控制，是指直接作用于企业财务活动的具体控制。应用控制包括业务处理程序中的批准与授权、审核与复核以及其他相互牵制制约等项内容的控制。这类控制的特征，在于它们具有直接防止和纠正财务收支错弊的作用。

(2)按照财务控制的功能分类

按照财务控制的功能可将财务控制分为预防性控制、侦察性控制、纠正性控制和指导性控制。

①预防性控制，是指以预防为目的，尽量减少风险、错弊和非法行为发生机会所进行的一种控制。预防性控制主要解决"如何事前就能够防止风险和错弊发生"的问题。

②侦察性控制，是指为识别已发生的风险、错弊和非法行为所进行的各项控制。侦察性控制主要解决"如何揭露已发生的风险和错弊"的问题。

③纠正性控制，是指对那些已揭露的风险和错弊问题的控制。纠正性控制主要解决“如何纠正已揭露的风险和错弊”的问题。

④指导性控制，是为了实现有利结果而采取的控制。指导性控制主要强调“如何正面达到并实现有利结果”的问题。预防性控制、侦察性控制和纠正性控制则强调避免或消除不利结果的发生及影响。

(3)按照财务控制的时间特征分类

按照财务控制的时间特征可将财务控制分为事先控制、事中控制和事后控制三类。

①事先控制，也称原因控制，是指在财务收支活动尚未发生之前，对财务收支活动所进行的预防性控制。如财务收支活动发生之前的申报审批制度、产品设计成本的规划等。

②事中控制，是指在企业财务收支活动发生过程中，对财务收支活动所进行的以侦察性控制为主的控制。如对各项收入和支出合理合法性的监督，对产品生产过程中成本支出节约与浪费的监督等。

③事后控制，是指对财务收支活动的结果所进行的考核、奖罚及对那些已揭露的风险和错弊问题的纠正性控制。

(4)按照财务控制的依据分类

按照财务控制的依据可将财务控制分为预算控制和制度控制。

①预算控制，是指以财务预算为依据，对预算执行主体的财务收支活动进行监督、调整或纠正的一种控制形式。预算是对其执行主体的责任和奋斗目标的量化表现，规定了预算执行主体财务收支活动的数量界限，是一种量化的财务控制方法。

②制度控制，是指通过制定企业内部规章制度，约束企业和各责任中心财务收支活动的一种控制形式。制度是对其执行主体行为的约束，规定了财务收支活动主体的行为准则与规范及其财务活动的内容与范围。与预算控制相比较，制度控制是一种定性控制，明确了什么可以做、什么不可以做等问题。

(5)按照财务控制的对象分类

按照财务控制的对象可将财务控制分为收支控制和现金控制(或货币资金控制)。

①收支控制，是对企业和各责任中心的财务收支活动所进行的控制。控制财务收入即对企业经营过程中收入的控制，旨在提高收入；控制财务支出即对企业经营过程中成本的控制，旨在降低成本，减少支出。实现利润最大化是收支控制的根本目标。

②现金控制，是对企业和各责任中心的现金流入和现金流出的控制。由于日常财务活动主要是现金流动，所以现金控制十分重要。现金控制是要实现现金流入与现金流出的基本平衡，防止因现金短缺而可能出现的支付危机，同时，也防止因现金过多而增加机会成本。

(6)按照财务控制的手段分类

按照财务控制的手段可将财务控制分为定额控制和定率控制。

①定额控制，也称绝对控制，是指对企业和责任中心采用绝对额指标进行控制。定额控制的特点是控制指标的高低与企业的业务量变动无关。

②定率控制，也称相对控制，是指对企业和责任中心采用相对比率指标进行控制。

定率控制的特点是控制指标的高低与企业的业务量变动相关。比较而言,定额控制没有弹性,定率控制具有弹性。

8.2.3 责任中心预算控制

财务预算、财务控制与考核是企业财务管理中的三项重要内容,但只有将其组合为一个有机联系的统一体,才能充分发挥其管理功能。责任中心预算控制是现代企业财务预算管理最常用的一种组织形式。

1)责任中心预算控制的含义与组织过程

(1)责任中心预算控制的含义

责任中心预算控制,也称责任预算控制,是指把企业财务预算所确定的目标分解落实到各责任中心进行责任核算,并定期编制和考核各责任中心业绩报告的一种组织形式。

①责任中心的含义

责任中心是指企业按权力与责任相结合原则,在其内部划分的享有一定权力和利益,同时承担一定分工和经济责任的各级单位和各个管理部门。

建立责任中心是实行责任预算控制的基础,各责任中心是企业财务预算实施的具体执行单位,其责任预算的落实决定了企业财务预算的实现程度。各责任中心预算执行情况的揭示和考评可以通过责任会计来进行,通过责任会计把衡量企业工作成果的会计同生产经营的责任制紧密结合起来,能够进一步完善企业内部控制体系。

②建立责任中心的要求

第一,责任中心应是一个责、权、利相结合的实体。所设立的每个责任中心都要承担完成一定预算指标的具体责任,同时,赋予责任中心与其所承担责任范围和大小相适应的实际权力,并规定出相应的业绩考核标准和利益分配标准。

第二,责任中心应具有承担经济责任的条件。它有两方面的含义:一是分配给各责任中心的预算任务应与其经济条件相适应,各责任中心具有履行所承担预算任务的能力;二是责任中心一旦不能完成所承担的预算任务,能对其后果承担与其经济条件相应的责任。

第三,应能控制责任中心权力的行使和所承担的责任。每个责任中心只能在其责权范围内行使相应的权力并承担相应的责任,明确规定每一个责任中心的责权界限,对其超越责权范围的行为,应有一定的制约与控制措施,预防各责任中心之间的相互干扰与冲击或相互推诿。

第四,责任中心应具有相对独立的经营业务和财务收支。相对独立的经营业务和财务收支,便于明确责任中心的责任对象,有利于划清各责任中心的责任界限,是责任中心得以存在的前提条件。

第五,应便于进行责任中心的责任会计核算。责任中心不仅要划清责任而且要进行责任会计核算,只有既划清责任又能进行责任会计单独核算的企业内部单位,才能作为一个责任中心。

③责任中心的划分

企业为了能够进行有效的内部控制及协调,便于统一领导、分级管理,在其内部单位责任划分上,根据企业内部责任中心的责权范围及业务活动的特点不同,可将责任中心分为成本中心、利润中心和投资中心三大类,这三类中心也是现代企业预算管理中最常见的责任中心具体组织形式。

(2)责任中心预算控制的组织过程

现代企业财务管理中的责任中心预算控制组织形式是最常用的一种预算控制组织形式,实施责任中心预算控制的主要组织过程如下:

①划分责任中心,规定责权范围

实行责任中心预算控制,企业要把其所属的各单位、各部门划分为若干个分工明确、责权范围清楚的责任中心,在赋予它们相应的经营管理决策权和利益的同时,规定由这些责任中心的负责人(包括上至经理、部长,下至组长甚至个人)分工负责的成本、收入、利润等企业财务预算指标,向其上一级主管单位承担责任。

②编制责任预算,规定各责任中心的业绩考核标准

编制责任预算,就是把企业总预算所确定的生产经营总目标进行分解,下达到各责任中心,并由每个责任中心编制本中心落实执行的具体责任预算。责任预算既是各责任中心应完成的预算任务及经济活动的目标,也是企业控制各责任中心经济活动的依据和评价各责任中心工作业绩的标准。

③组织责任会计核算体系

在责任中心及其责任预算确定后,要组织每一个责任中心的责任会计核算,也就是要建立每一个责任中心的经济活动及预算完成情况的记录、计算和报告信息系统,以全面、完整地反映和积累有关责任中心的预算执行情况。具体做法有两种:一是由各责任中心单独设置责任会计账户,对日常发生的成本、收入以及各责任中心相互间的结算和转账业务,由责任中心指定的核算人员记入责任会计账户,然后根据管理需要,定期计算盈亏。这种做法因其与财务会计分开核算,所以称为“双轨制”。二是各责任中心不单独设置责任会计账户,而是与企业财务会计相结合,在企业财务会计的各明细账户内,为各责任中心分别设置账户进行登记、核算,这称为“单轨制”。

④考核与评价责任中心的业绩

根据各责任中心的责任会计报告,定期对各个责任中心的工作成果进行全面的分析、评价。

2)责任中心会计核算的基础

责任中心会计核算一般简称为责任会计,采用会计核算的手段,通过对责任中心预算执行情况系统的反映,评价和考核各个责任中心的工作成果。但由于企业内部各责任中心不是孤立存在的,而是紧密联系在一起的,为了能够准确考核各责任中心的业绩,就必须解决好责任中心会计核算的基础问题,即各责任中心之间的结算、责任成本的内部结转及利益转移的计价价格问题。

(1)内部结算

内部结算,是指企业各责任中心之间,清偿相互提供产品或劳务而发生的、按内部转移价格计算债权、债务的行为。企业内部各责任中心之间的结算通常采取以下结算

方式:

①内部支票结算方式

内部支票结算方式,是指由付款方签发内部支票通知企业内部结算中心(或称为企业内部银行)从其账户中支付款项的结算方式。内部支票通常设置为一式三联,第一联为收款凭证,第二联为付款凭证,第三联为内部银行的记账凭证。

内部支票结算方式主要适用于各责任中心之间直接进行经济往来的业务结算。

②内部转账通知单方式

内部转账通知单方式,是指由收款一方根据有关原始凭证或业务活动证明签发内部转账通知单,通知企业结算中心将内部转账通知单转给付款一方,让其付款的一种结算方式。内部转账通知单通常设置为一式三联,第一联为收款一方的收款凭证,第二联为付款一方的付款凭证,第三联为内部银行的记账凭证。

这种结算方式适用于各责任中心之间惯常性的往来业务。

③内部货币结算方式

内部货币结算方式,是使用内部银行发行的限于企业内部流通的货币(包括内部货币、内部本票、内部资金券等)。

这种结算方式适用于内部小额零星往来业务结算。

企业内部结算中心是企业建立的一种内部资金管理机构,它主要处理企业内部各责任中心的资金往来。企业内部结算中心的主要业务内容有:为每一个责任中心设立内部结算账户;根据财务部门对各责任中心资金的核定,向各责任中心提供内部资金或发放内部贷款;发行内部货币和支票等结算工具;制定结算制度等。

(2)责任成本的内部结转

责任成本,是指生产经营进程中某一责任中心对另一责任中心造成的经济损失。责任成本的内部结转又称责任转账,是指由承担经济损失责任的责任中心对另一责任中心进行损失赔偿的责任会计处理过程。

在企业生产经营过程中常会发生责任成本,为划清责任,合理奖罚,就需要将责任成本由存在责任成本的责任中心结转到应承担责任成本的责任中心,使不应承担损失的责任中心在经济上得到合理补偿。例如,如果生产车间所多耗用的原材料系供应部门购入不合格的材料所致,则多耗用原材料的成本或相应的损失,应由生产车间成本中心转给供应部门成本中心负担。

责任转账既可采用内部货币结算方式,也可采用内部银行转账方式。前者是以内部货币直接支付给损失方,后者只是在内部银行所设立的账户之间划转。

(3)内部转移价格

①内部转移价格的含义

内部转移价格,是指企业内部各责任中心之间进行内部结算、内部责任成本结转和内部利益计量时所使用的计价标准。

采用内部转移价格进行内部结算,可以在企业内部引进市场机制,营造一种市场氛围,使企业内部的各个责任中心处于类似市场交易环境中,促进各责任中心的成本核算和经营管理的不断改善。

②内部转移价格的制定原则

制定内部转移价格有助于科学合理地计量、记录及考核各责任中心成本支出与效益的创造情况，准确地反映各责任中心的业务活动和其所承担经济责任的履行状况等。为很好地发挥内部转移价格机制作用，在制定内部转移价格时应遵守以下原则：

一是全局性原则。全局性原则是指制定内部转移价格时，必须以使企业整体利益最大化为出发点。内部转移价格直接影响各责任中心经济利益的大小、各责任中心之间利益转移的多少，在各责任中心利益彼此冲突的情况下，应服从企业整体利益的要求。

二是公平性原则。公平性原则是指制定的内部转移价格应能充分体现各责任中心的经营业绩，防止某些责任中心因其产品或劳务的价格不当，而获得额外的利益或遭受额外的损失。

三是重要性原则。重要性原则，即内部转移价格的制定应当体现简繁得当的要求。制定重要项目的内部转移价格应从细，如对价值较高且需要量较大物资的内部转移价格的制定；制定不重要项目的内部转移价格应从简，如对价值较低物资的内部转移价格的制定。

③内部转移价格的类型

类型一，市场价格。市场价格即直接采用产品或劳务客观的企业外部的市场价格作为内部转移价格。以市场价格作为内部转移价格时，通常是企业允许各责任中心自主决定从外部或内部进行购销，但从企业各责任中心的总体利益出发，应尽可能使各责任中心进行内部转让，除非有充分理由说明对外交易比内部转让更为有利。在有关的交易中应遵循三项基本原则：第一，当某责任中心愿意对内销售，且售价不高于市价时，使用方的责任中心有购买的义务，不得拒绝“购进”；第二，当某责任中心售价高于市场价格时，使用方的责任中心有转向市场购入的自由；第三，当某责任中心对外销售价格高于对内销售价格时，则应有尽量不对内销售的权利。但从企业总体上来说，对外交易必须以不影响企业整体利益为前提。

类型二，协商价格。协商价格也称为议价，是企业内部各责任中心通过协商所确定的内部交易价格。在企业内部相关责任中心协商价格时，应服从企业关于协商价格界限的要求。一般情况下，协商价格的上限是市价，下限是单位变动成本，具体价格水平由相关责任中心在这一范围内协商确定。采用协商价格的前提是责任中心对交易的产品有权自行决定是否买卖这种中间产品。如果买卖双方不能自行决定，或双方协商定价不能导致企业最优决策，企业高级管理层有权进行必要干预。

类型三，成本价格。成本价格是以产品或劳务的成本为基础而制定的内部转移价格。由于成本内容的范围不同，按成本制定的内部转移价格也不同，其中用途较为广泛的成本价格有三种：一是标准成本价格，即以企业的产品或劳务标准成本作为各责任中心之间的转移价格；二是标准成本加成价格，即在标准成本价格基础上加计一定的合理利润作为各责任中心之间的转移价格；三是标准变动成本价格，它是以企业的产品或劳务的标准变动成本作为各责任中心之间的转移价格。标准成本价格的优点是，可以避免供应方成本高低对使用方的影响，有利于调动供需双方降低成本的积极性，适用于成本中心产品（半成品）的转移。标准成本加成价格的优点是，能直接反映相关责任中心对企业最终利益的影响。标准变动成本价格的优点是，符合成本习性，能够明确揭示成本与产量的关系，便于考核各责任中心的业绩，也利于经营决策。不同的成本价格也有其不足之处，如标准变动成本价格不利于调动各责任中心提高产量的积极性。

类型四，双重价格。双重价格是指责任中心就同一产品或劳务，对不同的内部转移所制定的价格。因为企业内各责任中心处于不同的生产经营环节，所以各责任中心之间就具有不同的经济利益关系，采用双重价格更能照顾到企业内部各责任中心实际利益的合理处理。采用双重价格的前提条件是，企业内部有关责任中心内部转移的产品或劳务具有外部市场和剩余生产能力，而且其单位变动成本要低于市价。

3）责任中心的管理

企业为了能够进行有效的内部预算控制，在内部单位责任划分的基础上，设立企业各责任中心后，就应进一步加强责任中心的管理，以发挥其在预算控制中的职能作用。企业责任中心的管理主要围绕各责任中心的责任预算、责任报告和业绩考核三方面进行。

（1）责任预算

①责任预算的含义

责任预算是指各责任中心为完成所承担的成本、收入、利润和投资等企业预算指标任务而编制的预算。

责任预算是对企业总预算的补充和具体化，是各责任中心对本中心所承担的企业预算指标任务，进行进一步的分解后编制的。每一个责任中心的责任预算，由该中心应实施完成的各种预算指标组成。这些指标分为主要责任指标和其他责任指标。主要责任指标，是指各责任中心所承担的企业下达到责任中心的预算指标，是必须保证实现的指标。其他责任指标，是指各责任中心根据企业下达的预算目标，分解、细化而得到的或为保证主要责任指标完成而确定的指标，是各责任中心以完成企业的预算指标为前提而制定的指标。随着预算数据的逐级分解、预算责任中心层次的降低，预算项目指标就更具体，表明了企业总预算正被落实到具体的责任单位或个人，预算的实现有了可靠的组织保证，也有了客观的经济依据。

②责任预算的编制程序

责任预算的编制程序有两种基本类型：

第一种类型是自上而下，即将企业总预算在各责任中心之间层层分解，再以责任中心为主体进一步细化而形成各责任中心的预算。这种自上而下、层层分解指标的方式是一种常用的预算编制程序。其优点是便于贯彻企业的总体利益目标和统一指挥与调度。不足之处是可能会遏制责任中心的积极性和创造性。

第二种类型是自下而上，即先由各责任中心编制各自的预算，最后由企业专门机构或人员进行汇总和调整，确定企业总预算。这种自下而上、层层汇总的预算编制程序，其优点是有利于发挥各责任中心的积极性。不足之处在于各责任中心注意自身利益多，协调困难，容易冲击企业的总体目标。

③责任预算编制程序与企业组织结构形式的关系

责任预算编制程序与企业组织结构形式之间有着密切的联系，主要表现在两个方面：

第一，集权组织结构形式下责任预算的编制程序。在集权组织结构形式下，由于企业成本、收入、利润和投资的决策权集中于企业的总经理，因此他既是利润中心，也是投资中心。而企业下属各部门、各车间等就都成为成本中心，仅对控制的成本负责。因此，责任预算的编制多采用第一种自上而下的编制程序。

第二，分权组织结构形式下责任预算的编制程序。在分权组织结构形式下，按统一领导、分级管理的原则，经营管理权分散于企业下属各部门、各工厂等，企业所属各部门、各工厂也可以是利润中心、投资中心，它们如同企业一样，既有成本、收入、利润甚至投资的决策权，还有在它们之下的许多成本中心，要对所占用的全部资产负责。因此，责任预算的编制多采用第二种自下而上的编制程序。

(2)责任报告

①责任报告的含义

责任报告是根据责任会计核算等资料编制的反映责任中心预算实际执行情况、揭示实际与预算差异的内部会计报告。

责任报告是对各个责任中心预算执行情况所进行的总括和系统的反映，是评价和考核各个责任中心的工作成果的依据。责任中心的业绩评价和考核应通过编制责任报告来完成。

②责任报告的形式

责任报告的基本形式是将责任预算、实际执行结果及其差异用报表予以列示。

【例8-29】某公司2013年度成本中心第二季度责任报告如表8-34所示。

表8-34　成本中心第二季度责任报告　单位：万元

项目	责任人	预算	实际	差异
一分厂铸造车间可控成本	铸造车间主任			
变动成本：				
其中：直接材料费用		3 300	3 000	300
直接人工费用		1 620	1 800	-180
变动制造费用		660	600	60
小计		5 580	5 400	180
固定成本：				
固定制造费用		570	600	-30
一分厂铸造车间可控成本合计		6 150	6 000	150
一分厂制造部可控成本	制造部经理			

续表

项目	责任人	预算	实际	差异
铸造车间可控成本				
其中:变动成本		5 580	5 400	180
固定成本		570	600	-30
小计		6 150	6 000	150
机加工车间可控成本				
其中:变动成本		4 560	4 500	60
固定成本		570	600	-30
小计		5 130	5 100	30
制造部其他费用		360	300	60
一分厂制造部可控成本合计		11 640	11 400	240
一分厂可控成本	一分厂成本经理			
其中:制造部		11 640	11 400	240
行政部		1680	1 800	-120
销售部		2 340	2 400	-60
一分厂可控成本总计		15 660	15 600	60

责任报告的形式主要是报表,通过报表以定量分析的方式揭示差异的发生情况与程度,但在揭示差异时,还必须对重大差异予以定性分析,以确定差异产生的原因,并根据这些原因提出改进建议。因此,责任报告也要有必要的文字说明等。

③责任报告的编制

由于责任中心是逐级设置的,因此责任报告也应自下而上逐级编报。每一层次责任中心的责任报告,都应当是对本层次责任中心执行责任预算情况的全面的、系统的概括和总结。在编制责任报告时,应遵循“例外管理”原则,即重点反映影响差异产生的重要因素,以使报告的使用者充分注意严重脱离预算的因素或项目。同时,各责任中心责任报告的编制必须建立在责任会计核算的基础上,即要以责任中心为对象组织会计核算工作,以使所编制的责任报告真实、可靠。

(3)业绩考核

①业绩考核的含义

业绩考核是指以责任报告为依据,对各责任中心责任预算的实际执行情况进行分析,找出差距,查明原因,以对各责任中心工作成果进行优劣、高低的评价,为实施奖罚提供客观依据的工作过程。

②业绩考核的类别

一是按业绩考核的时间不同,业绩考核可分为年终考核与日常考核。

年终考核是指预算年度终了后对全年责任预算执行结果所进行的考核，旨在为下一预算年度的预算提供依据。

日常考核是指在预算年度内对年度责任预算进行的分期考核，旨在及时发现预算执行过程中的偏差，并及时通过信息反馈进行控制和调节，确保责任预算的最终实现。

二是按业绩考核的责任中心，业绩考核可分为成本中心业绩考核、利润中心业绩考核和投资中心业绩考核。

成本中心主要对成本负责，因而，成本中心业绩考核主要是对实际成本与预算成本差异的数额、性质以及形成的原因进行分析，以督促成本中心努力降低成本和进行奖罚。

利润中心主要对收入和利润负责，在进行利润中心业绩考核时，主要以销售收入、边际贡献和息税前利润为重点进行分析、评价。

投资中心从管理层次看，是最高一级的责任中心，不仅要对成本、收入和利润负责，还要对投资效果负责。投资中心业绩考核重点应放在投资利润率和剩余收益两项指标上。

4）责任中心的具体组织形式

（1）成本中心

①成本中心的含义与特点

成本中心的含义。成本中心是指不形成收入（或不考核其收入）而只对成本或费用承担责任的责任中心。如企业的供应部门、产品生产部门和管理部门等。

在一个企业中，成本中心设置的范围最广。从一般意义上来看，企业内部凡有成本发生，需要对成本负责并能对成本实施控制的责任单位，都可以设置为成本中心。在工业企业中，上至厂部级，下至车间甚至个人都有可能成为成本中心。成本中心的规模可按管理上的需要进行调控，成本中心可按其内在联系的紧密程度不同，划分为不同层次或不同模块的成本中心，不同层次或不同模块的成本中心也可共同组成一个更大的成本中心。从而，在企业内部形成一个逐级控制并层层负责的成本中心体系。

成本中心的特点。成本中心相对于利润中心和投资中心有自身的特点，主要表现在：

第一，成本中心只考核成本费用而不考核收益。由于企业的供应部门、产品生产部门和管理部门等责任单位一般不具有对外销售权，因此在其经济活动中一般不会形成收入。成本中心经济活动的目的，决定了其投入与产出之间不存在密切的对应关系，有的成本中心可能有少量的收入，但整体上讲，这些收入不作为主要的考核内容。

第二，成本中心只对可控成本承担责任。凡是责任中心能控制其发生及其发生数量的成本费用称为可控成本；凡是责任中心不能控制其发生及其发生数量的成本费用称为不可控成本，也称为共同成本。具体来说，可控成本必须同时具备两个主要方面的条件：一是可以施加影响，即成本中心能够通过自身的行为控制、调节成本费用的发生及其发生数量；二是可以落实责任，即成本中心能够在本中心范围内，将有关成本费用的控制责任分解落实，并进行考核评价。

对于一个企业来说，企业的成本几乎都是可控的，而对企业内部某一责任单位来说，企业的成本有的是其能够控制的，有的则是其不能控制的。如产品生产车间对产品生产过程中的材料消耗是可控的,但对车间所占用固定资产的折旧是不可控的,因为车间所占用固定资产的折旧往往是由企业管理层所决定的。成本的可控与不可控只是针对一个特定的责任中心而言,它与责任中心的权限范围及层次有直接关系。

第三,成本中心只对责任预算成本进行考核和控制。责任预算成本是指由企业财务预算所确定的成本中心可控成本。各成本中心应确保实际成本不会超过责任预算成本,并以责任预算成本为依据,对成本中心进行考核。

②成本中心的类型

成本中心分为技术性成本中心和酌量性成本中心。

技术性成本中心,是指成本费用的发生额与业务量之间存在一定数量依存关系的成本中心。

技术性成本,是指其可能发生的总额可以通过技术分析相对可靠估算的成本。这种成本的特点是成本费用发生的总额与业务量之间存在着密切的数量依存关系。如产品生产过程中发生的直接材料、直接人工、间接制造费用等,均属于技术性成本。

酌量性成本中心,是指成本费用发生的总额与业务量之间不存在明确的或不具有一定的数量依存关系的成本中心。

酌量性成本,是指其可能的发生额采用非技术的方法(如经验)来估算的成本。这种成本的特点是成本费用的可能发生额主要是由管理者决策决定。如研究开发费用、广告宣传费用、职工培训费用等,就属于酌量性成本。

③成本中心的考核指标

成本中心的考核指标主要是成本(费用)超支(节约)额和成本(费用)变动率两个指标,其计算公式是:

成本(费用)超支(节约)额 = 实际成本(费用) - 责任预算成本(费用)

$$\text{成本(费用)变动率} = \frac{\text{成本(费用)超支(节约)额}}{\text{责任预算成本(费用)}} \times 100\%$$

在进行责任预算成本(费用)考核时,如果实际产量与预算产量不一致,应注意按弹性预算的方法先行调整预算指标,再按上述公式计算。

调整责任预算成本(费用)的公式为:

责任预算成本(费用)的调整数 = 单位责任预算成本(费用) × 实际产量

【例 8-30】 某公司内部一车间为成本中心,生产 A 产品,预算产量为 15 000 件,单位成本为 1 000 元;实际产量为 15 000 件,单位成本为 950 元。则:

成本变动额 = 950 × 15 000 - 1 000 × 15 000 = -750 000(元)

或 = (950 - 1 000) × 15 000 = -750 000(元)

$$\text{成本变动率} = \frac{-750\ 000}{1\ 000 \times 15\ 000} \times 100\% = -5\%$$

计算结果表明,该成本中心的成本降低额为 75 000 元,降低率为 5%。

(2)利润中心

①利润中心的含义

利润中心是指拥有独立或相对独立的生产经营决策权和收入,既对成本负责又对收入和利润负责的责任中心。

与成本中心相比,利润中心通常是高于成本中心的责任中心,是更高层次的经营管理责任单位。它不仅包含需要设立成本中心的生产部门或单位,还具有独立或相对独立的生产经营权、具有独立或相对独立的收入来源或部门。收入是利润形成的基础,而在收入一定的条件下,利润的高低则取决于成本的控制,所以从根本上来说,利润中心是一个既对收入和利润负责又对成本负责的责任中心。它不仅要寻求收入的增长,还要寻求成本的节约。

②利润中心的类型

利润中心分为自然利润中心与人为利润中心两种。

自然利润中心,是指可以直接对外销售产品并取得收入的责任中心。

自然利润中心直接面向市场,具有材料采购权和生产决策权,具有产品销售权和价格制定权。如一个公司设有若干个不同的事业部时,每一个事业部虽然只是公司内的一个部门,但其功能同独立企业相近,有很大的独立性,能独立地从事采购、产品生产、产品销售等生产经营活动。

人为利润中心,是指以内部结算为基础,在企业内部按照内部转移价格向其他责任中心出售产品或劳务,从而取得"内部销售收入"、实现"内部利润"的责任中心。

企业利润的实际实现,是在产品或劳务实际销售以后。设置人为利润中心,是对企业利润在企业内部各环节或各个人为利润中心实现的一种模拟,以反映企业内部各环节或各个人为利润中心对企业最终效益的贡献状况。人为利润中心具有内部转移上的独立经营权,与其他责任中心一起确定合理的转移价格并核算其实现的"内部利润",以实现利润中心的功能与责任。与自然利润中心相比,人为利润中心不直接面向市场。

在企业实行内部结算、内部转移价格的基础上,工业企业中的大多数成本中心都可以转化为人为利润中心。但人为利润中心的设置应符合两个基本条件:一是该中心可以向其他责任中心提供产品或劳务;二是该中心的产品或劳务能确定合理的内部转移价格。

③利润中心的成本核算

利润中心核算成本,通常有两种方式可供选择:

方式一,利润中心只核算可控成本,不分担不可控成本。

这种方式主要适用于企业的共同成本难以在各利润中心合理分摊或无须进行共同成本分摊的企业。由于可控成本通常是由可变成本构成的,因此,按这种方式核算的盈利不同于一般意义上的利润,而是相当于边际贡献总额。企业各利润中心的边际贡献总额之和减去企业未分配到各利润中心的共同成本,才是企业的利润总额。所以,只核算可控成本的利润中心,实质上是边际贡献中心。人为利润中心成本的核算适合采取这种核算方式。

方式二,利润中心核算可控成本,也核算不可控成本。

当企业的共同成本易于在各利润中心进行合理分摊或不存在共同成本时,利润中心成本的核算可以采用这种方法。各利润中心在计算利润时,如果采用变动成本法,可先计算出边际贡献(或称贡献毛益),再减去固定成本以确定税前利润;如果采用完全成本法,则可以直接计算出税前利润。各利润中心的税前利润之和,就是企业的利润总额。自然利润中心成本的核算适合采取这种核算方式。

④利润中心的考核指标

通过实际实现利润与责任预算所确定的利润的比较,来评价利润中心的业绩。但由于利润中心成本核算方式不同,因此,在具体比较上也有所区别。

第一种,只核算可控成本,不分担不可控成本的利润中心,其考核指标及计算方法是:

利润中心边际贡献总额 = 该利润中心销售收入总额 - 该利润中心可控成本总额(或变动成本总额)

边际贡献总额增长(降低)额 = 实际边际贡献总额 - 预算边际贡献总额

$$边际贡献总额变动率 = \frac{边际贡献总额增长(降低)额}{预算边际贡献总额} \times 100\%$$

需要注意的是,如果可控成本中包含可控固定成本,就不完全等于变动成本。但一般而言,利润中心的可控成本是变动成本。

第二种,核算可控成本,也核算不可控成本的利润中心,其考核指标及计算方法如下:

利润中心边际贡献总额 = 该利润中心销售收入总额 - 该利润中心变动成本总额

利润中心可控利润总额 = 该利润中心边际贡献总额 - 该利润中心可控固定成本总额

利润中心可控利润净额 = 该利润中心可控利润总额 - 该利润中心不可控固定成本

公司利润总额 = 各利润中心可控利润净额之和 - 公司不可分摊的各种管理费用、财务费用等

对以上各指标预算完成情况的分析,也是采用比较分析法,即将实际实现数与责任预算数对比,计算出各指标的增长(降低)额和变动率即可。

【例 8-31】 某公司的甲车间是一个人为利润中心。本期实现内部销售收入 850 000 元,销售变动成本为 520 000 元,该中心可控固定成本为 80 000 元,不可控但应由该中心负担的固定成本为 50 000 元。则该中心各项实际考核指标分别为:

利润中心边际贡献总额 = 850 000 - 520 000 = 330 000(元)

利润中心可控利润总额 = 330 000 - 80 000 = 250 000(元)

利润中心可控利润净额 = 250 000 - 50 000 = 200 000(元)

(3)投资中心

①投资中心的含义

投资中心是指既要对成本、收入和利润负责,又要对投资效果负责的责任中心。

与利润中心相比,投资中心又是高于利润中心的责任中心,是企业中最高层次的经

营管理责任单位，处于责任中心的最高层次。投资中心具有最大决策权，同时也承担最大的责任。如大型集团所属的子公司、分公司、事业部往往都是投资中心。

②投资中心与利润中心的区别

投资中心虽然也对利润负责，但与利润中心又有所不同，主要区别表现在两个方面：一是权力不同。投资中心有购建或处理固定资产、扩大或缩小现有的生产能力及产品生产和销售各方面的决策权；而利润中心没有投资决策权，它只是在投资形成后，在一定的授权范围内进行具体的经营活动。二是考核办法不同。投资中心业绩的考核，是将所获得的利润与所占用的资产进行比较；而利润中心业绩的考核，不联系投资或资产的占用。

③投资中心的特点

投资中心一般具有三个方面的特点：一是投资中心一般是独立法人。在组织形式上，成本中心一般不是独立法人，利润中心可以是独立法人也可以不是独立法人。二是投资中心是企业内部最高层次的责任中心，它可以包含需要设立利润中心的生产部门或单位。三是投资中心一般直接向企业最高级的总经理或董事会负责。

④投资中心的主要考核指标

投资中心的考核指标主要是投资利润率和剩余收益。

第一，投资利润率又称投资收益率，是指投资中心所获得的利润与投资额之间的比率。计算公式是：

$$投资利润率=\frac{利润}{投资额}\times 100\%$$

为分析投资利润率的变动，投资利润率还可按影响因素分解表达为下式：

$$\begin{aligned}投资利润率&=\frac{销售收入}{投资额}\times\frac{成本费用}{销售收入}\times\frac{利润}{成本费用}\\&=资本周转率\times 销售成本率\times 成本费用利润率\end{aligned}$$

以上公式中的投资额是指投资中心的总资产扣除负债后的余额，即投资中心的净资产，所以该指标也称为净资产利润率。投资利润率反映了投资中心运用所有者资产的盈利能力或对所有者权益的贡献程度。也可以采用总资产息税前利润率考核投资中心的总资产盈利能力状况。

以投资利润率作为评价投资中心业绩的指标，一是能综合反映投资中心的盈利能力；二是具有较强的可比性；三是有利于正确引导投资中心树立长远的经营目标和加强经营管理，促使管理者严格控制效益低的资产占用或投资活动。但是该指标也有其局限性，主要表现是投资中心只顾自身利益而与整个企业的目标背离，减少对自身效益影响较低而对整个企业有重大利益影响的投资行为。为了克服投资利润率考核上的缺陷，还应采用剩余收益作为评价指标。

第二，剩余收益，是指投资中心实际利润与预算规定的预期利润的差额。其计算公式如下：

剩余收益 = 实际利润 - 预算规定的预期利润

上式中预算规定的预期利润可按下式计算：

预算规定的预期利润 = 投资额或净资产占用额 × 预算规定的预期投资收益率

考核指标是总资产息税前利润率时，剩余收益计算公式应作相应调整，其计算公式如下：

剩余收益 = 实际总资产息税前利润 - 预算规定的预期总资产息税前利润

上式中预算规定的预期总资产息税前利润可按下式计算：

预算规定的预期总资产息税前利润 = 总资产占用额 × 预算规定的预期总资产息税前利润率

以剩余收益作为投资中心经营业绩评价指标具有两个特点：一是与投资利润率一样也可以全面评价与考核投资中心的业绩，因为减少投资或降低资产占用同样可以达到增加剩余收益的目的；二是剩余收益指标避免了投资中心单纯追求投资利润率而放弃一些有利可图的投资项目，有利于避免本位主义。

投资利润率与剩余收益两个指标各有所长，其差别举例说明如下：

【例 8-32】 某公司下设甲投资中心和乙投资中心，该公司预算规定的预期投资利润率为 10%，现两中心追加投资及有关实际实现利润资料如表 8-35 所示。

表 8-35　　　　金额单位：万元

项目		投资额	实现利润	投资利润率(%)	剩余收益
原投资规模	甲投资中心	80	4	5	4 - 80 × 10% = -4
	乙投资中心	120	18	15	18 - 120 × 10% = 6
	合计	200	22	11	22 - 200 × 10% = 2
若对甲投资中心追加投资 60 万元	甲投资中心	140	8.4	6	8.4 - 140 × 10% = -5.6
	乙投资中心	120	18	15	18 - 120 × 10% = 6
	合计	260	26.4	10.15	26.4 - 260 × 10% = 0.4
若对乙投资中心追加投资 60 万元	甲投资中心	80	4	5	4 - 80 × 10% = -4
	乙投资中心	180	25.2	14	25.2 - 180 × 10% = 7.2
	合计	260	29.2	11.23	29.2 - 260 × 10% = 3.2

要求：

A. 以投资利润率作为考核指标，评价对甲投资中心和乙投资中心追加投资的选择；

B. 以剩余收益作为考核指标，评价对甲投资中心和乙投资中心追加投资的选择。

解：A. 如果以投资利润率作为考核指标，甲、乙两个投资中心的经营业绩通过表8-35中的资料比较可知：对甲投资中心追加投资后，其利润率由 5% 提高到了 6%；对乙投资中心追加投资后，其利润率由 15% 下降到了 14%。从局部来看，向甲投资中心追加投资比向乙投资中心追加投资好，而且投资中心利润总额也比原投资规模提高了 4.4 万元(26.4 - 22)，但应注意的是企业总体的剩余收益却降低到了 0.4 万元。

B. 如果以剩余收益作为考核指标，甲、乙两个投资中心的经营业绩通过表 8-35 中的资料比较可知：对乙投资中心追加投资后，虽然其利润率由 15% 下降到了 14%，但却使投资中心的利润总额比原投资规模提高了 7.2 万元(29.2 - 22)，利润绝对额的增长量要大于投资于甲投资中心,并且企业总体的剩余收益也比原投资规模增加了1.2万元(3.2－2)。

由上述分析可见:投资利润率指标可以充分评价各投资中心的业绩,但有时不能较好地兼顾公司总体的利益;以剩余收益指标评价各投资中心的业绩,可以保持各投资中心获利目标与公司获利目标一致,但有时难以兼顾对各投资中心准确的评价。

【小思考8-2】

财务控制与财务预算两者之间是什么关系?起什么作用?

财务预算指明了财务管理的方向和目标,即为财务控制确定了具体的监督与调控的任务、范围和标准;财务控制则是保证企业财务活动能按事先的预算规划进行的保障机制,是实现财务管理目标的关键。如果没有财务预算,财务控制就会失去控制的目的与依据;如果没有财务控制,财务预算就难以得到贯彻与实施。财务控制借助责任预算、责任报告等手段,通过价值指标不仅可以将各种不同性质的业务综合起来进行监管,而且可以将不同层次、不同部门的业务综合起来进行监管,具有保证、促进、监督、协调企业资金活动和经营活动等重要作用。

【知识链接8-2】

预算紧控制与预算松控制模式

预算控制模式有紧控制和松控制之分。预算紧控制是一种传统的预算控制模式,在这种模式下,预算既是员工的奋斗目标,也是考核其业绩的主要依据,预算指标显示刚性特点。预算松控制的典型代表就是在欧洲一些大公司实施的"超越预算"模式。这种预算控制模式的基本内容是,预算照编不误,但它不是对员工的约束和评价标准,而是沟通和计划的工具。20世纪70年代以后,国外理论界关于预算控制的这两种模式孰优孰劣的争论一直在进行,也有人通过实证研究得出了不同的结论。这种情况表明,预算控制模式与多种因素有关,一般而言,预算紧控制适合于较为稳定的经营环境和传统管理层次,而预算松控制则适合于经营环境多变和企业组织灵活性增强的情况。

本章小结

财务预算是企业的一种重要的财务管理方式,是以货币形式对企业经营目标、财务活动所进行的规划,并形成了一定的预算管理体系。这一体系由日常业务预算、特种决策预算与财务预算所构成。在预算的编制中,可以根据与企业业务的适应性不同、编制预算的依据不同、期间特性不同等,采用不同的预算编制方法。

财务控制是保证实现财务预算目标实现的关键。财务控制借助不同的控制方式,通过价值指标对各种不同层次、不同部门的业务综合起来进行监管。建立以责任中心为核心的内部预算控制体系,并围绕各责任中心的责任预算、责任报告和业绩考核三方面进行内部预算责任控制,是现代企业广泛采用的内部财务控制的组织形式。

复习思考题

8.1 如何认识财务预算的意义？

8.2 滚动预算法有什么优缺点？其编制的特点是什么？

8.3 现金收支预算在构成上主要包括哪些内容？

8.4 财务控制的方式包括哪些内容？

8.5 建立责任中心应遵循哪些基本要求？

8.6 试述实施责任中心预算控制的主要组织过程。

附　表

附表一　　复利终值系数表

	1%	2%	3%	4%	5%	6%	7%	8%	9%	10%	11%
1	1.0100	1.0200	1.0300	1.0400	1.0500	1.0600	1.0700	1.0800	1.0900	1.1000	1.1100
2	1.0201	1.0404	1.0609	1.0816	1.1025	1.1236	1.1449	1.1664	1.1881	1.2100	1.2321
3	1.0303	1.0612	1.0927	1.1249	1.1576	1.1910	1.2250	1.2597	1.2950	1.3310	1.3676
4	1.0406	1.0824	1.1255	1.1699	1.2155	1.2625	1.3108	1.3605	1.4116	1.4641	1.5181
5	1.0510	1.1041	1.1593	1.2167	1.2763	1.3382	1.4026	1.4693	1.5386	1.6105	1.6851
6	1.0615	1.1262	1.1941	1.2653	1.3401	1.4185	1.5007	1.5869	1.6771	1.7716	1.8704
7	1.0721	1.1487	1.2299	1.3159	1.4071	1.5036	1.6058	1.7138	1.8280	1.9487	2.0762
8	1.0829	1.1717	1.2668	1.3686	1.4775	1.5938	1.7182	1.8509	1.9926	2.1436	2.3045
9	1.0937	1.1951	1.3048	1.4233	1.5513	1.6895	1.8385	1.9990	2.1719	2.3579	2.5580
10	1.1046	1.2190	1.3439	1.4802	1.6289	1.7908	1.9672	2.1589	2.3674	2.5937	2.8394
11	1.1157	1.2434	1.3842	1.5395	1.7103	1.8983	2.1049	2.3316	2.5804	2.8531	3.1518
12	1.1268	1.2682	1.4258	1.6010	1.7959	2.0122	2.2572	2.5182	2.8127	3.1384	3.4985
13	1.1381	1.2936	1.4685	1.6651	1.8856	2.1329	2.4098	2.7196	3.0658	3.4523	3.8833
14	1.1495	1.3159	1.5126	1.7317	1.9799	2.2609	2.5785	2.9372	3.3417	3.7975	4.3104
15	1.1610	1.3459	1.5580	1.8009	2.0789	2.3966	2.7590	3.1722	3.6425	4.1772	4.7846
16	1.1726	1.3728	1.6047	1.8730	2.1929	2.5404	2.9522	3.4259	3.9703	4.5950	5.3109
17	1.1843	1.4002	1.6528	1.9479	2.2920	2.6928	3.1588	3.7000	4.3276	5.0545	5.8951
18	1.1961	1.4282	1.7024	2.0258	2.4066	2.8543	3.3799	3.9960	4.7171	5.5599	6.5436
19	1.2081	1.4568	1.7535	2.1068	2.5270	3.0256	3.6165	4.3157	5.1417	6.1159	7.2633
20	1.2202	1.4859	1.8061	2.1910	2.6533	3.2071	3.8697	4.6610	5.6044	6.7275	8.0623
21	1.2324	1.5157	1.8603	2.2788	2.7860	3.3996	4.1406	5.0338	6.1088	7.4020	8.9492
22	1.2447	1.5460	1.9161	2.3699	2.9253	3.6035	4.4304	5.4365	6.6586	8.1403	9.9336
23	1.2572	1.5769	1.9736	2.4647	3.0715	3.8197	4.7405	5.8715	7.2579	8.9543	11.0263
24	1.2697	1.6084	2.0328	2.5633	3.2251	4.0489	5.0724	6.3412	7.9111	9.8497	12.2392
25	1.2824	1.6406	2.0938	2.6658	3.3864	4.2919	5.4274	6.8485	8.6231	10.8347	13.5855
26	1.2953	1.6734	2.1566	2.7725	3.5557	4.5494	5.8074	7.3964	9.3992	11.9182	15.0799
27	1.3082	1.7069	2.2213	2.8834	3.7335	4.8223	6.2139	7.9881	10.2451	13.1100	16.7386
28	1.3213	1.7410	2.2879	2.9987	3.9201	5.1117	6.6488	8.6271	11.1671	14.4210	18.5799
29	1.3345	1.7758	2.3566	3.1187	4.1161	5.4184	7.1143	9.3173	12.1722	15.8631	20.6237
30	1.3478	1.8114	2.4273	3.2434	4.3219	5.7435	7.6132	10.0627	13.2677	17.4494	22.8923

续表

	12%	13%	14%	15%	16%	18%	20%	25%	30%
1	1.1200	1.1300	1.1400	1.1500	1.1600	1.1800	1.2000	1.2500	1.3000
2	1.2544	1.2769	1.2996	1.3225	1.3456	1.3924	1.4400	1.5625	1.6900
3	1.4049	1.4429	1.4815	1.5209	1.5609	1.6430	1.7280	1.9531	2.1970
4	1.5735	1.6305	1.6890	1.7490	1.8106	1.9388	2.0736	2.4414	2.8561
5	1.7623	1.8424	1.9254	2.0114	2.1003	2.2878	2.4883	3.0518	3.7129
6	1.9738	2.0820	2.1950	2.3131	2.4364	2.6996	2.9860	3.8147	4.8268
7	2.2107	2.3526	2.5023	2.6600	2.8262	3.1855	3.5832	4.7684	6.2749
8	2.4760	2.6584	2.8526	3.0590	3.2784	3.7589	4.2998	5.9605	8.1573
9	2.7731	3.0040	3.2519	3.5179	3.8030	4.4355	5.1598	7.4506	10.6045
10	3.1058	3.3946	3.7072	4.0456	4.4114	5.2338	6.1917	9.3132	13.7858
11	3.4785	3.8359	4.2262	4.6524	5.1173	6.1759	7.4301	11.6415	17.9216
12	3.8960	4.3345	4.8179	5.3505	5.9360	7.2876	8.9161	14.5519	23.2981
13	4.3635	4.8980	5.4924	6.1528	6.8858	8.5994	10.6993	18.1899	30.2875
14	4.8871	5.5348	6.2613	7.0757	7.9875	10.1472	12.8392	22.7374	39.3738
15	5.4736	6.2543	7.1379	8.1371	9.2655	11.9737	15.4070	28.4217	51.1859
16	6.1304	7.0673	8.1372	9.3576	10.7480	14.1290	18.4884	35.5271	66.5417
17	6.8660	7.9861	9.2765	10.7613	12.4677	16.6722	22.1861	44.4089	86.5042
18	7.6900	9.0243	10.5752	12.3755	14.4625	19.6733	26.6233	55.5112	112.4554
19	8.6128	10.1974	12.0557	14.2318	16.7765	23.2144	31.9480	69.3889	146.1900
20	9.6463	11.5231	13.7435	16.3665	19.4608	27.3930	38.3376	86.7362	190.0496
21	10.8038	13.0211	15.6676	18.8215	22.5745	32.3238	46.0051	108.4202	247.0645
22	12.1003	14.7138	17.8610	21.6447	26.1864	38.1421	55.2061	135.5253	321.1839
23	13.5523	16.6266	20.3616	24.8915	30.3762	45.0076	66.2474	169.4066	417.5391
24	15.1786	18.7881	23.2122	28.6252	35.2364	53.1090	79.4968	211.7582	542.8008
25	17.0001	21.2305	26.4619	32.9190	40.8742	62.6686	95.3962	264.6978	705.6410
26	19.0401	23.9905	30.1666	37.8568	47.4141	73.9490	114.4755	330.8722	917.3333
27	21.3249	27.1093	34.3899	43.5353	55.0004	87.2598	137.3706	413.5903	1 192.5333
28	23.8839	30.6335	39.2045	50.0656	63.8004	102.9666	164.8447	516.9879	1 550.2933
29	26.7499	34.6158	44.6931	57.5755	74.0085	121.5005	197.8136	646.2349	2 015.3813
30	29.9599	39.1159	50.9502	66.2118	85.8499	145.3706	237.3763	807.7936	2 619.9956

附表二 复利现值系数表

	1%	2%	3%	4%	5%	6%	7%	8%	9%	10%
1	0.9901	0.9804	0.9709	0.9615	0.9524	0.9434	0.9346	0.9259	0.9174	0.9091
2	0.9803	0.9612	0.9426	0.9246	0.9070	0.8900	0.8734	0.8573	0.8417	0.8264
3	0.9706	0.9423	0.9151	0.8890	0.8638	0.8396	0.8163	0.7938	0.7722	0.7513
4	0.9610	0.9238	0.8885	0.8548	0.8227	0.7921	0.7629	0.7350	0.7084	0.6830
5	0.9515	0.9057	0.8626	0.8219	0.7835	0.7473	0.7130	0.6806	0.6499	0.6209
6	0.9420	0.8880	0.8375	0.7903	0.7462	0.7050	0.6663	0.6302	0.5963	0.5645
7	0.9327	0.8706	0.8131	0.7599	0.7107	0.6651	0.6227	0.5835	0.5470	0.5132
8	0.9235	0.8535	0.7894	0.7307	0.6768	0.6274	0.5820	0.5403	0.5019	0.4665
9	0.9143	0.8368	0.7664	0.7026	0.6446	0.5919	0.5439	0.5002	0.4604	0.4241
10	0.9053	0.8203	0.7441	0.6756	0.6139	0.5584	0.5083	0.4632	0.4224	0.3855
11	0.8963	0.8043	0.7224	0.6496	0.5847	0.5268	0.4751	0.4289	0.3875	0.3505
12	0.8874	0.7885	0.7014	0.6246	0.5568	0.4970	0.4440	0.3971	0.3555	0.3186
13	0.8787	0.7730	0.6810	0.6006	0.5303	0.4688	0.4150	0.3677	0.3262	0.2897
14	0.8700	0.7579	0.6611	0.5775	0.5051	0.4423	0.3837	0.3405	0.2992	0.2633
15	0.8613	0.7430	0.6419	0.5553	0.4810	0.4173	0.3624	0.3152	0.2745	0.2394
16	0.8528	0.7284	0.6232	0.5339	0.4581	0.3936	0.3387	0.2919	0.2519	0.2176
17	0.8444	0.7142	0.6050	0.5134	0.4363	0.3714	0.3166	0.2703	0.2311	0.1978
18	0.8360	0.7002	0.5874	0.4936	0.4155	0.3503	0.2959	0.2502	0.2120	0.1799
19	0.8277	0.6864	0.5703	0.4746	0.3957	0.3305	0.2765	0.2317	0.1945	0.1635
20	0.8195	0.6730	0.5537	0.4564	0.3769	0.3118	0.2584	0.2145	0.1784	0.1486
21	0.8114	0.6598	0.5375	0.4388	0.3589	0.9420	0.2415	0.1987	0.1637	0.1351
22	0.8034	0.6468	0.5219	0.4220	0.3418	0.2775	0.2257	0.1839	0.1502	0.1228
23	0.7954	0.6342	0.5067	0.4057	0.3256	0.2618	0.2109	0.1703	0.1378	0.1117
24	0.7876	0.6217	0.4919	0.3901	0.3101	0.2470	0.1971	0.1577	0.1264	0.1015
25	0.7798	0.6095	0.4776	0.3751	0.2953	0.2330	0.1820	0.1460	0.1160	0.0923
26	0.7720	0.5976	0.4637	0.3604	0.2812	0.2198	0.1722	0.1352	0.1064	0.0839
27	0.7644	0.5859	0.4502	0.3468	0.2678	0.2074	0.1609	0.1252	0.0976	0.0763
28	0.7568	0.5744	0.4371	0.3335	0.2551	0.1956	0.1504	0.1159	0.0895	0.0693
29	0.7493	0.5631	0.4243	0.3207	0.2429	0.1846	0.1406	0.1073	0.0822	0.0630
30	0.7419	0.5521	0.4120	0.3083	0.2314	0.1741	0.1314	0.0994	0.0754	0.0573

续表

	11%	12%	13%	14%	15%	16%	18%	20%	25%	30%
1	0.9009	0.8929	0.8850	0.8772	0.8696	0.8621	0.8475	0.8333	0.8000	0.7692
2	0.8116	0.7972	0.7831	0.7695	0.7561	0.7432	0.7182	0.6944	0.6400	0.5917
3	0.7312	0.7118	0.6931	0.6750	0.6575	0.6407	0.6086	0.5787	0.5120	0.4552
4	0.6587	0.6355	0.6133	0.5921	0.5718	0.5523	0.5158	0.4823	0.4096	0.3501
5	0.5935	0.5674	0.5428	0.5194	0.4972	0.4761	0.4371	0.4019	0.3277	0.2693
6	0.5346	0.5066	0.4803	0.4556	0.4323	0.4104	0.3704	0.3349	0.2621	0.2072
7	0.4817	0.4523	0.4251	0.3996	0.3759	0.3538	0.3139	0.2791	0.2097	0.1594
8	0.4339	0.4039	0.3762	0.3506	0.3269	0.3050	0.2660	0.2326	0.1678	0.1226
9	0.3909	0.3606	0.3329	0.3075	0.2843	0.2630	0.2255	0.1938	0.1342	0.0943
10	0.3522	0.3220	0.2946	0.2697	0.2472	0.2267	0.1911	0.1615	0.1074	0.0725
11	0.3173	0.2875	0.2607	0.2366	0.2149	0.1954	0.1619	0.1346	0.0859	0.0580
12	0.2858	0.2567	0.2307	0.2076	0.1869	0.1685	0.1372	0.1122	0.0687	0.0429
13	0.2575	0.2292	0.2042	0.1821	0.1625	0.1452	0.1163	0.0935	0.0550	0.0330
14	0.2320	0.2046	0.1807	0.1597	0.1413	0.1252	0.0935	0.0779	0.0440	0.0254
15	0.2090	0.1827	0.1599	0.1401	0.1229	0.1079	0.0835	0.0649	0.0352	0.0195
16	0.1883	0.1613	0.1415	0.1229	0.1069	0.0980	0.0708	0.0541	0.0281	0.0150
17	0.1696	0.1456	0.1252	0.1078	0.0929	0.0802	0.0600	0.0451	0.0225	0.0116
18	0.1523	0.1300	0.1108	0.0946	0.0808	0.0691	0.0508	0.0376	0.0180	0.0089
19	0.1377	0.1161	0.0981	0.0829	0.0703	0.0596	0.0431	0.0313	0.0144	0.0068
20	0.1240	0.1037	0.0868	0.0728	0.0611	0.0514	0.0365	0.0261	0.0115	0.0053
21	0.1117	0.0926	0.0768	0.0638	0.0531	0.0443	0.0309	0.0217	0.0092	0.0040
22	0.1007	0.0826	0.0680	0.0560	0.0462	0.0382	0.0262	0.0181	0.0074	0.0031
23	0.0907	0.0738	0.0601	0.0491	0.0402	0.0329	0.0222	0.0151	0.0059	0.0024
24	0.0817	0.0659	0.0532	0.0431	0.0349	0.0284	0.0188	0.0126	0.0047	0.0018
25	0.0736	0.0588	0.0471	0.0378	0.0304	0.0245	0.0160	0.0105	0.0038	0.0014
26	0.0663	0.0525	0.0417	0.0331	0.0264	0.0211	0.0135	0.0087	0.0030	0.0011
27	0.0597	0.0469	0.0369	0.0291	0.0230	0.0182	0.0115	0.0073	0.0024	0.0008
28	0.0538	0.0419	0.0326	0.0255	0.0200	0.0157	0.0097	0.0061	0.0019	0.0006
29	0.0485	0.0374	0.0289	0.0224	0.0170	0.0135	0.0082	0.0051	0.0015	0.0005
30	0.0437	0.0334	0.0256	0.0196	0.0151	0.0116	0.0070	0.0042	0.0012	0.0004

附表三　　年金终值系数表

	1%	2%	3%	4%	5%	6%	7%	8%	9%	10%	11%
1	1.0000	1.0000	1.0000	1.0000	1.0000	1.0000	1.0000	1.0000	1.0000	1.0000	1.0000
2	2.0100	2.0200	2.0300	2.0400	2.0500	2.0600	2.0700	2.0800	2.0900	2.1000	2.1100
3	3.0301	3.0604	3.0909	3.1216	3.1525	3.1836	3.2149	3.2464	3.2781	3.3100	3.3421
4	4.0604	4.1216	4.1836	4.2465	4.3101	4.3746	4.4399	4.5061	4.5731	4.6410	4.7097
5	5.1010	5.2040	5.3091	5.4163	5.5256	5.6371	5.7507	5.8666	5.9847	6.1051	6.2278
6	6.1520	6.3081	6.4684	6.6330	6.8019	6.9753	7.1533	7.3359	7.5233	7.7156	7.9129
7	7.2135	7.4343	7.6625	7.8983	8.1420	8.3938	8.6540	8.9228	9.2004	9.4872	9.7833
8	8.2857	8.5830	8.8923	9.2142	9.5491	9.8975	10.2598	10.6366	11.0285	11.4350	11.8594
9	9.3685	9.7546	10.1591	10.5828	11.0266	11.4913	11.9780	12.4876	13.0210	13.5790	14.1640
10	10.4620	10.9497	11.4639	12.0061	12.5779	13.1808	13.8164	14.4866	15.1929	15.9374	16.7220
11	11.5668	12.1687	12.8078	13.4864	14.2068	14.9716	15.7836	16.6455	17.5603	18.5312	19.5614
12	12.6825	13.4121	14.1920	15.0258	15.9171	16.8699	17.8885	18.9771	20.1407	21.3843	22.7132
13	13.8093	14.6803	15.6178	16.6268	17.7130	18.8821	20.1406	21.4953	22.9534	24.5227	26.2116
14	14.9474	15.9739	17.0863	18.2919	19.5986	21.0151	22.5505	24.2149	26.0192	27.9750	30.0949
15	16.0969	17.2934	18.5989	20.0236	21.5786	23.2760	25.1290	27.1521	29.3609	31.7725	34.4904
16	17.2579	18.6393	20.1569	21.8245	23.6575	25.6725	27.8881	30.3243	33.0034	35.9497	39.1899
17	18.4304	20.0121	21.7616	23.6975	25.8404	28.2129	30.8402	33.7502	36.9737	40.5447	44.5008
18	19.6147	21.4123	23.4144	25.6454	28.1324	30.9057	33.9990	37.4502	41.3013	45.5992	50.3959
19	20.8109	22.8406	25.1169	27.6712	30.5390	33.7600	37.3790	41.4463	46.0185	51.1591	56.9395
20	22.0190	24.2974	26.8704	29.7781	33.0660	36.7856	40.9955	45.7620	51.1601	57.2750	64.2028
21	23.2392	25.7833	28.6765	31.9692	35.7193	39.9927	44.8652	50.4229	56.7645	64.0025	72.2651
22	24.4716	27.2990	30.5368	34.2480	38.5052	43.3923	49.0057	55.4568	62.8733	71.4027	81.2143
23	25.7163	28.8450	32.4529	36.6179	41.4305	46.9958	53.4361	60.8933	69.5319	79.5430	91.1479
24	26.9735	30.4219	34.4265	39.0826	44.5020	50.8156	58.1767	66.7648	76.7898	88.4973	102.1742
25	28.2432	32.0303	36.4593	41.6459	47.7271	54.8645	63.2490	73.1059	84.7009	98.3471	114.4133
26	29.5256	33.6704	38.5530	44.3117	51.1135	59.1564	68.6765	79.9544	93.3240	109.1818	127.9988
27	30.8209	35.3443	40.7096	47.0842	54.6691	63.7058	74.4838	87.3508	102.7231	121.0999	143.0786
28	32.1291	37.0512	42.9309	49.9676	58.4026	68.5281	80.6977	95.3388	112.9682	134.0099	159.8173
29	33.4504	38.7922	45.2189	52.9663	62.3227	73.6398	87.3465	103.9659	124.1354	148.6309	178.3972
30	34.7849	40.5681	47.5754	56.0849	66.4388	79.0582	94.4608	113.2832	136.3075	164.4940	199.0209

续表

	12%	13%	14%	15%	16%	18%	20%	25%	30%
1	1.0000	1.0000	1.0000	1.0000	1.0000	1.0000	1.0000	1.0000	1.0000
2	2.1200	2.1300	2.1400	2.1500	2.1600	2.1800	2.2000	2.2500	2.3000
3	3.3744	3.4069	3.4396	3.4725	3.5056	3.5724	3.6400	3.8125	3.9900
4	4.7793	4.8493	4.9211	4.9934	5.0665	5.2154	5.3680	5.7656	6.1870
5	6.3528	6.4803	6.6101	6.7424	6.8771	7.1542	7.4416	8.2070	9.0431
6	8.1152	8.3227	8.5355	8.7537	8.9775	9.4420	9.9299	11.2588	12.7560
7	10.0390	10.4047	10.7305	11.0668	11.4139	12.1415	12.9159	15.0735	17.5823
8	12.2997	12.7573	13.2328	13.7268	14.2401	15.3270	16.4991	19.8419	23.8577
9	14.7757	15.4157	16.0853	16.7858	17.5185	19.0859	20.7989	25.8023	32.0150
10	17.5487	18.4197	19.3373	20.3037	21.3215	23.5213	25.9587	33.2529	42.6195
11	20.6546	21.8143	23.0445	24.3493	25.7329	28.7551	32.1504	42.5661	56.4053
12	24.1331	25.6502	27.2707	29.0017	30.8502	34.9311	39.5805	54.2077	74.3270
13	28.0291	29.9847	32.0887	34.3519	36.7862	42.2187	48.4966	68.7596	97.6250
14	32.3926	34.8827	37.5811	40.5047	43.6720	50.8180	59.1959	86.9495	127.9125
15	37.2797	40.4175	43.8424	47.5804	51.6595	60.9653	72.0351	109.6868	167.2863
16	42.7533	46.6717	50.9804	55.7175	60.9250	72.9390	87.4421	138.1085	218.4722
17	48.8837	53.7391	59.1176	65.0751	71.7630	87.0608	105.9306	173.6357	285.0139
18	55.7497	61.7251	68.3941	75.8364	84.1407	103.7403	128.1167	218.0446	371.5180
19	63.4397	70.7494	78.9692	88.2118	98.6032	123.4135	154.7400	273.5558	483.9734
20	72.0524	80.9468	91.0249	102.4436	115.3797	146.6280	186.6880	342.9447	630.1655
21	81.6987	92.4699	104.7684	118.8101	134.8405	174.0210	295.0256	429.6809	820.2151
22	92.5026	105.4910	120.4360	137.6316	157.4150	206.3448	271.0307	538.1011	1 067.2796
23	104.6029	120.2048	138.2970	159.2764	183.6014	244.4868	326.2369	673.6264	1 388.4635
24	118.1552	136.8315	158.6586	184.1678	213.9776	289.4945	392.4842	843.0329	1 806.0026
25	133.3339	155.6196	181.8708	212.7930	249.2140	342.6035	471.9811	1 054.7912	2 348.8033
26	150.3339	176.8501	208.3327	245.7120	290.0883	405.2721	567.3773	1 319.4890	3 054.4443
27	169.3740	200.8406	238.4993	283.5688	337.5024	479.2211	681.8528	1 650.3612	3 971.7776
28	190.6989	227.9499	272.8892	327.1041	392.5028	566.4809	819.2233	2 063.9515	5 164.3109
29	214.5828	258.5834	312.0937	377.1697	456.3032	669.4475	984.0680	2 580.9394	6 714.6042
30	241.3397	293.1992	356.7868	434.7451	530.3117	790.9480	1 181.8816	3 227.1743	8 729.9855

附表四 **年金现值系数表**

	1%	2%	3%	4%	5%	6%	7%	8%	9%	10%
1	0.9901	0.9804	0.9709	0.9615	0.9524	0.9434	0.9346	0.9259	0.9174	0.9091
2	1.9704	1.9416	1.9135	1.8861	1.8594	1.8334	1.8080	1.7833	1.7591	1.7355
3	2.9410	2.8839	2.8286	2.7751	2.7232	2.6730	2.6243	2.5771	2.5313	2.4869
4	3.9020	3.8077	3.7171	3.6299	3.5460	3.4651	3.3872	3.3121	3.2397	3.1699
5	4.8534	4.7135	4.5797	4.4518	4.3295	4.2124	4.1002	3.9927	3.8897	3.7908
6	5.7950	5.6014	5.4172	5.2421	5.0757	4.9173	4.7665	4.6229	4.4859	4.3553
7	6.7282	6.4720	6.2303	6.0021	5.7864	5.5824	5.3893	5.2064	5.0330	4.8684
8	7.6517	7.3255	7.0197	6.7327	6.4632	6.2098	5.9713	5.7466	5.5348	5.3349
9	8.5660	8.1622	7.7861	7.4353	7.1078	6.8017	6.5152	6.2469	5.9952	5.7590
10	9.4713	8.9826	8.5302	8.1109	7.7217	7.3601	7.0236	6.7101	6.4177	6.1446
11	10.3676	9.7868	9.2526	8.7605	8.3064	7.8869	7.4987	7.1390	6.8052	6.4951
12	11.2551	10.5753	9.9540	9.3851	8.8633	8.3838	7.9427	7.5361	7.1607	6.8137
13	12.1337	11.3484	10.6350	9.9856	9.3936	8.8527	8.3577	7.9038	7.4869	7.1034
14	13.0037	12.1062	11.2961	10.5631	9.8986	9.2950	8.7455	8.2442	7.7862	7.3667
15	13.8651	12.8493	11.9379	11.1184	10.3797	9.7122	9.1079	8.5596	8.0607	7.6061
16	14.7179	13.5777	12.5611	11.6523	10.8378	10.1059	9.4466	8.8514	8.3126	7.8237
17	15.5623	14.2919	13.1661	12.1657	11.2741	10.4773	9.7632	9.1216	8.5436	8.0216
18	16.3983	14.9920	13.7535	12.6593	11.6896	10.8276	10.0591	9.3719	8.7556	8.2014
19	17.2260	15.6785	14.3238	13.1339	12.0853	11.1581	10.3356	9.6036	8.9501	8.3649
20	18.0456	16.3514	14.8775	13.5903	12.4622	11.4699	10.5940	9.8181	9.1285	8.5136
21	18.8570	17.0112	15.4150	14.0292	12.8212	11.7641	10.8355	10.0168	9.2922	8.6487
22	19.6604	17.6580	15.9369	14.4511	13.1630	12.0416	11.0612	10.2007	9.4424	8.7715
23	20.4558	18.2922	16.4436	14.8568	13.4886	12.3034	11.2722	10.3711	9.5802	8.8832
24	21.2434	18.9139	16.9355	15.2470	13.7986	12.5504	11.4693	10.5288	9.7066	8.9847
25	22.0232	19.5235	17.4131	15.6221	14.0939	12.7834	11.6536	10.6748	9.8226	9.0770
26	22.7952	20.1210	17.8768	15.9828	14.3752	13.0032	11.8258	10.8100	9.9290	9.1609
27	23.5596	20.7069	18.3270	16.3296	14.6430	13.2105	11.9867	10.9352	10.0266	9.2372
28	24.3164	21.2813	18.7641	16.6631	14.8981	13.4062	12.1371	11.0511	10.1161	9.3066
29	25.0658	21.8444	19.1885	16.9837	15.1411	13.5907	12.2777	11.1584	10.1983	9.3696
30	25.8077	22.3965	19.6004	17.2920	15.3725	13.7648	12.4090	11.2578	10.2737	9.4269

续表

	11%	12%	13%	14%	15%	16%	18%	20%	25%	30%
1	0.9009	0.8929	0.8850	0.8772	0.8696	0.8621	0.8475	0.8333	0.8000	0.7692
2	1.7125	1.6901	1.6681	1.6467	1.6257	1.6052	1.5656	1.5278	1.4400	1.3609
3	2.4437	2.4018	2.3612	2.3216	2.2832	2.2459	2.1743	2.1065	1.9590	1.8161
4	3.1024	3.0373	2.9745	2.9137	2.8550	2.7982	2.6901	2.5887	2.3616	2.1662
5	3.6959	3.6048	3.5172	3.4331	3.3522	3.2743	3.1272	2.9906	2.6893	2.4356
6	4.2305	4.1114	3.9975	3.8887	3.7845	3.6847	3.4976	3.3255	2.9514	2.6427
7	4.7122	4.5638	4.4226	4.2833	4.1604	4.0386	3.8115	3.6064	3.1611	2.8021
8	5.1461	4.9676	4.7988	4.6389	4.4873	4.3436	4.0776	3.8372	3.3289	2.9247
9	5.5370	5.3282	5.1317	4.9464	4.7716	4.6065	4.3030	4.0310	3.4631	3.0190
10	5.8892	5.6502	5.4262	5.2161	5.0188	4.8332	4.4941	4.1925	3.5705	3.0915
11	6.2065	5.9377	5.6869	5.4527	5.2337	5.0286	4.6560	4.3271	3.6564	3.1473
12	6.4924	6.1944	5.9176	5.6603	5.4206	5.1971	4.7932	4.4392	3.7251	3.1903
13	6.7499	6.4235	6.1218	5.8424	5.5831	5.3423	4.9095	4.5327	3.7801	3.2233
14	6.9819	6.6282	6.3025	6.0021	5.7245	5.4675	5.0081	4.6106	3.8241	3.2487
15	7.1909	6.8109	6.4624	6.1422	5.8474	5.5755	5.0916	4.6755	3.8593	3.2682
16	7.3792	6.9740	6.6039	6.2651	5.9542	5.6685	5.1624	4.7296	3.8874	3.2832
17	7.5488	7.1196	6.7291	6.3729	6.0472	5.7487	5.2223	4.7746	3.9099	3.2948
18	7.7016	7.2497	6.8399	6.4674	6.1280	5.8178	5.2732	4.8122	3.9279	3.3037
19	7.8393	7.3658	6.9380	6.5504	6.1982	5.8775	5.3162	4.8435	3.9424	3.3105
20	7.9633	7.4694	7.0248	6.6231	6.2593	5.9288	5.3527	4.8696	3.9539	3.3158
21	8.0751	7.5620	7.1016	6.6870	6.3125	5.9731	5.3837	4.8913	3.9631	3.3193
22	8.1757	7.6446	7.1695	6.7429	6.3587	6.0113	5.4099	4.9094	3.9705	3.3230
23	8.2664	7.7184	7.2297	6.7921	6.3988	6.0442	5.4321	4.9245	3.9764	3.3254
24	8.3481	7.7843	7.2829	6.8351	6.4338	6.0726	5.4509	4.9371	3.9811	3.3272
25	8.4217	7.8431	7.3300	6.8729	6.4641	6.0971	5.4669	4.9476	3.9849	3.3286
26	8.4881	7.8957	7.3717	6.9061	6.4906	6.1182	5.4804	4.9563	3.9879	3.3297
27	8.5478	7.9426	7.4086	6.9352	6.5135	6.1364	5.4919	4.9636	3.9903	3.3305
28	8.6016	7.9844	7.4412	6.9607	6.5335	6.1520	5.5016	4.9697	3.9923	3.3312
29	8.6501	8.0218	7.4701	6.9830	6.5509	6.1656	5.5098	4.9747	3.9938	3.3317
30	8.6938	8.0552	7.4957	7.0027	6.5660	6.1772	5.5168	4.9789	3.9950	3.3321

主要参考文献

安庆钊. 2005. 财务管理教程[M]. 上海:立信会计出版社.

财政部会计资格评价中心. 2007. 财务管理[M]. 北京:中国财政经济出版社.

曹中. 2005. 财务管理实务[M]. 上海:立信会计出版社.

端木青. 2006. 财务管理学[M]. 杭州:浙江大学出版社.

高树凤. 2006. 新编财务管理[M]. 北京:经济管理出版社.

荆新,王化成,刘俊彦. 2006. 财务管理学[M]. 北京:中国人民大学出版社.

李秉祥. 2006. 财务管理学[M]. 北京:北京工业大学出版社.

李海波. 2000. 财务管理[M]. 上海:立信会计出版社.

刘树密. 2005. 财务管理实训教程[M]. 南京:东南大学出版社.

全国会计专业技术资格考试领导小组办公室. 2005. 财务管理[M]. 3 版. 北京:中国财政经济出版社.

邵天营,陈复昌. 2004. 财务管理学[M]. 上海:立信会计出版社.

谌勇. 2005. 现代财务管理[M]. 北京:清华大学出版社.

田明. 2012. 中级财务管理[M]. 北京:北京大学出版社.

夏光. 2008. 财务管理案例习题集[M]. 北京:机械工业出版社.

邢晓敏. 2005. 财务管理应用[M]. 北京:清华大学出版社.

杨书林,张晓燕,郭捷兴. 2006. 新编财务管理学[M]. 北京:北京工业大学出版社.

杨紫元. 2007. 财务管理[M]. 开封:河南大学出版社.

袁建国. 2005. 财务管理[M]. 2 版. 大连:东北财经大学出版社.

张玉英. 2004. 财务管理[M]. 北京:高等教育出版社.

张振和,赵咏梅. 2008. 新编财务管理实训[M]. 大连:大连理工大学出版社.

郑颖,吕向敏. 2008. 财务管理[M]. 北京:冶金工业出版社.

大家经管·新世纪高职高专精品教材系列

❖ 新世纪高职高专精品教材·财经类专业核心课

货币银行学(省级精品课教材)	钱　晔
税务管理实务(省级精品课教材)	邢玉敏
应用统计学(省级精品课教材)	宫春子
应用统计(项目化课程教材)	刘大赵
管理会计(项目化课程教材)	张学惠
纳税实务(第二版)(省级精品课教材)	高素芬
出纳岗位实务	周东黎

❖ 新世纪高职高专精品教材·工商管理类

人力资源管理	魏世红　谭开明
管理沟通实务	南志珍　吕书梅
企业管理实务	吕书梅
消费心理学	朱吉玉

❖ 新世纪高职高专精品教材·旅游类

导游服务英语	俞　圆

❖ 新世纪高职高专精品教材·秘书专业

行政管理学	范思凯
文书工作与档案管理	戈秀萍

商务秘书实务(重庆市市级精品课)	张　东
办公自动化	疏　靖
新编秘书事务管理	谭书旺

❖ 新世纪高职高专精品教材·财政金融类

金融学	方晓雄
个人理财实务	刘大赵
期货交易实务(第二版)	方晓雄
商业银行经营与管理(第二版)	满玉华
商业银行经营与管理习题与实训(第二版)	满玉华
国际金融(第二版)	李军燕
国际金融习题与实训(第二版)	李军燕
金融市场学(第三版)	张丽华
金融市场学习题与实训	张丽华
证券投资(第二版)	张丽华
证券投资习题与实训	张丽华
金融学基础(第二版)	李　春　曾冬白
金融学基础习题与实训(第二版)	李　春　曾冬白
保险实务	白广申　迟美华
保险理论与实务	郑祎华　迟美华
保险理论与实务习题与实训	郑祎华　迟美华
保险会计	孙迎春　杨荣华
保险会计习题与实训	孙迎春
银行柜员业务操作	丁贵英
国际结算	石月华
国际结算习题与实训	石月华　刘　晶

大连出版社教学支持说明

为了建设立体化精品教材，秉承大连出版社对其教材类产品的一贯教学支持，我们将向使用本套教材的高校教师免费提供教学课件和习题与实训答案。

为确保此资源仅为教师教学使用，烦请授课教师清晰填写如下开课情况证明，并邮寄(传真)至以下地址，我们据此给您提供。谢谢您的合作！

地　　址：大连市西岗区长白街 12 号　大连出版社

邮　　编：116011

电　　话：0411－83620416、83621075

传　　真：0411－83610391

电子邮箱：hjj@ dlmpm. com

证　　明

兹证明________大学________系/院第________学年开设的________________课程，采用大连出版社出版的________作为本课程教材，授课老师为________，学生_____个班共_____人。

授课教师需要与本书配套的教学课件和习题与实训答案为：

____。

地　　址：________

邮　　编：________

电　　话：________

电子邮箱：________

系/院主任：________(签字)

(系/院办公室盖章)

20____年____月____日